Uwe Steinmüller ist Fotograf und arbeitet mit seiner Frau Bettina sehr intensiv zusammen. Beide stammen aus Deutschland, leben jedoch seit Jahren an der sonnigen Westküste der USA – in der Nähe von San Francisco. Ihr Leben dreht sich in hohem Maß um das Thema Fotografie und seit 1997 um die digitale Fotografie. Schwerpunkte der beiden sind hier Landschafts- und Naturaufnahmen sowie Stillleben. In diesem Zweierteam kümmert sich Uwe um die technische Seite und den recht bekannten Internetauftritt *www.outbackphoto.com* und Bettina mehr um die künstlerische Seite.

Uwe, Jahrgang 1947, gibt neben der Fotografie auch Vor-Ort-Schulungen zur digitalen Fotografie und Bildbearbeitung. Er besitzt das Privileg (und unterzieht sich der Mühe), Tester sehr früher Adobe-Photoshop- und Camera-Raw-Versionen zu sein. Daneben ist er ständig auf der Suche nach neuen Werkzeugen zur Bildbearbeitung und testet sie. Zahlreiche Rezensionen und Tests findet man auf seiner Internetseite.

Jürgen Gulbins ist seit Jahren als Fachbuchautor tätig, unter anderem zu IT-Themen wie Unix und Linux. Er hat sich aber auch im Designbereich einen Namen gemacht, etwa mit seinen Büchern zu FrameMaker und insbesondere mit seinem Klassiker »Mut zur Typografie«.

Mit seinem Buch »Grundkurs Digital Fotografieren« wendet er sich an Einsteiger und ambitionierte Hobby-Fotografen – in dem hier vorliegenden Buch stärker an den fortgeschrittenen Fotografen und an Profis.

Daneben hat er das Buch »Farbmanagement für Fotografen« von Tim Grey ins Deutsche übersetzt. Er ist zusammen mit Uwe Steinmüller und Gerhard Rossbach Herausgeber des Foto-Letters FotoEspresso (*www.fotoespresso.de*), der sowohl in Deutsch als auch in Englisch als PDF-Dokument erscheint. Von Uwe Steinmüller und ihm stammen auch ›Die Kunst der Raw-Konvertierung‹, ›Fine-Art-Printing für Fotografen‹ und ›Die Digitale Dunkelkammer‹, die alle beim dpunkt.verlag erschienen sind,

Jürgen Gulbins, Uwe Steinmüller

Adobe Photoshop Lightroom

Effizient arbeiten mit Lightroom

Jürgen Gulbins, jg@gulbins.de
Uwe Steinmüller, uwe@outbackphoto.com

Lektorat: Gerhard Rossbach
Copy-Editing: Ursula Zimpfer, Herrenberg
Layout und Satz: Jürgen Gulbins
Herstellung: Birgit Bäuerlein
Umschlagmotiv: Uwe Steinmüller
Umschlaggestaltung: Helmut Kraus, www.exclam.de
Druck und Bindung: Stürtz AG, Würzburg

Bibliografische Information Der Deutschen Bibliothek
Die Deutsche Bibliothek verzeichnet diese Publikation in der Deutschen
Nationalbibliografie; detaillierte bibliografische Daten sind im Internet über
http://dnb.ddb.de abrufbar.

ISBN 978-3-89864-483-9

1. Auflage 2007
Copyright © 2007 dpunkt.verlag GmbH
Ringstraße 19 B
D-69115 Heidelberg

5 4 3 2 1 0

Inhaltsverzeichnis

Vorwort

Mit dem Boom der Digitalfotografie entsteht auch ein neuer Markt für Programme, die speziell auf digitale Fotos ausgerichtet sind. Bisher gab es hier drei Arten von Programmen: erweiterte Bildeditoren wie etwa Photoshop, spezielle Raw-Konverter wie etwa Capture One sowie Bildverwaltungsprogramme, die aber entweder einfache Bildbrowser (z.B. Adobe Bridge) sind oder aus der Ecke der klassischen Digital-Asset-Management-Systeme für Agenturen kommen. Alle haben bisher den typischen Foto-Workflow des Fotografen, der überwiegend digital fotografiert, nur teilweise abgedeckt oder im Zusammenspiel mit anderen Programmen gewisse Bedienungs- und Datenbrüche gezeigt.

Apple brachte erstmals Ende 2005 eine Lösung auf den Markt, die wirklich auf den digital fotografierenden Profi ausgerichtet war – *Apple Aperture*.

Adobe arbeitete zu diesem Zeitpunkt bereits eine Weile an einer neuen Lösung. Um seinen potenziellen Kundenstamm nicht an Apple zu verlieren, antwortete Adobe deshalb Anfang 2006 mit einem ›Public Beta‹ seiner Version und nannte sie *Lightroom*, um den Unterschied zur konventionellen Dunkelkammer zu betonen.

Nach etwa einem Jahr an Beta-Versionen und nach einer ganzen Anzahl von Änderungen und Verbesserungen,[*] ist Anfang 2007 Lightroom Version 1 (LR 1.0) erschienen. Für eine erste Version hat Lightroom einen erstaunlichen Reifegrad und stellt sich als wirklich voll funktionsfähige Software dar, die ihrem Anspruch gerecht wird. Natürlich bleiben dabei einige Benutzerwünsche noch unerfüllt – zu breit ist eben das Spektrum der unterschiedlichen Workflow-Ansprüche von Fotografen – vom ambitionierten Amateur bis hin zu erfahrenen Profis.

Die Kombination der Funktionen, die Adobe in dieses Programm gesteckt hat, bedingt eine sehr dichte Benutzeroberfläche, die zwar gut zu bedienen ist, deren Funktionen und insbesondere deren effiziente Bedienung sich aber nicht immer sofort erschließt. Hier soll dieses Buch helfen. Es legt dabei mehr Wert auf den Workflow als auf die nackte Bildbearbeitung.

Wir möchten Ihnen darin die Konzepte und Mechanismen von Lightroom erklären und zeigen, wie man einfach und doch effektiv und effizient damit arbeitet. Dabei fließen viele der Erfahrungen ein, die über Lightroom hinausgehen und die wir in unserem täglichen Foto-Workflow gesammelt haben – beispielsweise mit Photoshop, Digital-Asset-Management-Systemen wie etwa iView Media Pro und verschiedenen Raw-Konvertern.

* Viele davon gehen auf Vorschläge der testenden Benutzer zurück.

Macintosh oder Windows?

Da Lightroom im Gegensatz zu Apple Aperture sowohl unter Windows als auch unter Mac OS X läuft, stellt sich die Frage: Was ist besser und wo liegen die Unterschiede?

Die Antwort ist schnell gegeben: Lightroom läuft auf beiden Systemen gleich gut und die Bedienung ist fast identisch – sieht man einmal von trivialen Unterschieden bei einigen Tastaturkürzeln ab (auf die wir aber eingehen werden).

So braucht man bei den Tastaturkürzeln jeweils nur die Taste ⌃Strg von Windows gegen die Taste ⌘ auf dem Mac auszutauschen und die Windows Alt-Taste gegen ⌥ unter Mac OS – die ebenfalls mit alt beschriftet ist.

Wir selbst nutzen Lightroom auf beiden Plattformen ohne Probleme – auch wenn unsere Hauptarbeitsplattform Mac OS X ist, weshalb die Screenshots von dort stammen.

Die Programm-CD, auf der Lightroom ausgeliefert wird, lässt Ihnen sogar die Wahl zwischen Windows und Macintosh, und in der europäischen Distribution haben Sie (zumindest unter Mac OS X) die Wahl zwischen einer englischen, deutschen und französischen Benutzeroberfläche, abhängig davon, was Sie für den jeweiligen Benutzer eingestellt haben. Sie können deshalb also auf Ihrem bevorzugten System und bei Ihrer bevorzugten Oberfläche bleiben.

Danksagung

Wir möchten uns bei allen herzlich bedanken, die uns bei der Erstellung geholfen haben, sei es mit Testversionen von Programmen – hier gilt unser Dank insbesondere Adobe –, sei es indem sie unsere Entwürfe probegelesen haben und Verbesserungsvorschläge machten oder indem sie uns beraten haben. Unser Dank gilt hier insbesondere dem dpunkt-Verlagsleiter Gerhard Rossbach und meinem Bruder Rainer Gulbins.

Jürgen Gulbins, Keltern   Mai 2007
Uwe Steinmüller, San Jose

Konventionen im Buch

Die meisten Dinge werden selbsterklärend sein. Menüs setzen wir farblich etwas ab. Die Schreibweise Ansicht ▸ Lupe steht für das Durchlaufen dieser Menüfolge. Menüeinträge oder Bezeichnungen für Regler setzen wir *kursiv*.

Angaben in der Form [05] sind Literaturangaben oder Internet-Links. Sie finden sie im Anhang A.

⌘ steht für die Kommandotaste auf dem Mac, ⌥ für dessen Wahltaste. Alt-4 besagt, dass beide Tasten gleichzeitig zu drücken sind und Strg/⌘ dass man hier unter Windows die Strg- und unter Mac OS die ⌘-Taste betätigen soll. ⇧ ist die Hochstelltaste.

Kamera: Nikon D2X
Titel: ›Burned Hills‹,

Buch-Updates

Liebe Leserin, lieber Leser,
vielen Dank, dass Sie sich für unser Lightroom-Buch entschieden haben. Uns ist bewusst, dass die Lebenszyklen für Software kurz sind – meistens deutlich kürzer als der Lebenszyklus eines Buchs. Lightroom macht da keine Ausnahme.

Wir werden das Buch auch bei Erscheinen einer neuen Version von Lightroom auf den neuesten Stand bringen und bieten Ihnen an, die dann aktualisierte Fassung des Buchs als PDF kostenlos herunterzuladen (sobald wie möglich, nachdem es ein Update von Lightroom 1.0 gibt). Das PDF finden Sie unter:

www.dpunkt.de/bookupdates/4483/

Ihren persönlichen Zugangscode für das Herunterladen finden Sie auf der Innenseite des hinteren Buchdeckels.

Der Fotoworkflow

1

Bevor wir uns in die Tiefen von Lightroom stürzen, ist es sinnvoll, zunächst einmal den typischen gesamten Workflow zu
betrachten. Dieser Workflow ist sicher etwas unterschiedlich
von Fotograf zu Fotograf. Er hängt unter anderem davon
ab, wie wir arbeiten, was unsere Ziele und Ambitionen
sind, welche Art von Fotos wir machen und bearbeiten
und was wir schließlich mit den Bilder tun möchten.

Ein guter Teil dieser Betrachtung ist unabhängig von den
eingesetzten Programmen. Nicht selten wird man auf mehr als ein
Programm zurückgreifen müssen, auch wenn es der Anspruch
der neuen Generation von Foto-Workflow-Programmen ist,
hier möglichst viel mit einem Programm abzudecken. In der
Realität ist das Gesamtspektrum von potenziellen Aufgaben
jedoch zu groß und die Programme sind noch zu jung.

Beginnen wir mit der Aufzählung der am häufigsten
vorkommenden Aufgaben und Schritte, um dann in diesem
Kapitel im Überblick und später im Detail zu sehen, welche
Möglichkeiten Lightroom bietet, diese Aufgaben zu lösen.

Wir, die Autoren, werden dabei vielfach auf unseren eigenen Workflow eingehen und unsere Erfahrungen weitergeben. Auch wenn sich Ihr eigener Workflow in manchen Details davon unterscheiden wird, sind viele Punkte doch genereller Natur und andere lassen sich mit etwas Nachdenken auf Ihre Bedürfnisse übertragen und an Ihre Präferenzen anpassen.

Wir gehen hier fast ausschließlich auf den Workflow beim Fotografieren mit Digitalkameras ein. Wir wissen, dass auch die Fotografie mit konventionellen (analogen) Kameras sehr wohl noch ihre Berechtigung hat, dies ist aber nicht Thema des Buchs. Und natürlich wird fast jeder, der von analog zu digital wechselt, noch einen Teil seiner Dias und Negative erfassen wollen, um sie dann zusammen mit den digital geschossenen Bildern zu verwalten und zu bearbeiten, aber auch darauf möchten wir nicht eingehen.*

* Hierfür können wir das Buch ›Digitalisieren von Dias und Negativen‹ [05] von Sascha Steinhoff empfehlen.

Ist das Bild erst einmal eingescannt und liegt es als TIFF- oder JPEG-Bild vor, so verwalten und bearbeiten wir es genau so wie digital aufgenommene Bilder in Lightroom.

Wir importieren es dann aus einem Ordner heraus in Lightroom statt von der Speicherkarte der Kamera. Gleiches gilt natürlich für bereits existierende andere digitale Bilder – sofern sie in einem von Lightroom unterstützten Format vorliegen.

1.1   In der Kamera

Der digitale Foto-Workflow beginnt bereits in der Kamera. Gemeint ist hier nicht die Bildkomposition, obwohl sie sicher erst das gute Bild ausmacht, sondern eher eine Reihe technischer Entscheidungen. Hierzu gehören:

▸ In welchem Bildformat schieße ich?
▸ Wie belichte ich?
▸ Welche Vorverarbeitung mache ich in der Kamera?

Die meisten dieser Fragen haben wir bereits in anderen Büchern diskutiert – etwa im Workflow-Buch ›Die digitale Dunkelkammer‹ [01] und im Buch zur Raw-Konvertierung [02] sowie in einigen kostenlos herunterladbaren Artikeln unter Outback Photo [08] (in englisch) und in unseren deutschen Ausgaben von FotoEspresso [11]. Deshalb soll hier nur eine knappe Darstellung dazu erfolgen.

Die Wahl des Bildformats in der Kamera

JPEG-Bilder bieten alle Digitalkameras und man kann zusätzlich den Komprimierungsgrad einstellen. Bei den besseren Digitalkameras und bei allen digitalen Spiegelreflexmodellen ist die Alternative zu JPEG das Raw-Format, bei einigen auch die Kombination von JPEG + Raw – oder (selten) TIFF.

JPEG

Schießen Sie in JPEG, so empfiehlt sich die höchstmögliche (native) Auflösung, die die Kamera bietet, und eine möglichst geringe Komprimierung.
Wir empfehlen, wenn Sie ernsthaft eine Bildoptimierung im Rechner betreiben möchten, alle weiteren Bildverarbeitungsschritte in der Kamera
entweder ganz zu deaktivieren oder auf das Minimum einzustellen. Hierzu
gehören beispielsweise das Schärfen, die Kontrasteinstellung, die Farbsättigung und die Rauschunterdrückung. Sofern einstellbar, empfehlen wir
bei JPEG die Verwendung des Farbraums *Adobe RGB*, da er ein etwas grö-
ßeres Farbspektrum wiedergeben kann als *sRGB*.

Raw

Dies ist bei den Kameras, die Raw anbieten, die beste Wahl. Der Grund
dafür ist einfach: Raw-Bilder enthalten die maximale Informationsqualität,
die uns die Kamera liefern kann. Bei den meisten Kameras sind es 12 Bit pro
Pixel (und Farbe) statt der 8 Bit bei JPEG. Neuere Spitzenkameras liefern
hier sogar 14 Bit pro Pixel und dort wäre es eine Sünde, dieses Mehr an Bild-
information mit einem 8-Bit-JPEG zu verschenken. Diese 4 bis 6 Bit mehr
schaffen zusätzliche Qualitätsreserven. So lassen sich beispielsweise etwas
überbelichtete Bilder, deren Lichter bei JPEG bereits ausgebrannt sind, bei
der Raw-Konvertierung noch retten – etwa 0,5– 1,5 Blendenstufen sind korrigierbar. Auch bei leicht unterbelichteten Bildern lassen sich mit Raw oft
noch Detailzeichnungen aus Bereichen herauskitzeln, die sonst zugelaufen
(abgesoffen) sind.

Zusätzlich erlaubt uns das Raw-Format einige Arbeitsschritte (und
damit Entscheidungen zur Bildgestaltung) vom Zeitpunkt der Aufnahme
auf später am Rechner zu verlagern, wo uns sowohl mehr Rechenleistung
als in der Kamera zur Verfügung steht als auch mehr Zeit. Auch lassen sich
so – ohne großen Qualitätsverlust – unterschiedliche Varianten des Bildes
entwickeln.

Der Preis, den man dafür bezahlen muss: Raw-Bilder nehmen mehr
Platz auf der Speicherkarte in Anspruch und kosten damit etwas mehr Zeit
beim Abspeichern der Bilddateien, was die maximale Anzahl von Bild-
sequenzen reduziert.

Das Gute bei Lightroom ist, dass es sowohl Raw-Bilder als auch alle
anderen unterstützten Bildformate in gleicher Art verarbeiten kann.

→ *Die Kombination von Raw + JPEG, die inzwischen viele aktuellen DSLRs erlaubt, ist dann sinnvoll, wenn man einerseits Bilder nach dem Fotografieren schnell und ohne viel Nachbearbeitung zur Verfügung haben möchte und andererseits im Einzelfall auf die maximale Bildqualität zurückgreifen möchte.*

Belichtung in der Kamera

Neben der Bildkomposition ist die richtige Belichtung die wichtigste Voraussetzung für ein optimales Bild. Die wesentlichen Parameter dabei sind:

▸ Belichtungszeit
▸ Blende
▸ ISO-Einstellung

DSLR = ›Digital Single Lens Reflex‹ bzw.
›digitale Spiegelreflexkamera‹

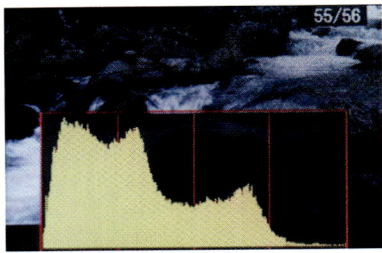

Abb. 1-1: Histogramm einer Nikon D70..
Im Idealfall endet der Belichtungsberg knapp
vor dem linken und rechten Rand.

Häufig kürzen wir ›Adobe Camera Raw‹ mit
ACR ab.

Ein Allgemeinrezept dafür gibt es nicht – zu vielfältig sind Bild- und
Lichtsituationen, und auch die Intention hinter einem Bild hat Einfluss dar-
auf. Die Automatik aktueller Kameras hilft hier – ist aber keineswegs ein
Allheilmittel.

Lediglich für die ISO-Einstellung lässt sich sagen: so niedrig wie möglich. Je niedriger die ISO-Einstellung in der Kamera ist, umso niedriger
wird das Rauschen im Bild sein. Andererseits ist ein leicht verrauschtes
Bild fast immer besser als ein verwackeltes Bild. Oft helfen ein Stativ und
eine längere Belichtung.

Bei der richtigen Belichtung ist das Histogramm, das alle DSLRs inzwischen bieten, eine überaus wertvolle Hilfe, wenn auch bei den meisten
Kameras bisher leider erst *nach* der Aufnahme zur Kontrolle.

Zumeist es ist bei Digitalkameras besser, etwas unterzubelichten, als
eine Überbelichtung zu riskieren.

Auch die Anzeige von überbelichteten Bereichen im Bild auf dem
LCD der Kamera hilft bei der Kontrolle. Hier blinkt dann in der Regel der
überbelichtete Bereich auf dem Kameradisplay.

Für eine weiterführende Betrachtung sei hier auf unseren Artikel
›Verzwicktes Histogramm‹ in FotoEspresso 1/2005 unter [11] verwiesen.

➜ Zwar erlaubt Lightroom (und Adobe Camera Raw 4) die Lichter in
leicht überbelichteten Bildern mit dem Regler *Wiederherstellung* wieder
etwas zurückzuholen (wir beschreiben dies in Kapitel 4.4, Seite 75), dies
sollte jedoch keineswegs als Freibrief für eine unsorgfältige Belichtung
angesehen werden!

1.2   Von der Kamera in den Rechner

Obwohl man Bilder direkt von der Kamera per USB- oder FireWire-Kabel in
den Rechner laden kann, nutzen wir dies praktisch nie, sondern laden sie
von der Speicherkarte über einen Kartenleser. Dies geht in der Regel schneller, ist komfortabler und leert die Akkus der Kamera nicht so schnell. Haben
Sie hier noch einen älteren Kartenleser mit USB-1-Schnittstelle, so sollten Sie
ihn durch einen USB-2-Leser ersetzen, der Zeitgewinn lohnt die Ausgabe.

Beim Herunterladen oder sofort danach gilt es, die nichtssagenden
– schlimmer aber noch: die nichteindeutigen – Dateinamen der Bilder aus
der Kamera durch eine Umbenennung zu ersetzen. Dies ist ein wirklich
wichtiger Schritt. Das Vorgehen dazu und unser Namensschema erklärt
Kapitel 3.1.

Ebenso wichtig dürfte eine durchdachte und konsequent eingehaltene
Ablagestruktur für die Bilder sein. Konnte man sich früher aus Gründen des
teuren Plattenspeichers kaum erlauben, einen größeren Bilddatenbestand
vollständig online zu halten, hat sich dies inzwischen geändert. Die Platten
sind heute so groß und so preiswert, dass wir empfehlen, alles – oder zumindest die letzten paar Jahre – online auf Platte zu halten und lediglich

➜ Die USB-2.0-Schnittstelle ist potenziell
etwa 40 Mal schneller als die USB-1.0-
Schnittstelle. 20 MB/s sind realistische
Übertragungsraten von schnellen
speicherkarten herunter!

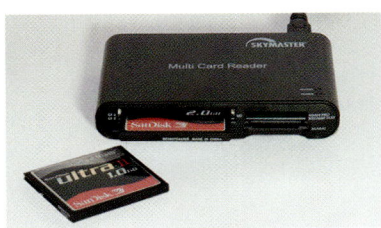

Abb. 1-2: Wir laden Bilder über einen
USB-2-Kartenleser in den Rechner.

Sicherungskopien (dies aber sicher) offline aufzubewahren – sei es auf DVDs, Bändern oder wiederum auf entfernbaren Magnetplatten.

Aus dieser Darstellung ergibt sich, dass der nächste Schritt die Datensicherung ist, und dies bevor wir die Bilder auf der Speicherkarte löschen. Wer sicherheitsbewusst ist, erstellt sogar zwei Sicherungskopien – beispielsweise eine auf einer zweiten Platte und eine zweite auf einer DVD. Dies mag zunächst übertrieben klingen, ist aber bei kosten- oder zeitaufwendig erstellten Bildern und solchen, die nicht wiederholt werden können, wirklich sinnvoll.

Erst jetzt löschen wir die Bilder auf der Speicherkarte – und zwar in der Kamera und nicht per Rechner. Dazu formatieren wir die Karte jedes Mal durch die Kamera neu. Dies stellt eine maximale Kompatibilität zum Dateisystem der Kamera sicher und verhindert, dass die Speicherkarte fragmentiert und damit etwas langsamer wird.

Nach dem Formatieren kennzeichnen wir die Speicherkarte als leer, indem wir sie mit der Markenseite noch oben in die Kartentasche stecken, während wir volle Speicherkarten nach Gebrauch in der Kamera mit der Rückseite nach oben einstecken.

→ *Eine sehr gute Darstellung zur Auslegung der Rechner- und Sicherungsarchitektur für Fotografen gibt hier das Buch ›Professionelle Bildverwaltung‹ von Peter Krogh [04].*

1.3 Bildinspektion

Sind die Bilder im Rechner gesichert und umbenannt, kommt die spannende Phase der Bildinspektion. Erst in einer großen Darstellung auf dem Bildschirm lässt sich erstmals qualifiziert beurteilen, ob und welche unserer Bilder etwas geworden sind:

Stimmt die Bildkomposition? Hat das Bild eine brauchbare Belichtung? Sind ausreichend Details vorhanden – sind die Lichter nicht ausgefressen und die Schatten nicht zugelaufen? Ist das Bild in den relevanten Partien scharf? Gibt es störende Teile im Bild und wird man sie voraussichtlich retuschieren können? Stimmt die Bildstimmung? Welches von mehreren ähnlichen Bildern ist das beste?

Für diesen Vorgang braucht man zunächst einmal eine gute Vorschau – bei Raw-Bildern auch eine Vorschau-Raw-Konvertierung. Man benötigt sowohl eine Miniaturdarstellung der Bilder für den Überblick als auch die Möglichkeit, einzelne Bilder groß anzuschauen und sogar hineinzoomen zu können. Man möchte mehrere Bilder nebeneinander sehen und vergleichen können und man will manche Bilder ausblenden und andere löschen oder zum Löschen markieren. Zusätzlich möchte man Wertungen vergeben und Bilder sortieren.

Bildbewertung

Es ist sinnvoll, die inspizierten Bilder zu bewerten und damit eine gewisse Qualitätsklassifizierung und Priorisierung vorzunehmen. Diese Sortierung schlägt zugleich eine gewisse Bearbeitungsreihenfolge vor, denn man wird in aller Regel die Bilder mit der höchsten Wertung zuerst bearbeiten. Sie hilft später aber auch, schnell die besten Bilder – wir bezeichnen sie als Portfoliobilder – abzurufen oder diese Werte in Kombination mit anderen Merkmalen zu verwenden, etwa die besten Portraits oder alle Bilder ohne Sterne, wenn man sich einmal genötigt sieht, seinen Bildbestand auszudünnen.

Für die Bewertungskennzeichnungen hat sich eine Sternewertung etabliert – bei Adobe* sind es 1 bis 5 Sterne (und ohne Stern).

Für die Kriterien der einzelnen Sterneklassen ist zunächst jeder auf sich selbst gestellt, d.h., man muss für sich selbst festlegen, welche Kriterien für jeweils Bilder mit einem, mit zwei, drei, vier und schließlich fünf Sternen gelten sollen. Hier unser Vorschlag für die Klassifizierung:

*und im Gefolge auch bei einigen anderen Anbietern

Abb. 1-3: Sterne, Farben und Flaggen sind bei Lightroom Markierungen aus der Bewertungsphase.

0 Sterne — Bilder, die akzeptabel sind und die man vorerst noch aufheben oder noch ohne Bewertung belassen möchte.

* — Bilder, die man sicher aufbewahren möchte und die ihren Zweck erfüllen, aber sonst nicht groß aus der Masse herausragen.

* * — Gute Aufnahmen, die man nach der Erstinspektion bearbeiten und weiter optimieren oder bei einem Kundenauftrag dem Kunden zeigen möchte.

* * * — Wirklich gute Bilder mit nur geringen Unzulänglichkeiten

* * * * — Bilder sehr hoher Qualität, die Sie in Ihr Portfolio aufnehmen möchten oder bei einem Kundenauftrag auf jeden Fall dem Kunden vorschlagen werden.

* * * * * — Bilder der absoluten Spitzenklasse nach Ihrem Geschmack und Ihrem Maßstab. Dies sollten wirklich wenige Bilder sein und solche, die ohne Vorbehalt selbst eine aufwendige Reproduktion rechtfertigen und die man auch verkaufen kann.

Während nach einer ersten Festlegung das Bewertungsschema stabil bleiben sollte, kann sich im Laufe der Zeit die Bewertung einzelner Bilder durchaus verändern, sei es, weil man nach einer sorgfältigen Bearbeitung – eventuell mit neuen Werkzeugen – ein Bild hochstufen möchte oder weil man sich selbst weiterentwickelt hat und Bilder nun kritischer bewertet und herunterstuft.

Aus der Häufigkeit der Bilder in diesen Sterneklassen sollte sich eine richtige Pyramide ergeben mit einem breiten Sockel an Bildern mit keinem und wenigen Sternen und nach oben hin stark verjüngend, dort, wo die Bilder mit vielen Sternen liegen.

Nützlich ist durchaus auch eine negative Bewertung – etwa um Bilder zu kennzeichnen, die man sofort (als Teil der Erstinspektion) löschen möchte oder die sich als Kandidaten für eine später anfallende Ausdünnung des Bildbestands empfehlen. Adobe bietet hier, seit es Bridge gibt (den Bildbrowser von Photoshop), Farbmarkierungen an. Adobe nennt sie *Farbbeschriftungen* und erlaubt die Vergabe von 5 Farben:

Die Zuordnung von Bedeutungen zu Farben ist wiederum frei. Adobe bietet aber in Bridge und Lightroom die Möglichkeit, die Bedeutung der Farben in Bezeichnungen zu hinterlegen (siehe Seite 54, Abb. 3-5) , sodass man deren einmal getroffene Bedeutung abrufen und auch wieder ändern kann.

Wir selbst benutzen die Farben zur Kennzeichnung von Bearbeitungsständen und verwenden nur wenige der fünf möglichen Farben.

Als dritte Markierungsart bietet Lightroom zusätzlich Flaggen (findet sich bisher kaum bei anderen Programmen) und sieht dies als eine Art *Akzeptiert-* und *Abgelehnt*-Markierung vor. Es gibt dann in Lightroom einen Befehl, der alle mit der Abgelehnt-Flagge markierten Bilder auf einmal löscht. Vor dem Löschen sollte man sich zur Sicherheit die so markierten Bilder nochmals anzeigen lassen. Hierbei hilft die entsprechende Filtereinstellung von Lightroom.

Diese Bewertungsphase nach dem Herunterladen von Bildern mag manchem überflüssig erscheinen, möchte man doch möglichst bald mit dem Optimieren der Bilder beginnen. Die Erfahrung zeigt jedoch, dass sich der Aufwand auf die Dauer lohnt – spätestens dann, wenn man einen großen Bildbestand hat und daraus qualifiziert Bilder für bestimmte Zwecke abrufen möchte, wenn man den Bildbestand später einmal reduzieren oder einem Kunden schnell Bilder sortiert und bewertet vorführen will. Bereits nach dem ersten Import wird man oft nur die besseren Bilder bearbeiten und die Arbeit am Rest auf später verschieben.

Bildattributierung – Metadaten

Zwar sind auch die zuvor beschriebenen Markierungen Bildattribute, sie reichen für eine Bildbeschreibung und eine spätere Suche alleine aber nicht aus. Hierfür sind man sehr viel mehr Merkmale und Beschreibungen erforderlich. Man nennt diese auch *Metadaten*. Sie liefern Informationen über das Bild, sind also Daten über Daten. Einen Teil davon bettet erfreulicherweise bereits die Digitalkamera mit ein – im EXIF-Datenblock. Andere Zusatzinformationen zum Bild muss der Anwender selbst hinzufügen – etwa die aus dem Bereich des IPTC-Datenblocks – und die bereits erwähnten Bewertungen.

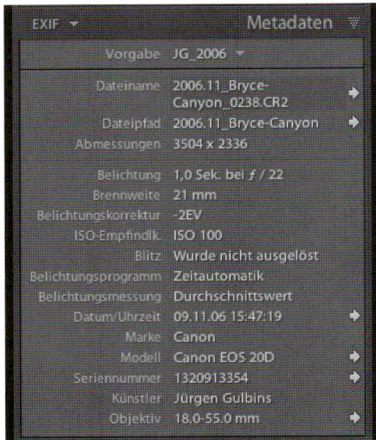

*Abb. 1-4: Die EXIF-Daten verraten einiges über
Kamera und Aufnahme.*

*Abb. 1-5: Ein Ausschnitt der von Lightroom
angezeigten IPTC-Daten*

EXIF

EXIF steht für *EXchange Image Format for Digital Still Cameras*. Was die Kamera alles automatisch einbettet, ist vom Hersteller und Modell abhängig. So gibt es inzwischen sogar Kameras, die sich um ein GPS-Modul erweitern lassen und damit direkt bei der Aufnahme die GPS-Positionsdaten mit in die EXIF-Daten schreiben. Hier finden wir ansonsten Angaben zur Kamera (Hersteller, Modell, Firmwarestand, Seriennummer) und – soweit für die Kamera erkennbar – zum verwendeten Objektiv und zur eingestellten Brennweite, Blende und Verschlusszeit sowie Farbtemperatur und dazu, welches Kameraprogramm für die Aufnahme verwendet wurde und noch einiges mehr.

Lightroom zeigt hier nur nicht leere EXIF-Felder an, was die Darstellung etwas kompakter und übersichtlicher gestaltet.

Diese Angaben sind nicht nur für den Fotografen von Interesse und helfen zuweilen sogar bei der Suche – z.B. nach Aufnahmen mit einem bestimmten Zoomobjektiv –, sondern werden auch von einigen Zusatzprogrammen und Plug-ins ausgelesen, um bestimmte Optimierungen automatisch und besser durchführen zu können.

Man kann damit auch selbst beispielsweise nach dem Urlaub alle Aufnahmen heraussuchen, die mit einem bestimmten Objektiv geschossen wurden, um diesen vorab eine kleine Korrektur (über eine Voreinstellung) zuzuweisen, die die Vignettierung des Objektivs korrigiert.

IPTC

Die Metadaten des IPTC-Blocks – IPTC steht für *International Press and Telecommunication Council* – stammen ursprünglich aus dem Bereich des Pressewesens, wo diese Daten heute noch eingesetzt werden. Inzwischen wurde der Standard aktualisiert und den Bedürfnissen von Digitalaufnahmen angepasst. Die Angaben in den IPTC-Feldern decken vier Bereiche ab:

1. Urheberangaben und Angaben zu Verwertungsrechten
2. Angaben zum (Bild-)Inhalt (Was, Wo, Wer, Wie, ...)
3. Klassifizierungen
4. Zuweisung von Stichwörtern (Verschlagwortung mit Überlappung zu 2 und 3)

Wem die Bedeutung der verschiedenen IPTC-Felder nicht ganz klar ist, dem sei ein Blick auf den ›IPTC Core Schema for XMP. Customer Panel User Guide‹ unter [23] empfohlen. Dort findet man die Beschreibung und die für die verschiedenen Felder geltenden Konventionen – z.B. die maximale Feldlänge und welche IPTC-Codes für die jeweilige Angabe vorgesehen sind. Auch die Internetseite von David Riecks unter [26] ist eine gute Quelle, allerdings englischsprachig.

Einige der Felder werden nach IPTC in definierten Codes ausgefüllt, beispielsweise für Kategorien, Szenen, Genres und das Land, in dem die Auf-

Abb. 1-6: Blue Hour im Death Valley Richtung Bad Water Stichwörter: Death Valley, Bad Water, Abend, Urlaub 2006, Sonnenuntergang, Landschaft

nahme erfolgte. Das Land im IPTC-Feld *ISO-Ländercode* wird beispielsweise über das Kürzel nach ISO-3266 angegeben. Es entspricht weitgehend den Domain-Endungen der Internetadressen. Ob man sich diese Codes jedoch wirklich alle antun möchte, muss jeder selbst entscheiden. Man findet sie unter *IPTC New Codes* [19]. Möchte man in den Codefeldern nicht die Codes verwenden, so ist es zweckmäßig, keinen beliebigen Text einzutragen, sondern zumindest einheitliche Begriffe zu verwenden oder die Felder unbesetzt zu lassen.

Für die Vergabe von Stichwörtern – andere nennen es *Verschlagwortung* – gibt es ganze Bücher.* Deshalb folgt hier eine stark komprimierte Darstellung dieses Themas.

Eine gute Stichwortvergabe soll Antwort auf sechs W-Fragen geben:

Wer   ist auf dem Bild zu sehen?

Was   sieht man im Bild oder was war der fotografierte Anlass?

Wann   wurde die Aufnahme gemacht (soweit es nicht durch das Aufnahmedatum erklärt ist)?

Warum   wurde die Aufnahme erstellt?

Wie viele   Personen oder Objekte sieht man im Bild?

Wieso   ist der Bildinhalt wichtig?

* Einen recht guten Einstieg findet man wieder auf der Internetseite von David Riecks [26]. Verlieren Sie sich dort aber nicht in den zahlreichen Informationen und Diskussionen, schließlich wollen wir hier in den meisten Fällen unserem Hobby frönen oder den Aufgaben unseres Berufs nachkommen und nicht in die Tiefen eines wissenschaftlichen Bibliothekswesens vordringen für das Lightroom nicht ausgelegt ist.

Die IPTC-Spezifikation besagt für die Stichworteinträge:

a)   Der einzelne Stichworteintrag – es darf auch eine Phrase sein – ist maximal 64 Zeichen lang.

b)   Der Gesamtstichworteintrag darf nicht länger als 2000 Zeichen sein.

c)   Stichworteinträge werden durch Kommata oder Semikolon getrennt, gefolgt von einem Leerzeichen.

Die zuvor aufgeführten Fragen sind auch als Anhaltspunkt für IPTC-Eintrag *Bildbeschreibung* nützlich.

Vorteilhaft ist, wenn man als Stichwörter ein festgelegtes Vokabular verwendet – am besten eine feste Liste von Begriffen in der Art eines Thesaurus. Dies stellt eine einheitliche Schreibweise sicher und reduziert die Vielfalt der möglichen Wörter für den gleichen Sachverhalt. Dies gilt natürlich nur für allgemeine Begriffe, nicht für Namen und spezielle Bezeichnungen (etwa den *Rheinfall von Schaffhausen* oder *Schloss Neuschwanstein*). Überlegen Sie bei der Vergabe, mit welchem Begriff Sie später nach dem Bild suchen könnten. Für Kategorien verwendet man den Plural – als *Berge* statt *Berg*.

Seien Sie mit den eingetragenen Stichwörtern nicht zu geizig. Mehr ist hier besser als weniger. Später bei der Suche hilft auch, wenn ein Begriff in mehreren Schreibweisen eingetragen ist. Dies gilt insbesondere für geografische Begriffe, für die es oft mehrere Schreibweisen gibt.

Aus den oben aufgeführten Bereichen kann man die Angaben zum Fotografen und dessen Kontaktdaten und Urhebervermerke in einer Vorlage hinterlegen und bereits beim Import automatisch zuweisen. Dies spart später erheblich Arbeit.

Die Kernfelder (*Bildbeschreibung*, *Bezeichnung* und *Stichwörter* sowie der Dateiname) möchte man häufiger in bestimmten Präsentationsformen zusammen mit dem Bild ausgeben – etwa im Druck als Bildtitel oder in der Diashow oder Web-Galerie als Bildlegende. Die Stichwörter hingegen dienen zusätzlich als Such- und Sortiermerkmal.

Man wird diese Metadaten häufig dazu nutzen, um Bilder in Kollektionen zu gruppieren – einer Art virtueller Ordner, hier jedoch unabhängig vom physikalischen Ablageort. Sie kosten auch wenig Speicherplatz. Diese Kollektionen sind nämlich nichts anderes als Listen mit Verweisen auf die eigentlichen Bilder. So können Bilder problemlos auch in mehreren Kollektionen vorkommen.

Bildverwaltungssysteme wie Lightroom speichern Metadaten zunächst einmal in ihrer internen Datenbank. Dies erlaubt eine schnelle Suche. Häufig möchte man die Metadaten jedoch auch externen Tools zugänglich machen. Es ist deshalb vorteilhaft, wenn man dem Verwaltungsprogramm vorgeben kann, dass die Daten auch in die Bilder geschrieben werden (soweit das Bildformat dies gestattet). Lightroom bietet diese Funktion – entweder bei jeder Änderung oder erst beim Export der Bilder.

➔ *Dieses Thema ist also nicht trivial und ein Profi, der seine Bilder vermarkten möchte, wird mehr Zeit dafür aufwenden als die meisten Amateure. Gibt man Bilder an Kunden weiter, stellen die Metadaten für diesen einen Mehrwert dar.*

1.4   Bildoptimierung

Bei der Bildoptimierung (oder Bildbearbeitung) geht es in den meisten Fällen primär darum, ein optisch ansprechendes Bild zu gestalten und ein Bild, das möglichst eng dem entspricht, was der Fotograf bei der Aufnahme gesehen bzw. im Kopf hatte. Dies muss durchaus nicht unbedingt der Realität entsprechen – weder in der Tonwertdarstellung noch bei den Farben und bei der Detailzeichnung durch Schärfe und Kontrast.

Natürlich gibt es auch andere Aufnahmen – etwa Industrie-, Produkt- oder Modefotografie. Aber selbst dort sind eher die Vorstellungen des Auftraggebers zu treffen als die profane Realität.

Die Gestaltung durch die Bearbeitung ist also stark von der Intention der Aufnahme abhängig, und es ist nicht selten, dass man vom gleichen Bild mehrere, unterschiedliche Versionen erstellt. Während einige Bilder relativ wenig Bearbeitung brauchen, sind bei anderen mehr Schritte notwendig und oft mehrere Durchläufe erforderlich. Dann ist es wünschenswert, wenn man Korrekturen rückgängig oder nachträglich nochmals verändern kann und wenn die wirkliche Korrektur erst ganz zum Schluss in das Pixelbild eingerechnet wird, denn jede Bildveränderung bringt gewisse Qualitätsverluste durch Rundungsfehler und andere Faktoren mit sich. Eine einzelne Berechnung reduziert die Bildqualität weniger als die Summe vieler einzelner Berechnungen.

Photoshop bietet für die Umsetzung dieses Wunsches die Einstellungsebenen. Bestimmte Korrekturen – etwa das Schärfen – sind darin

Abb. 1.7: Sonnenaufgang im Death Valley am Zabriskie Point
Stichwörter: Death Valley, Zabriskie Point, Morgen, Urlaub 2006, Sonnenaufgang, Landschaft

bisher aber nicht ausführbar. Die neue Generation von Fotoeditoren – und Lightroom gehört hier ebenso dazu wie Apple Aperture, Nikon Capture NX oder LightZone – setzen hierfür auf das Konzept des nicht-destruktiven Editierens. Alle Korrekturen werden dabei nicht (sofort) in das originäre Pixelbild eingerechnet, sondern zunächst einmal nur in einem Anweisungssatz hinterlegt und lediglich für die Bildschirmdarstellung virtuell ins Bild eingerechnet.

Dadurch, dass Korrekturen ohne Qualitätsverluste mehrfach ausgeführt werden können, darf man etwas mutiger sein und eine Korrektur zunächst einmal nur zurückhaltend oder im Gegenteil kräftig ausführen. Man kann mehr und schneller experimentieren und so eventuell zu neuen, besseren Ergebnissen kommen. Bildoperationen, die, wenn man sie etwas zu stark ausführt, ein Bild zerstören können – eine Beispiel ist die Kontrasterhöhung und das Schärfen –, werden jetzt auf einmal unproblematisch.

Dies ist sehr elegant, kostet aber einiges an Rechenleistung und bringt – zumindest bei Lightroom und Apple Aperture – noch gewisse Restriktionen mit sich. Sie ergeben sich primär aus der dafür notwendigen Rechenleistung. So bietet Lightroom bisher beispielsweise keine perspektivischen Korrekturen und keine Korrektur von Verzeichnungen durch das Objektiv. Auch Korrekturen, die örtlich auf bestimmte Bildbereiche beschränkt sind, fehlen noch. Dies gilt ebenso für das Zusammensetzen von Panoramen aus mehreren Einzelbildern oder von Bildern mit erweitertem Dynamikumfang aus mehreren Aufnahmen mit unterschiedlicher Belichtung (solche Bilder werden als HDR-Bilder bezeichnet – *High Dynamic Range Images*).

Möchte man solche Operationen ausführen, muss man aus Lightroom heraus auf andere Werkzeuge zurückgreifen.[*] Dazu muss man das Bild oder die Bilder exportieren, die Operation außen durchführen und das Ergebnis in geeignetem Format wieder an Lightroom zurückführen, sofern man das Ergebnisbild dort weiter verwalten und für spezielle Ausgabeformate aufbereiten möchte. Auch wenn man Bildformate benötigt, die Lightroom nicht unterstützt, gilt dies. So konvertieren wir beispielsweise Bilder von RGB-TIFF nach CMYK in Photoshop, wenn wir sie für den Vierfarbdruck aufbereiten müssen (etwa für gedruckte Bücher). Auf dieses Thema wird in Kapitel 8 eingegangen.

Plant man ein Bild außerhalb von Lightroom zu optimieren, so sollte man die Korrekturen in Lightroom gering halten, um das Mehrfachverrechnen von Korrekturen und den damit verbundenen (wenn auch geringeren) Qualitätsverlust zu vermeiden – Lightroom muss schließlich seine eigenen Korrekturen beim Export oder der direkten Übergabe des Bildes in dieses einrechnen.

In diesen Fällen verzichten wir beispielsweise in Lightroom vollständig auf das Schärfen und belassen es zumeist beim Weißabgleich sowie der eventuellen Korrektur der Belichtung. Das Bild übergeben (oder exportieren) wir dann als 16-Bit-TIFF.

Abb. 1-8: Sonnenaufgang im Death Valley am Zabriskie Point
Stichwörter: Death Valley, Zabriskie Point, Morgen, Urlaub 2006, Sonnenaufgang, Landschaft

1.5 Bildpräsentation

Die ganze Arbeit an und mit den Bildern dient nicht dem Selbstzweck, weil Bildeditieren so schön ist, sondern um Bilder schließlich zu präsentieren oder an andere zu übergeben.

Die Bildaufbereitung dafür ist als eigener Schritt im Workflow zu betrachten. Es zeigt sich, dass unterschiedliche Präsentationsformen auch differenzierte Aufbereitungen benötigen ein Fine-Art-Print eine andere als eine Diashow und diese wieder andere als für eine Web-Galerie im Internet. Die Bilder müssen hier beispielsweise unterschiedlich skaliert und unterschiedlich stark geschärft werden.

Setzte man für diese unterschiedlichen Ausgabeformen bzw. Präsentationsarten in der Vergangenheit oft mehrere unterschiedliche Programme ein, so ist es der Anspruch der neuen *All-in-One-Programme* wie Lightroom, hier möglichst viel in einem Programm abzudecken – auch die Einstiegsprogramme wie Photoshop Elements oder Apples iPhoto taten es bereits.

Lightroom verwendet dazu unterschiedliche Modi – je einen für den Druck, die Diashow und einen für die Web-Präsentation, wie Abbildung 1-9 schematisch zeigt.

1.6   Fotoworkflow-Umsetzung in Lightroom

All die zuvor beschriebenen Aufgaben realisiert Lightroom mit unterschiedlichen Mitteln: durch Anzeigen, etwa der Bildvorschau (also bevor ein Raw-Bild eigentlich konvertiert ist), durch verschiedene Sichten, durch Anzeigen der Metadaten und natürlich durch Eingabe-, Steuerungs- und Korrekturmöglichkeiten.

Es setzt dabei intern auf fünf Module, die in Abbildung 1-9 dargestellt sind. Dies sind zugleich fünf Lightroom-Modi, zwischen denen sich frei hin- und herschalten lässt und die alle ihre eigenen Panele und Regler haben sowie ihre spezifischen Menüs und Werkzeuge.

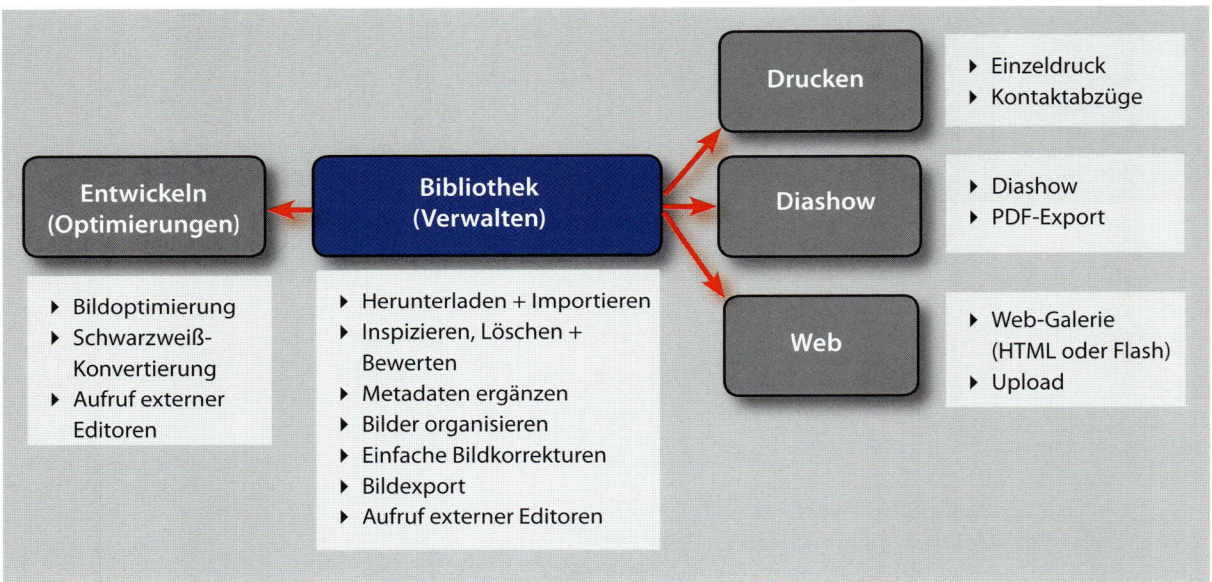

Abb. 1-9: Die 5 Basismodule von Lightroom

Das verbindende Glied ist der Filmstreifen mit seinen Vorschauminiaturen und die zentrale Datenbank, in der alle Informationen zu den verwalteten Bildern gehalten werden.

Nach diesem langen Exkurs zum Prinzip des Foto-Workflows können wir nun in den nachfolgenden Kapiteln wirklich in die Tiefen von Lightroom einsteigen – etwas entlastet von der Theorie und den generellen Vorüberlegungen.

Abb. 1-10: Mit HDR-Technik aus mehreren Einzelaufnahmen mit unterschiedlichen Belichtungen zusammengesetztes Bild (außerhalb von Lightroom).
Stichwörter: HDRI, The Rock, Fort Point, Uwe Steinmüller

Lightroom verstehen

2

Lightroom – oder vollständig ›Adobe Photoshop Lightroom‹ – zählt zu einer neuen Generation von Fotobearbeitungsprogrammen, die in einer Anwendung alle wesentlichen Funktionen des digitalen Foto-Workflows zusammenfassen und dabei drei Funktionsbereiche abdecken:

1. *Bildbearbeitung*
2. *Bildverwaltung*
3. *Bildausgabe in verschiedenen Varianten wie Druck, Diashow und Web-Galerien*

In Lightroom können Sie sowohl mit Raw-Formaten arbeiten als auch mit den wichtigsten anderen Fotoformaten wie TIFF und JPEG umgehen. Da Photoshop immer noch der Platzhirsch für die Bildbearbeitung ist, beherrscht Lightroom zusätzlich dessen PSD-Format. Die Bearbeitung erfolgt in dieser neuen Generation von Fotobearbeitungsprogrammen nicht-destruktiv – also ohne Veränderung des Originals.

Die Integration der zuvor genannten Funktionen vereinfacht den gesamten Foto-Workflow, da weniger Programmwechsel notwendig sind, sich eine einheitlichere und flüssigere Bedienung ergibt und keine Brüche in der Datenübergabe auftreten. Mit all diesen Eigenschaften sind sie auf den Fotografen fokussiert, der digital arbeitet.

2.1   Nicht-destruktives Editieren

Lightroom arbeitet nicht-destruktiv, d.h., es rechnet Änderungen nicht sofort in das Bild ein, sondern merkt sich alle in Lightroom durchgeführten
Bildänderungen in einem Satz von Änderungsanweisungen.

Dies ist ausgesprochen speicherökonomisch. Der Änderungssatz benötigt nur etwa 5–15 KB pro Bild. Bildkorrekturen mit Ebenen in Photoshop
sind sehr viel voluminöser. Möchte man mehrere unterschiedliche Versionen
des gleichen Bildes halten – etwa eine Version mit einem anderen Ausschnitt, eine Schwarzweißversion oder Versionen mit unterschiedlichen
Farbabstimmungen –, so muss dazu das Bild jetzt nicht physikalisch mehrfach vorhanden sein, sondern Lightroom speichert nur mehrere Einstellungs-
sätze zum Originalbild. Man spart dabei gegenüber herkömmlichen Bild-
bearbeitungsprogrammen erheblich Plattenplatz.

Ein anderer Vorteil des nicht-destruktiven Editierens besteht darin,
dass man Änderungen jederzeit ohne Aufwand und ohne Qualitätsverlust
rückgängig machen kann.

Bei der Ausgabe (und damit auch bei der Anzeige) des Bildes müssen
die Änderungen jedoch jedes Mal nachvollzogen und eingerechnet werden. Dieses Verrechnen erfolgt erst beim Aufruf eines externen Editors,
beim Export oder bei der Ausgabe als Druck, Diashow oder Web-Galerie –
und natürlich bei der Vorschauanzeige des Bildes. Nicht-destruktiv arbeitende
Programme benötigen deshalb spürbar mehr Rechenleistung – oder etwas
mehr Geduld beim Anwender. Ein schneller Rechner schlägt sich also
auch in einer reaktiven, flüssiger arbeitenden Bedienung nieder.

*Abb. 2-1: Original (oben) und bearbeitetes
Bild (unten) sind nur ein paar
Korrekturinstruktionen auseinander.*

2.2   Unterstützte Bildformate

Für die Raw-Konvertierung (und andere Bildkorrekturen) setzt Lightroom
auf dem Kern des für Photoshop CS3 eingesetzten Adobe Camera Raw 4.0
auf – man sieht Camera Raw jedoch nicht. Lightroom agiert hier als Frontend
und verleiht diesem Kern eine eigene Oberfläche.

Lightroom unterstützt das gleiche Spektrum an Raw-Formaten wie
Adobe Camera Raw – sehr breit und recht aktuell, was neue DSLR-Kameras
betrifft. Neben den Raw-Formaten wird auch TIFF*, JPEG sowie PSD* und
DNG unterstützt. DNG ist eine Art universelles Raw-Format, wurde von
Adobe entworfen und als Standardentwurf vorgelegt. All diese Formate
werden nicht-destruktiv bearbeitet. Bisher unterstützt Lightroom ausschließlich den RGB- und Graustufenmodus – also weder CMYK noch Lab.

* jeweils in 8 und 16 Bit Farbtiefe

Arbeitet man aus anderen Anwendungen heraus mit Ebenen, so muss
bei PSD der Photoshop-Kompatibilitätsmodus eingesetzt werden. Dieser
sorgt dafür, dass die Ebenen in einer virtuellen Zusatzebene zusammengefasst und ins Bild mit eingebettet werden. Bei Photoshop ist dies standardmäßig aktiviert, ansonsten lässt es sich in den Voreinstellungen unter
Dateien verarbeiten für das PSD-Format einrichten.

2.3 DAM-Funktionen

DAM steht für *Digital Asset Management* und meint die digitale Verwaltung von digitalen Wertobjekten – hier digitalen Fotos.

Lightroom bietet für den Fotografen wesentliche DAM-Funktionen. Sie erlauben das Herunterladen von digitalen Bildern sowie deren Sichtung, Bewertung, Sortierung und Gruppierung nach unterschiedlichen Kriterien. Eine weitere wichtige Funktion ist die Attributierung, d.h. die Übernahme von Daten, die die Bilder beschreiben.[*] Für die spätere Suche und eine sinnvolle Sortierung ist dies eine zentrale Funktion. Lightroom ist in dieser Hinsicht sehr komfortabel und effizient. Es bietet dafür sogar eigene Stichworthierarchien an.

* z.B. in Form von Stichwörtern (Verschlagwortung) und Bildtiteln

Was Lightroom gegenüber einem vollwertigen DAM-System fehlt,[**] ist die Handhabung eines breiten Spektrums an Formaten – etwa von Audio- und Videodateien oder von DTP-Dokumenten. Mittelfristig wäre es natürlich schön, wenn man auch diese digitalen Objekte (Assets) in einer Oberfläche verwalten und bei Bedarf einfach die nicht fotorelevanten Objekte ausblenden könnte.

* Dies gilt ebenso für Apple Aperture.

2.4 Systemvoraussetzungen

Lightroom läuft unter Mac OS X (ab V 1.4, sowohl auf PowerPC-basierten als auch auf Intel-basierten Macintosh-Systemen) und unter Windows, wo es XP (ab Service-Pack 2) oder Vista voraussetzt. Als minimaler Hauptspeicher gibt Adobe 0,75 GB an und empfiehlt 1 GB. Unsere Erfahrungen sprechen eher für 1,5 GB Hauptspeicher – und mehr ist immer besser.

Lightroom stellt keine besonderen Anforderungen an die Grafikkarte, solange sie bei der gewählten Bildschirmauflösung eine Farbtiefe von 24 Bit (3 × 8 Bit) erlaubt. Obwohl man zur Not mit einer Bildschirmauflösung von 1024 × 768 Bit (SVGA, die typische Laptop-Auflösung) auskommt, erleichtert eine höhere Auflösung und ein großer Bildschirm das Arbeiten und macht mehr Funktionen direkt und ohne Scrollen oder Ein- und Ausblenden sichtbar.

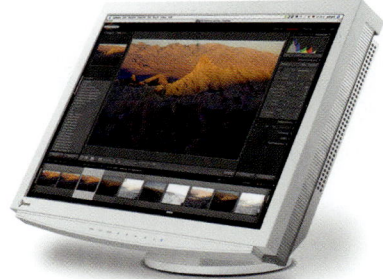

Abb. 2-2: Ein 24-Zoll-Bildschirm (hier ein Eizo S24100W) ist kein Muss, macht aber die Arbeit zur Freude.

Der eigentliche Bedarf an Plattenspeicher des Programms selbst ist mit ca. 1 GB recht bescheiden. Platz kosten aber natürlich die Bilddateien sowie die Lightroom-Datenbank. Selbst auf einem Laptop sollten Sie hierfür 15 GB erübrigen. Auf einer Workstation empfiehlt es sich durchaus, eine eigene Partition, besser noch sogar eine eigene Platte für die Bilder und die Bilddatenbank zu spendieren.

Haben Sie nicht das ›Public Beta‹ von Lightroom dazu genutzt, um Lightroom kennenzulernen, sollten Sie sich zunächst vor dem Kauf die kostenlose Testversion von Adobe herunterladen, um auszuprobieren, wie weit Lightroom Ihre eigenen Anforderungen abdecken kann, Ihrem Arbeitsstil entgegenkommt und wie weit Sie auf weitere Programme für Ihre Aufgaben verzichten können. Sie finden die deutsche Testversion unter [12].

In der internationalen Version – jene, die Sie beim Kauf in Deutschland erhalten – lässt sich Lightroom zwischen einer englischen, deutschen und französischen Oberfläche umschalten. Daneben gibt es eine japanische Version.

2.5   Die Benutzeroberfläche

Die Vielzahl von Funktionen und die hohe Integration bedingt bei Lightroom eine sehr kompakte Benutzeroberfläche – d.h., viel ist auf kleinem Platz untergebracht. Um hohe Übersichtlichkeit auf einem Bildschirm zu erzielen, bei dem man nicht ständig Panele zur Seite schieben oder neue Fenster explizit ein- und ausklappen muss, verwendet Lightroom eine Einfensterlösung. Alle Informationsbereiche sind in einem zumindest visuell einzigen großen Fenster untergebracht. Das Lightroom-Fenster ist aber in mehrere Bereiche untergliedert, die wir als *Panele* bezeichnen.

Abbildung 2-3 kennzeichnet die verschiedenen Lightroom-Fensterbereiche und -Panele. Hier die Hauptbereiche:

1. Moduspanel mit Erkennungstafel + Modusleiste (oben)
2. Navigator- + Vorlagenpanel (links)
3. Filmstreifen (unten)
4. Parameterpanel (rechts)
5. Zentralfenster mit der Bildvorschau

Die ersten vier Panele lassen sich ein- und ausblenden – entweder explizit, indem man auf das entsprechende Dreieck ▶ des Panels klickt, oder automatisch, wenn man für das betreffende Panel den Autoausblendmodus aktiviert hat und mit der Maus aus dem Panelbereich herausfährt.

Aktivieren lässt sich der Autoausblendmodus, indem man im Randbereich des jeweiligen Panels das Popup-Menü unter der rechten Maustaste aufruft (unter Mac OS bei einer 1-Button-Maus per Ctrl-Klick). Dies ist für jedes dieser Panele getrennt möglich.

Innerhalb des linken Panels ② und des rechten Panels ④ lassen sich einzelne Parameterblöcke über die kleinen Dreiecke ▶ ein- und ausfalten – oder man scrollt eben zum entsprechenden Bereich. Auch hier ist ein so genannter *Solomodus* möglich. Wieder mit der rechten Maustaste (in den in Abbildung 2-3 rot makierten Bereichen) ruft man hier das Popup-Menü auf und wählt den Solomodus. Beim Solomodus klappt automatisch der zuvor geöffnete Kontrollblock zu, sobald man auf einen neuen klickt. In diesem Popup-Menü lassen sich zugleich bestimmte Kontrollblöcke ganz ein- oder ausblenden. Benötigt man beispielsweise die Kamerakali-

Abb. 2-3: Die Panele und Fensterbereiche des Lightroom-Gesamtfensters. In den rot markierten Bereichen lassen sich mit der rechten Maustaste Popup-Menüs mit Anzeigeoptionen aktivieren.

brierung nur selten, blendet man sie einfach aus. Das gleiche Schema ist für das linke Navigator- und Vorlagenpanel realisiert.

Die Navigator- und Kontrollblöcke der beiden Panele links und rechts sind abhängig vom jeweiligen Lightroom-Modus in dem man gerade arbeitet (mehr dazu später). Verschiebt man den Trennungsbalken zwischen Panel und Zentralfenster mit der Maus, so lässt sich die Panelbreite in gewissen Grenzen ändern.

Im Kopf des Lightroom-Fensters haben wir das Moduspanel ① mit der *Modusleiste* und der sogenannten *Erkennungstafel*.

Lightroom besitzt fünf Modi, auf die wir später detaillierter eingehen. Sie entsprechen grob den Arbeitsphasen des typischen Foto-Workflows. Der Ausgangs- und Verwaltungsmodus ist dabei der Modus Entwickeln. Der jeweils aktuelle Modus ist in der Leiste farblich abgehoben. Eine Möglichkeit des Moduswechsels besteht darin, auf einen anderen Modus zu klicken.

Auf die Erkennungstafel – sie liegt im Panel ① links – geht der Abschnitt auf Seite 34 detaillierter ein.

In der Mitte des Lightroom-Fensters befindet sich das große Zentral- oder *Vorschaufenster* ⑤. Hier zeigt Lightroom die Vorschau des gerade aktiven Bildes oder – in der Matrixdarstellung – Vorschauicons wie im Filmstreifen.

Darunter befindet sich eine *Werkzeugleiste*. Die Werkzeuge hier sind modusabhängig.

Abb. 2-4: Die Werkzeugleiste – hier im Entwicklungsmodus

Im Entwicklungsmodus lässt sich über das kleine Dreieck ▼ rechts der Leiste wieder ein Popup-Menü aufrufen, in dem man wählt, welche Werkzeuge und Informationen hier angezeigt werden – unter Umständen ist aber bei einem zu kleinen Lightroom-Fenster der Bereich dafür etwas knapp.

✓ Bewertung
✓ Auswählen
✓ Farbbeschriftung
✓ Navigieren
✓ Diashow
✓ Zoom
✓ Informationen

Unterhalb des Vorschaufensters (und eventuell der Werkzeugleiste) finden wir die *Info-Leiste*. Sie zeigt den Namen des aktuell aktiven Bildes (siehe Abb. 2-5 im Kopf). Rechts daneben erhält man unter dem kleinen ▼ ein Popup-Menü mit einer Liste der letzten Sichten. Hierüber lässt sich oft schneller zu einer anderen Sicht wechseln als über das Navigatorpanel. Die Info-Leiste gehört zum Filmstreifenpanel, d.h., sie wird zusammen mit diesem ein- und ausgeblendet.

Ein Klick auf das ⊞-Icon links bringt einen aus jedem beliebigen Modus zurück in den Modus *Bibliothek,* und zwar in der Matrixansicht (mehr dazu in Kapitel 3.3).

Die beiden Pfeilicons ← → erlauben es, durch die verschiedenen Lightroom-Modi zu schalten, auch wenn das Moduspanel ausgeblendet ist.

Auf den *Filter* gehen wir später noch ein. Mit ihm lässt sich die Sicht – die Menge aller gerade sichtbaren Bilder – einschränken auf Bilder, die bestimmte Filterkriterien erfüllen.

Abb. 2-5:
Filmstreifen mit Infoleiste
und Filter darüber

Am Fuß des Lightroom-Fensters liegt – falls ausgeklappt – der Filmstreifen (Abb. 2-5). Er enthält als Icons die Vorschaubilder aller aktuell sichtbaren Bilder. Scrollen lässt sich in ihm entweder über den Rollbalkenschieber darunter, über die beiden Dreiecke rechts oder links, über die Pfeiltasten ⟵ ⟶ der Tastatur und, falls eingeblendet, über die Icons ⟵ ⟶ in der jeweiligen Werkzeugleiste.

Kleine Sticker und Farbränder am Bild kennzeichnen bestimmte Bearbeitungszustände. Hier die wichtigsten:

Bild wurden Metadaten angefügt.

Bild wurde beschnitten (freigestellt).

Bild wurde bearbeitet (korrigiert).

Das Bild gehört zur Gruppe *Schnellkollektion*. Ein Klick auf das Icon entfernt das Bild wieder daraus.

Abb. 2-6: Farbränder und Icons signalisieren Bearbeitungszustände und Bewertungen.

Dies ist das Deckbild eines Bildstapels mit zwei Bildern (siehe Kapitel 3.2).

Lightroom kann auf das Originalbild aktuell nicht zugreifen. Es wurde gelöscht, verschoben, geändert oder ist offline.

Lightroom hat Probleme beim Zurückschreiben von Einstellungs- oder Metadaten in das XMP-Filialdokument (siehe dazu Abb. 2-11 Ⓑ).

Dieses Bild wurde mit einer Akzeptiert-Flagge versehen.

Das Bild wurde zum Verwerfen gekennzeichnet.

Das Bild hat eine x-Sternewertung

Zusätzlich gibt es noch farbige Rahmen oder Hintergrundflächen, womit ein Bild mit der entsprechenden Farbmarkierung angezeigt wird (siehe dazu Kapitel 3.3, Seite 54).

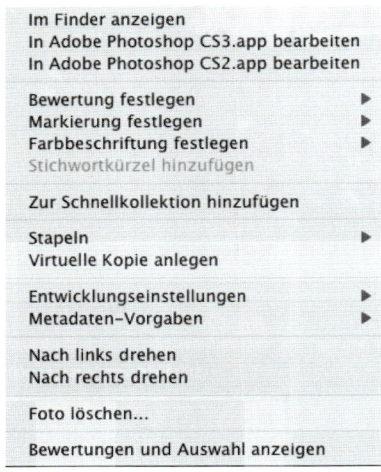

Die Größe der Vorschauicons im Filmstreifen ergibt sich durch dessen Höhe. Verschiebt man mit der Maus die Begrenzung oberhalb der Infoleiste zum Vorschaufenster, so lässt sich die Höhe des Filmstreifens variieren.

Popup-Menüs

Wir haben bereits eine Reihe von Popup-Menüs gesehen, die man über die rechte Maustaste aufrufen kann.

Zwar kann man diese unter Mac OS, wo früher 1-Knopf-Mäuse üblich waren, auch mit Ctrl + Maustaste aufrufen, all diesen Mac-Benutzern sei jedoch dringend eine Zweiknopfmaus mit Scrollrad empfohlen. Diese gestaltet das Arbeiten einfach effizienter.

Ein nützliches Popup-Menü (unter der rechten Maustaste) bietet bildbezogene Funktionen an, wenn man zuvor Bilder im Filmstreifen oder in der Vorschau selektiert:

2.6   Lightroom-Basis

Lightroom ist hochintegriert und vereint Module zum Importieren von Bildern, einen Raw-Konverter, einen Bildeditor, einen Leuchttisch, Module zum Drucken sowie zur Erstellung weiterer Ausgabeformen und eine Bildverwaltung.

Die Lightroom-Entwickler haben sich sichtlich Mühe gegeben, die Operationen möglichst einfach und intuitiv zu gestalten. Der bei unterschiedlichen Fotografen immer etwas anders gestaltete Workflow birgt jedoch automatisch eine gewisse Komplexität, der Lightroom gerecht werden muss.

Die Lightroom-Bibliothek verstehen

Lightroom setzt auf ein sogenanntes *Repository* – eine Datenbank auf. Hier liegen alle Metadaten, Verweise auf die eigentlichen Bilder, Verwaltungsinformationen und – optional – auch die Bilder selbst (falls man beim Import angibt, dass sie in die Bibliothek kopiert werden sollen). In Lightroom wird dieses Repository als *Bibliothek* bezeichnet – *Katalog* wäre zutreffender.

Die Vorschaubilder, die Lightroom nutzt, um Bilder in seinem Filmstreifen und seiner Matrixdarstellung sehr zügig anzeigen zu können, ohne dazu jedes der Bilder erneut öffnen zu müssen, legt Lightroom in einem eigenen Ordner ab, der zusammen mit der Bibliothek im Lightroom-Arbeitsordner liegt. In den Voreinstellungen lässt sich angeben, ob diese Vorschaubilder, die Lightroom beim ersten Importieren von Bildern erzeugt, nur vorübergehend erhalten bleiben sollen (und wie lange) oder auf Dauer (siehe Abb. 2-11 Ⓒ).

Die Lightroom-Bibliothek kann bei großen Bildbeständen selbst recht groß werden, und da man sie in Lightroom Version 1 nicht einfach aufteilen kann, empfiehlt es sich, sie auf eine eigene Partition oder sogar eine eigene Platte zu legen statt, wie standardmäßig eingestellt, in den Ordner *Bilder* im eigenen Benutzerverzeichnis.

Bei sehr großen Bildbeständen sollte man unter Umständen sogar den Gesamtbestand in mehrere getrennte Bibliotheken unterteilen. In Version 1 bietet Lightroom jedoch keine Funktionen, um Bilder von einer Bibliothek in eine andere zu kopieren oder über mehrere Bibliotheken hinweg zu suchen. Zwar kann man bei Lightroom zwischen mehreren Bibliotheken wechseln, muss dazu jedoch jeweils Lightroom neu starten und dabei die Alt- bzw. ⌥-Taste gedrückt halten. Hier würde man sich eine komfortablere Lösung wünschen.

Uwe Steinmüller hat in seiner jetzigen Bibliothek etwa 30 000 Bilder. Lightroom wird damit problemlos fertig, ohne spürbar langsam zu werden. Der Import dauerte auf einem G5 Quad-Mac etwa vier Stunden. Die Bibliothek ist bei diesem Bildbestand etwa 374 MB groß (ohne die Bilder selbst, die nur per Verweis verknüpft sind) – also etwa 13 MB pro 1000 Bilder.

Lightroom kopiert Bilder beim Importieren entweder in die eigene Bibliothek oder belässt sie extern und trägt lediglich einen Verweis auf das Bild in die Lightroom-Datenbank. Wir halten die zweite Lösung für wesentlich besser. Andere Anwendungen können so auch ohne Lightroom auf die Bilder zugreifen. Zusätzlich bleibt die Bibliothek damit wesentlich schlanker und ist dadurch einfacher und schneller zu sichern.

Vorlagen in Lightroom

Eine *Vorlage* in Lightroom – in einigen Menüs etwas uneinheitlich auch als *Vorgabe* bezeichnet – ist nichts anderes als ein Satz von Parametern, der unter einem Namen abgelegt wird. Solche Vorlagen gibt es für Bildkorrekturen, Diashows, Druckeinstellungen und für Web-Galerien. Einige Vorlagen sind bereits in Lightroom enthalten. Diese kann man einem Bild bzw. einer Diashow, einer Druckeinstellung oder einer Web-Galerie zuweisen.

Die Vorlage muss nicht alle Einstellungen abdecken, sondern kann sich auf einzelne oder einige wenige beschränken.

Als Anwender kann man diese Vorlagen benutzen (zuweisen), sie umbenennen oder löschen und eigene Einstellungen als neue Vorlagen sichern. Mit diesem einfachen und doch recht mächtigen Mechanismus lässt sich der Arbeitsablauf erheblich beschleunigen. Zusätzliche Vorlagen findet man bereits im Internet.*

Die Vorlagen findet man links im Vorlagen- und Navigatorpanel. Hat man den Vorlagenblock geöffnet und fährt mit der Maus über einen Vorlageneintrag, so zeigt Lightroom im geöffneten Navigator-Fenster den Effekt der Vorlage bereits an, ohne dass man die Vorlage dem Bild oder einer anderen Einstellung zugewiesen hat. Das Zuweisen erfolgt einfach durch einen Klick auf den Eintrag.

* *beispielsweise unter [16] oder [17]*

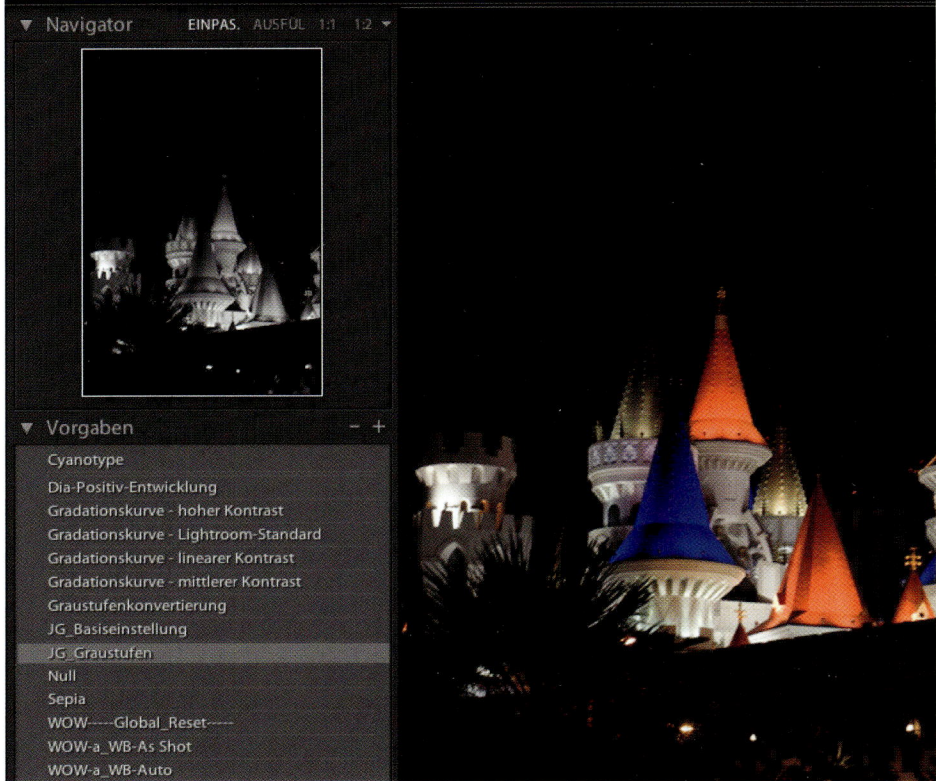

Abb. 2-7:
Im Navigator sieht man
bereits den Effekt einer
Vorlagenzuweisung, bevor
man die Vorlage dem Bild
zugewiesen hat (hier im
Modus ›Entwickeln‹).

Im Entwicklungsmodus – jenem, in dem man Bilder bearbeitet bzw. optimiert – kann man auch gleich mehrere Bilder selektieren und mit einem Klick
allen selektierten Bildern die Vorlage zuweisen und damit an allen eine bestimmte Korrektur ausführen. Es lohnt also, sich mit diesen Vorlagen vertraut zu machen.

Sichten

Eine *Sicht* ist der aktuell angezeigte Ausschnitt aus dem Gesamtbestand der
Bilder in der Lightroom-Bibliothek. Die Anzeige erfolgt entweder im Filmstreifen oder im Zentralfenster, wenn die Matrixdarstellung aktiviert ist.
Erstellt man eine Diashow, einen Kontaktbogen oder eine Web-Galerie, so
werden alle Bilder der aktuellen Sicht darin aufgenommen.

Lightroom bietet eine Vielzahl von Möglichkeiten, eine Sicht zu bestimmen – etwa durch die explizite Wahl eines Ordners, der zuletzt importierten Bilder, die Wahl einer Kollektion, das Aktivieren eines Stichwort-Tags oder die Wahl im Metadaten-Browser. Diese Sicht lässt sich über
den später noch detaillierter beschriebenen Filter weiter eingrenzen auf
Bilder, die zusätzlich einem oder mehreren Filterkriterien entsprechen.

Bis man die Sichtdefinitionen vollständig verstanden hat, braucht man sicher eine Weile. Wir werden deshalb später noch mehrmals auf solche Sichten eingehen.

2.7 Der Workflow in den LR-Modulen

Der typische Foto-Workflow besteht aus drei Phasen bzw. Themenbereichen: Bildverwaltung, Bildoptimierung und Bildpräsentation. Lightroom hat hierfür fünf Module und damit Arbeitsmodi (siehe Abb. 2-8). Diese Modi sind als eigenständige Module implementiert, die ihre Bedienelemente als Panele gemeinsam im Lightroom-Rahmenfenster anzeigen: Bibliothek realisiert den Import, den Bildbrowser und die Bildverwaltung, Entwickeln ist für die Bildoptimierung zuständig, und für die verschiedenen Ausgabe- bzw. Präsentationsformen gibt es die Module Diashow, Drucken und Web.

Jedes dieser Module deckt einen oder mehrere Arbeitsschritte des Fotografen ab. Jedes Modul präsentiert seine Oberfläche in einem oder mehreren eigenen Panelen, die man teilweise ein- und ausblenden kann.

Mit einem Klick auf den jeweiligen Modulnamen im Lightroom-Fenster oben rechts in der Modusleiste kann man von jedem Modus zu jedem anderen wechseln:

Bibliothek | Entwickeln | Diashow | Drucken | Web

Zusätzlich gibt es Tastaturkürzel für den schnellen Moduswechsel (siehe Kapitel 9.9).

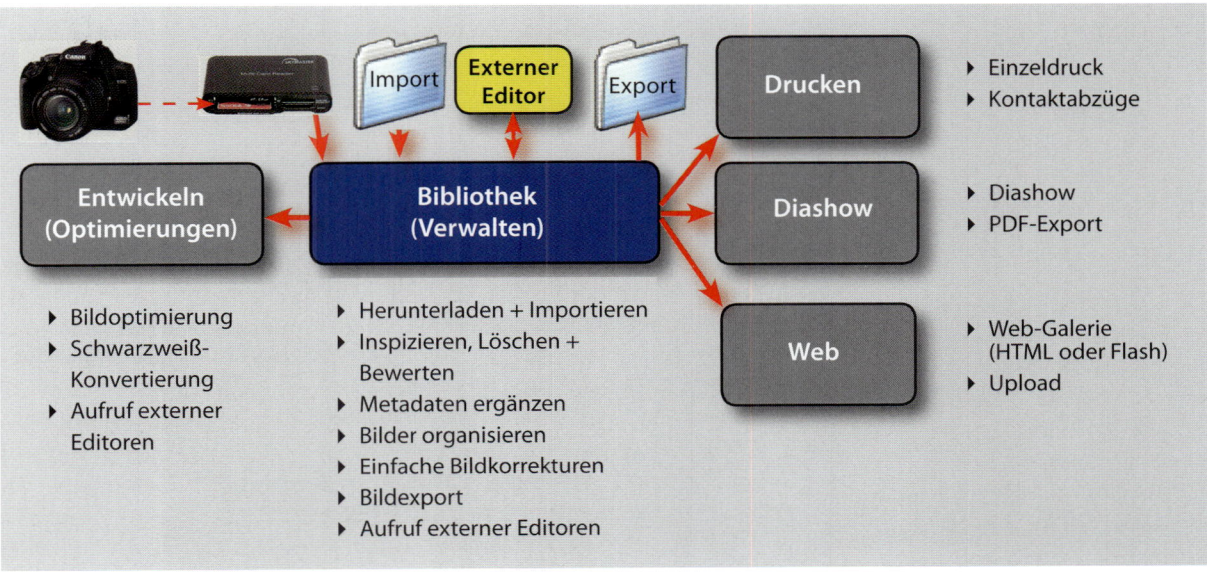

Abb. 2-8: Die 5 Basismodule von Lightroom

2.8   Einrichten der Voreinstellungen

Die Installation von Lightroom ist einfach und erfolgt nach einem Klick auf das Installationsprogramm vollautomatisch – lediglich der Installationsort wird abgefragt. Danach ist Lightroom bereits arbeitsbereit und die meisten Voreinstellungen passen für den überwiegenden Teil der Fotografen.

Wir empfehlen Ihnen jedoch, sich die Voreinstellungen einmal anzusehen (beim Mac unter dem Menü Lightroom, bei Windows unter Bearbeiten) und vor allem – wie bereits erwähnt – einen passenden Ablageort für die LR-Bibliothek festzulegen (siehe Abb. 2-9 Ⓐ).

Dort lässt sich auch einstellen, ob und wann Lightroom eine Sicherungskopie der Bibliothek (der Lightroom-Datenbank) erstellen und danach die Konsistenz der Bibliothek überprüfen soll (Abb. 2-9 Ⓑ). Wir aktivieren hier *Bei jedem Start von Lightroom*. Dies kostet beim Start zwar etwas Zeit, stellt jedoch eine erhebliche Sicherheit dar. Man sollte daneben von Zeit zu Zeit die alten Sicherungskopien löschen – Lightroom besorgt dies bisher nicht selbstständig und überschreibt sie auch nicht.

➡ *Inzwischen ist Adobe Camera Raw 3.7 freigegeben. ACR 3.7 kann alle Einstellungen von Lightroom 1.0 verarbeiten, bietet jedoch nicht alle Oberflächenelemente von Lightroom 1.0. Dies erfolgt erst mit ACR 4.0 als Teil von Photoshop CS3.*

Um eine optimale Kompatibilität zu Adobe Camera Raw (ab 3.7) und Bridge zu gewährleisten, empfehlen wir zusätzlich, in den Voreinstellungen zum Dateimanagement unter *Metadaten* die Option *Änderungen automatisch in XMP speichern* zu aktivieren (siehe Abb. 2-11 Ⓑ). Im Bereich *Vorschau-Cache* setzt man die Vorgaben für die von Lightroom erstellten Vorschaubilder und deren Lebensdauer.

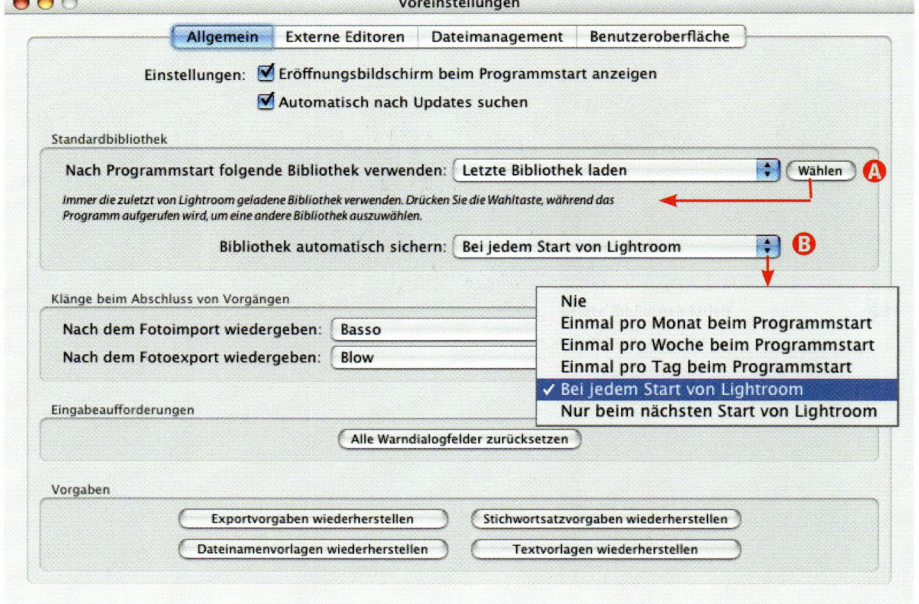

Abb. 2-9 :
Stellen Sie ein, wo Ihre LR-Bibliothek liegen soll – es sind mehrere Bibliotheken möglich – und wie oft sie gesichert und überprüft werden soll.

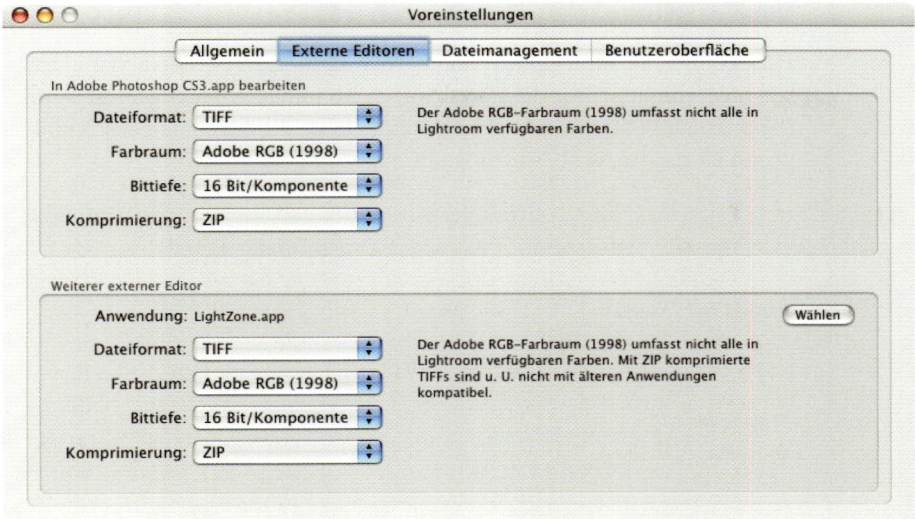

Abb. 2-10:

Es lassen sich zwei externe Editoren
vordefinieren (Lightroom bestimmt
den ersten Eintrag selbstständig)
und die Bildformate vorgeben, in de-
nen die Bilddateien übergeben
werden sollen.

Voreinstellungen für den Import

Wir deaktivieren den automatischen Import von Lightroom, wenn eine
Kamera angeschlossen oder eine Speicherkarte eingelegt wird (siehe Abb.
2-11 Ⓐ). Wir ziehen es vor, selbst festzulegen, wann und wie und wohin
importiert werden soll und mit welchen Parametern. Applikationen, die
automatisch ein Popup-Fenster hochbringen, sobald eine Karte eingelegt
wird, stören uns zu sehr.

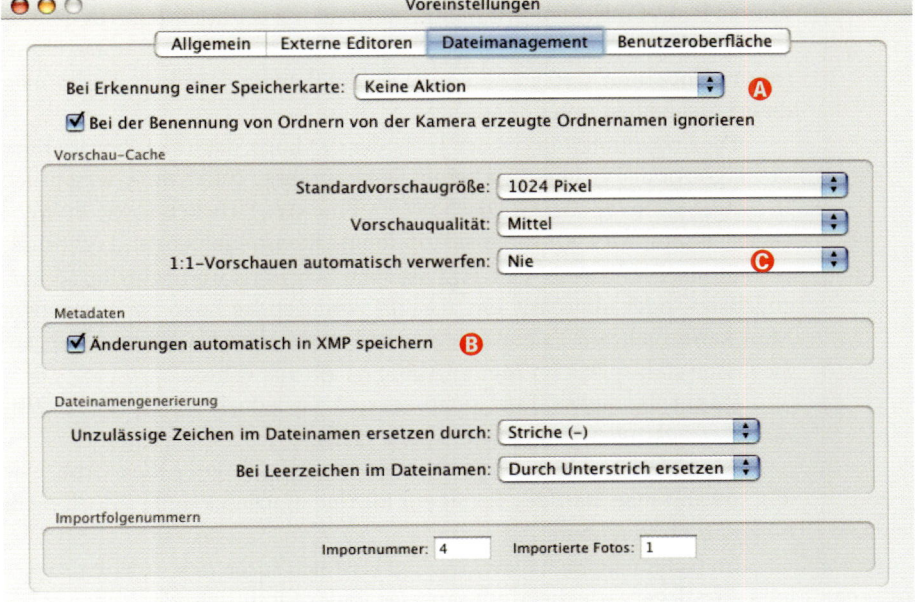

Abb. 2-11:

Unter den Einstellungen zum Datei-
management legt man die Größe
der Vorschaubilder sowie deren
Lebensdauer fest.

Wichtig für uns ist auch das
Aktivieren der Speicherung der
Korrekturen und Metadaten in den
XMP-Filialdokumenten unter Ⓑ
›Metadaten‹.

Voreinstellungen zur Benutzeroberfläche

Hier können Sie alles bei den Standardeinstellungen belassen. Wir aktivieren hier lediglich, dass die Bewertungen im Filmstreifen angezeigt werden (Abb. 2-12 Ⓐ). Der standardmäßig eingestellte dunkelgraue Fensterhintergrund ist für die Farbbewertung optimal.

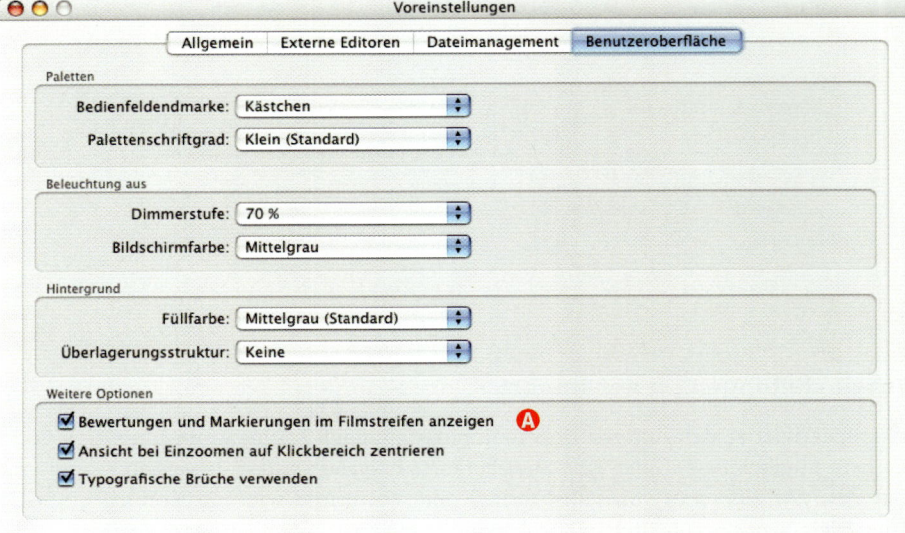

Abb. 2-12:
Die Einstellungen zur
Benutzeroberfläche passen
bereits nach der Installation
recht gut. Wir aktivieren
jedoch die Option, mit
der die Bewertungen und
Markierungen im Filmstreifen
mit angezeigt werden.

Erkennungstafel einrichten

Einmal beim Einrichten beschäftigt, kümmern wir uns auch gleich um unsere Erkennungstafel. Diese Einstellung erfolgt unter Mac OS unter Lightroom ▸ Einrichten der Erkennungstafel und unter Windows findet man diesen Menüpunkt unter Bearbeiten.

Die *Erkennungstafel* ist der Text oder das Logo, das links oben im Kopf des Lightroom-Fensters erscheint. Dort ist diese Tafel nett; wesentlich wichtiger kann sie aber in Diashows, in Fine-Art-Drucken sowie in Web-Galerien sein, wo Lightroom sie (optional) ebenso einblendet. Lightroom erlaubt uns hier sowohl den Text als auch Schriftart und Schriftgrad vorzugeben – oder alternativ ein als Bild vorliegendes Logo zu verwenden. Man kann mehrere Tafeln anlegen und unter eigenem Namen ablegen. Sie lassen sich später im Menü (Abb. 2-13 Ⓐ) auswählen.

Damit die eigene Tafel sichtbar wird, ist jedoch die Option *Erkennungstafel aktivieren* zu setzen (Abb. 2-13 Ⓐ).

Aktiviert man hier *Grafische Erkennungstafel verwenden* (Abb. 2-13 Ⓑ), so kann man statt des Textes ein Bild laden. Dieses sollte jedoch nicht höher als 60 Pixel sein.

Im rechten Bereich dieses Dialogs lässt sich zusätzlich – mehr als Spielerei – festlegen, wie die Modusanzeige in der Modusleiste aussehen soll.*

* Hier haben wir im Beispiel von Abbildung 2-13 Ⓑ den jeweils aktiven Modus mit einer roten Schrift versehen. Er hebt sich so besser ab.

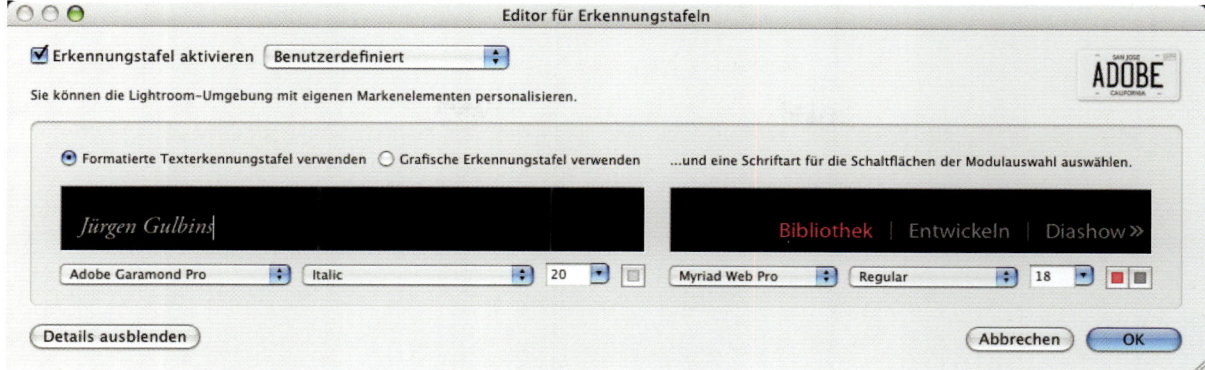

Abb. 2-13: Die hier festgelegte ›Erkennungstafel‹ erscheint nicht nur im Kopf des Lightroom-Fensters, sondern optional auch in Diashows, im Druck sowie in Web-Galerien.

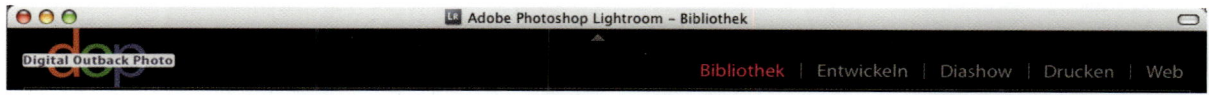

Abb. 2-14: Lightroom-Moduspanel mit dem Logo von Digital Outback Photo als Erkennungstafel.

Lightroom-Bildschirmmodi

Wie üblich kann man zwischen einem Modus mit einem Fenster im Bildschirm und dem Vollschirmmodus umschalten. Zusätzlich lässt sich die Titelleiste und schließlich auch noch die Menüleiste ausblenden. Mit der ⌐F⌐-Taste schaltet man durch die Modi.

Benötigt man noch mehr Platz für die Vorschau, blendet man zusätzlich, wie auf den Seiten 24/25 beschrieben, alle noch benötigten Panele aus – oder verwendet den Autoausblendmodus.

Schließlich kennt Lightroom noch die Funktion *Licht aus*. Damit berücksichtigt Lightroom, dass die Farben anderer Elemente auf dem Bildschirm den Bildeindruck beeinflussen können. Für eine bestmögliche Bewertung ist ein grauer Hintergrund oder Rahmen optimal. In drei Stufen (ohne, leicht, ganz) überdeckt Lightroom deshalb Bildelemente außerhalb des Bildes selbst mit neutralem Grau. Durch diese Modi schaltet man mithilfe der Taste ⌐L⌐.

Bildverwaltung unter ›Bibliothek‹

3

Der Modus Bibliothek ist der Startmodus und derjenige, in dem die eigentliche Bildverwaltung erfolgt. Von hier aus startet man den Import neuer Bilder, entweder direkt von der Kamera (was wir vermeiden), von einer Speicherkarte oder aus einem Ordner auf der Platte. Auch der Export von Bildern erfolgt von hier aus.

Im Bibliotheksmodus wählt man auch in der Regel die Sichten und damit die Bilder, die man in den anderen Modulen bearbeiten möchte. Deshalb kehrt man in der Regel auch in ihn zurück, wenn ein Bearbeitungs-schritt beendet ist.

Seiner Zentralfunktion wegen bietet Bibliothek gleich mehrere Darstellungsmodi – etwa ein einzelnes Bild im Zentralfenster sowie alternativ eine Matrixdarstellung, in der die Vorschauminiaturen der Bilder der aktuellen Sicht dort angezeigt werden. Dies erlaubt eine noch schnellere Sichtung als im Filmstreifen.

Außer über einen Klick auf ›Bibliothek‹ im Moduspanel gelangt man über die Tasten G *(in die Rasterdarstellung),* E *(in die Lupenansicht) oder* C *(in die Vergleichsdarstellung) aus jedem anderen Modus in diesen Verwaltungsmodus zurück.*

Auch ein Klick auf ▦ *in der Infoleiste des Filmstreifens führt ebenso aus allen Modi hierher zurück in den Modus ›Bibliothek‹ – gleich in die Matrixdarstellung.*

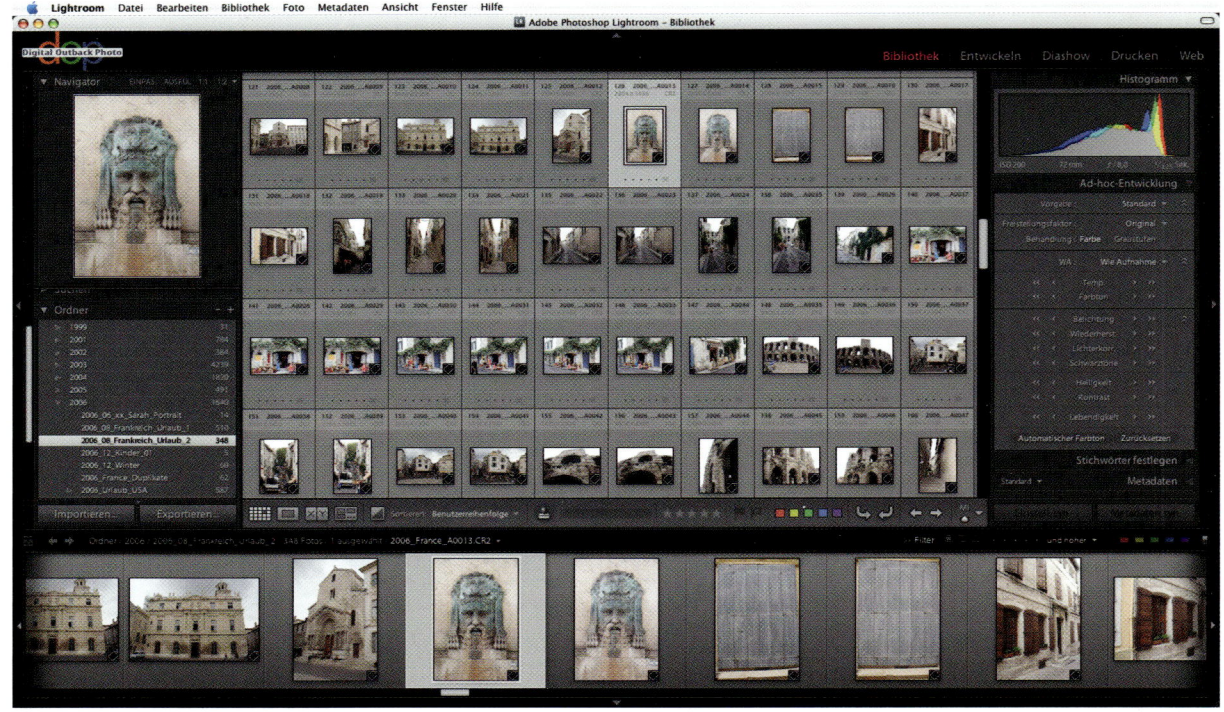

Abb. 3-1: Lightroom im Bibliotheksmodus bei aktivierter Matrixansicht – wie alle
anderen Screenshots unter Mac OS X

3.1   Fotos herunterladen und importieren

Der Import neuer Bilder bzw. das Herunterladen dieser von der Speicherkarte
mit Import ist der erste Schritt in unserem Foto-Workflow. Während wir in
der Vergangenheit spezielle Progrämmchen zum Kopieren der Bilder von
der Speicherkarte auf die Platte einsetzten, verwenden wir nun im Modus
Bibliothek die entsprechende Lightroom-Funktion.

Die Ablageorganisation

Bevor man jedoch mit dem Herunterladen beginnt, sollte man sich – zumindest einmalig – gründliche Gedanken zum eigenen Ablagesystem und
Namensschema machen und sich dabei von folgenden Anforderungen lei-
ten lassen:

▸   Die Ablage soll übersichtlich und nachvollziehbar erfolgen.

▸   Die Bildnamen – denn so, wie sie aus der Kamera kommen, sind sie
    weder eindeutig noch aussagekräftig – sollen eindeutig sein und zusätz-
    lich ein Minimum an Information enthalten.

Ein Bildname sollte danach im gesamten Bildbestand nur genau 1 Mal vorkommen. Obwohl es unpraktikabel ist, viel beschreibende Information in

den Bildnamen zu stecken, ist etwas Information sinnvoll – die Frage ist aber, welche Information? Auch darf der Bildname nicht zu lang sein – dies sorgt immer wieder für Probleme. Hier deshalb ein bewährtes Schema:

▸ 31 Zeichen (inklusive aller Endungen) sollten die absolut obere Grenze sein.

▸ Als Interpunktionszeichen kommen lediglich Binde- und Unterstrich vor.

▸ Vermeiden Sie spezielle nationale Sonderzeichen (z.B. ›ß‹ und Umlaute). Zwar beherrschen inzwischen die meisten Betriebssysteme diese Zeichen, die Praxis zeigt aber, dass sich immer wieder Probleme damit ergeben – beispielswiese beim Wechsel auf ein anderes System.

Unser Ratschlag lautet hier: Nehmen Sie sich die Zeit, sich ein sauberes Namensschema zu überlegen, testen Sie dies, und wenden Sie es danach konsequent an.

Wir zeigen gleich unser eigenes Schema, das wir seit längerem nutzen, nur in Kleinigkeiten modifiziert haben, und das sich auch bei recht großen Bildbeständen bewährt hat.

Lightroom-externe Ablage

Die realen Bilder liegen bei Lightroom alle außerhalb der Datenbank (Bibliothek) selbst in einer regulären Ordnerhierarchie. Lediglich die später noch erklärten virtuellen Bildkopien liegen (nur) in der Lightroom-Datenbank. Dies macht die Bibliothek schlank, wodurch sie schnell zu sichern und zu überprüfen ist. Damit lässt sich die Sicherung von Bibliothek und Bilddaten trennen und der Bildbestand kann ab einem bestimmten Volumen auch in mehreren Bibliotheken verwaltet werden.

Wir können problemlos auch aus anderen Programmen heraus auf die Bilder zugreifen, ohne jedes Mal über Lightroom gehen zu müssen.

Das Konzept setzt aber in folgenden Punkten Disziplin voraus: Das Löschen, Umbenennen und Verschieben von Bildern sollte man nach dem Import wirklich ausschließlich über Lightroom durchführen! Während Lightroom das Umbenennen recht komfortabel unterstützt – am besten gleich beim Import –, ist das Verschieben in andere Ordner deutlich umständlicher. Beim Import selbst lässt sich die Ablage jedoch sehr gut organisieren, wie wir noch zeigen werden.

Abbildung 3-2 auf der nächsten Seite zeigt unsere Ablagestruktur bzw. das Schema dazu:

1. Auf der obersten Ebene haben wir einen Ordner pro Jahr.

2. Darunter liegen eine Reihe einfach benannter Ordner, von denen jeder etwa ein Sicherungsvolumen an weiteren Bildordnern enthält. Bei normalen DVDs als Sicherungsmedium beträgt dies etwa 4,3 GB, verwendet

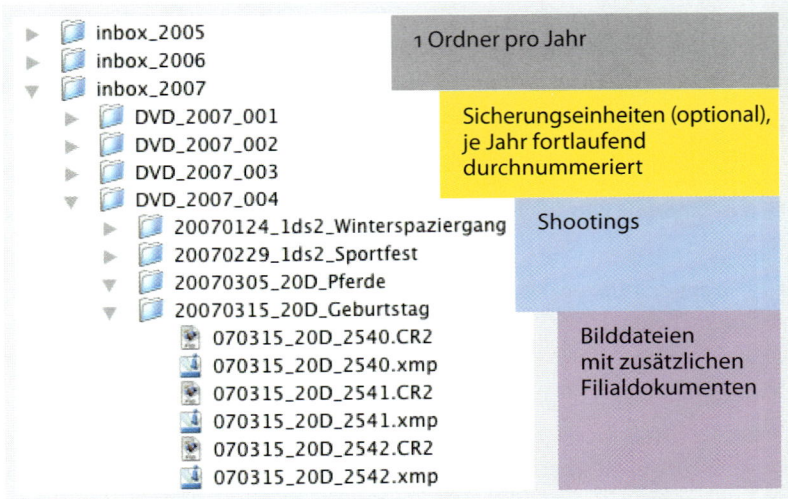

Abb. 3-2:
Unsere Ablageschema bzw. dessen
Ordnerhierarchie. Die ›Filialdokumente‹
werden auf Seite 42 erläutert.
Sie werden von Lightroom (oder Bridge)
bei Bedarf automatisch angelegt.

man Duallayer-DVDs können es etwa 7,6 GB sein. Diese optionale Zwischenschicht dient ausschließlich unserer Sicherungsstrategie auf DVDs. Die Sicherungsdatenträger benennen und beschriften wir wie die Ordner.

Sichert man ausschließlich auf externe Platten, kann diese Zwischenschicht entfallen.

3. Nun folgt die Shooting-Ebene, wobei jeder Ordner die Bilder eines Shootings umfasst – soweit dies nicht mehr ist, als ein Sicherungsmedium fassen kann. Gehören zu einem Shooting mehr Bilder, unterteilen wir zur Not die Bilder in mehrere DVD-Ordner. Diese Ordner haben ein Datum am Anfang des Ordnernamens, gefolgt vom Kameratyp beim Shooting und einer kurzen Bezeichnung für das Shooting oder den Anlass der Fotositzung. Arbeitet man nur mit einer Kamera oder ist einem die Kameraangabe nicht wichtig, kann diese Namenskomponente entfallen.

4. Nun endlich folgen die eigentlichen Bilder. Das Namensschema erläutert Abbildung 3-3. Wie in der vorhergehenden Ebene haben wir auch im Dateinamen wieder ein Kürzel für den Kameratyp. Wir selbst arbeiten zum Teil mit mehreren Kameras des gleichen Modells und hängen dann einen Buchstaben an, um die individuelle Kamera zu identifizieren. Den Nummernteil im Bildnamen übernehmen wir aus dem ursprünglichen Dateinamen, wie er aus der Kamera kommt. Optional kann man dem noch eine kurze Bezeichnung für das Shooting anhängen (unteres Beispiel).

Die Datumskomponenten setzen wir vorne hin und verwenden die internationale Schreibweise in der Reihenfolge Jahr, Monat, Tag. Dies sorgt dafür, dass bei einer alphabetischen Sortierreihenfolge zugleich auch zeitlich sortiert wird, was sich in der Praxis als hilfreich erweist.

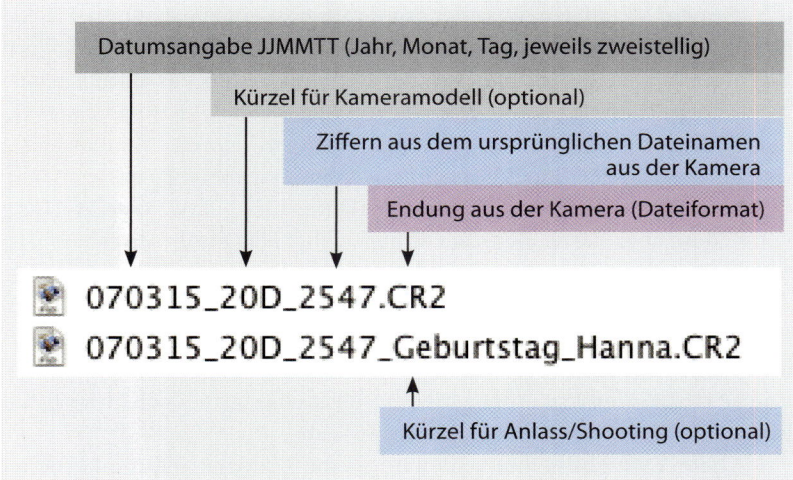

Abb. 3-3:
Unser Namensschema
für die Bilddateien.
Das Umbenennen der Bildnamen aus der
Kamera in unser Schema erledigt Lightroom
nach unseren Vorgaben beim Import von der
Speicherkarte.

Das Schema darf bei Ihnen durchaus etwas anders aussehen, solange für Bildnamen Eindeutigkeit sichergestellt und die zuvor gemachten Empfehlungen für Sonderzeichen und Namenslänge der Bildnamen eingehalten werden. Auch zur etwas ungewohnten internationalen Datumsschreibweise raten wir.

Widerstehen Sie der Versuchung, zu viel Information in den Namen zu stecken – Sie scheitern damit zumeist. Zudem lässt sich der überwiegende Teil der Information sehr viel besser und unproblematischer in den bereits besprochenen Metadaten (konkret: im IPTC-Block) unterbringen.

Wesentlich bei der Einführung eines Ablage- und Namensschemas ist, dass Sie sich nach der Entscheidung eines Schemas (und dessen Test auf Brauchbarkeit) konsequent daran halten!

Hinweis: Wir selbst legen die Raw-Dateien (ebenso wie die Lightroom-Bibliothek) nicht in den zumeist per Default vom Betriebssystem vorgeschlagenen *Bilder*-Ordner. Benutzerdaten und Betriebssystemdaten trennt man besser klar und wir möchten auf der Ablageplatte reichlich Platz für unsere Bilder haben. Aktuell fallen bei Uwe etwa 100 GB Raw-Dateien pro Jahr an, ohne dass er wirklich viel schießt, er ist aber ein Profifotograf.

Metadaten

Die bereits diskutierten Metadaten sind das Salz in der Suppe der Bildverwaltung. Ohne sie ist die Bildverwaltung saft- und kraftlos. Sie helfen Bilder nach bestimmten Kriterien zu sortieren – etwa nach einem Projekt, dem Zeitpunkt der Aufnahme, der eingesetzten Kamera oder sogar einer verwendeten Brennweite. Ein Teil dieser Metadaten erfasst die Kamera bereits automatisch bei der Aufnahme und bettet sie in die Bilddatei mit ein. Dies ist z.B. der Block der EXIF-Metadaten.

Andere Metadaten muss der Fotograf selbst eingeben – etwa die Art des aufgenommenen Motivs, wo die Aufnahme entstand, Stichwörter zum Bild (die Verschlagwortung), wer der Fotograf ist, ob das Bild urheberrechtlich geschützt ist usw. Diese Art von Metadaten wurde von der IPTC – das *International Press and Telecommunication Council* – standardisiert und soll hier als IPTC-Block bezeichnet werden. Daneben gibt es Metadaten, die Adobe für seine Programme implementiert hat – etwa eine Wertung von Bildern über Sterne, Kennzeichnungen über Flaggen und Farbbeschriftungen.

Adobe speichert bei seinen Anwendungen Metadaten in einer XMP-Hülle. Dabei kann man sich XMP wie einen Umschlag für unterschiedliche Metadatenblöcke vorstellen. Zu den bereits angesprochenen EXIF- und IPTC-Blöcken legt Adobe hier beispielsweise auch Korrektureinstellungen zu Bildern sowie die Editierhistorie ab.

Diese XMP-Hülle ihrerseits wird in die Bilddatei selbst eingebettet (bei JPEG, TIFF, PSD und DNG) oder liegt bei Raw-Dateien als separate Datei neben der Bilddatei. Sie hat dann den gleichen Namen wie das Bild, trägt aber die Endung ›.xmp‹. Sie wird bei Adobe als *Filialdokument* bezeichnet. Daneben hinterlegt Lightroom die Metadaten immer in seiner Datenbank, um den Zugriff zu beschleunigen.

Bei den Metadaten, die man selbst zuweisen muss, gibt es solche, die man in der Regel allen Bildern eines Shootings zuweisen möchte, und solche, die nur für einige Bilder oder sogar nur ein einzelnes Bild eines Shootings gelten. Es gibt sogar Daten, die man in mehreren Shootings haben möchte – etwa die Angaben zum Fotografen und die Urheberangaben. Lightroom bietet dafür die Möglichkeit, eine Vorgabe zu erstellen und diese beim Import von Bildern zu verwenden. Sie werden dann vollständig in alle gerade importierten Bilder eingetragen. Dies spart erheblich Arbeit.

Bilder per Lightroom von der Speicherkarte importieren

Nach der langen Vorrede und den gründlichen Vorüberlegungen zu Ablagestruktur und Dateinamen – die natürlich nur ein Mal erforderlich sind – nun zur Tat, sprich zum Import von Bildern in Lightroom bzw. dessen Bibliothek. Bilder sind nämlich in Lightroom erst sichtbar und damit bearbeit- und verwaltbar, nachdem wir sie explizit importiert haben. Darin unterscheidet sich Lightroom (und andere DAM-Systeme) von reinen Bildbrowsern wie etwa Adobe Bridge.

Der Import erfolgt im Modus *Bibliothek*. Zunächst wählen wir im Navigatorpanel im Block *Ordner* den Ordner aus, in den wir die Bilder eines Shootings importieren möchten. Benötigen wir einen neuen Ordner, so legen wir diesen im Importdialog selbst an.

Lightroom kann sowohl direkt von der Kamera importieren, von einer Speicherkarte im Kartenleser (was wir in der Regel nutzen) oder aus einem bereits existierenden Ordner heraus (wenn man beispielsweise eingescannte Bilder importieren möchte). Hier betrachten wir den Import von einer Speicherkarte.

Den Import rufen wir über den Knopf Importieren unter dem Navigatorpanel auf (siehe Abb. 3-1 links in der Mitte auf Seite 38).

Legt man die Karte in den Kartenleser ein (oder verbindet die Kamera direkt mit dem Rechner, wovon wir abraten), so zeigt in Lightroom der obere Knopf den Namen Ihres Kartenlesers (statt den der Karte, was eigentlich besser wäre).

Importdialog

Im eigentlichen Importdialog (Abb. 3-5) gilt es zunächst unter *Dateiverwaltung* einzustellen, Ⓐ wie und Ⓑ wohin die Bilder übertragen werden sollen (siehe nebenstehendes Menü).

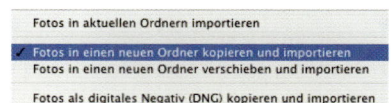

▶ Die oberste Variante verwenden wir, um Bilder aus einem bereits vorhandenen Ordner nach Lightroom zu importieren.

▶ Lesen wir Bilder von der Karte ein, setzen wir die zweite oder vierte Variante ein. In der Regel ist es Variante 2, bei der die Bilder im Originalzustand verbleiben, da wir sie unter Umständen auch mit anderen Raw-Konvertern verwenden möchten.

Soll nur mit Lightroom oder Camera Raw gearbeitet werden, kommt auch Variante 4 in Frage, bei der die Raw-Dateien beim Kopieren nach DNG umgewandelt werden. Dies ist dann sinnvoll, wenn es für das spezifische Raw-Format keinen anderen guten Raw-Konverter gibt.

▶ Von Variante 3 (dem Verschieben mit einem anschließenden automatischen Löschen) raten wir ab – zumindest beim Importieren von der Speicherkarte. Es ist sicherer, zunächst die Bilder auf die Platte zu kopieren und sie erst später, wenn eine zusätzliche Sicherung besteht, auf der Karte durch Formatieren zu löschen.

Wir kopieren die Bilder von der Karte in einen Unterordner unseres aktuellen DVD-Containers. Der Zielordner wird wie zuvor beschrieben benannt und unter Ⓑ eingestellt.

Unserem Sicherheitsbedürfnis folgend, sichern wir die Daten durch die Einstellung unter *Sichern in …* (siehe Abb. 3-5 Ⓒ) gleich auf eine weitere Platte, so dass wir nun bereits zwei Kopien der Daten haben.

Die Umbenennung der Bilder halten wir für wesentlich. Wir setzen dafür eine Vorgabe für das Namensschema ein und haben für jede unserer Kameras eine solche Vorgabe angelegt. Sie lässt sich in einem kleinen Editor aus dem Importdialog heraus erstellen und sieht etwa aus wie in Abbildung 3-4 dargestellt. Den Vorlageneditor dazu ruft man im Pulldown-Menü unter *Vorlage*

> ➜ *Wir unterstützen DNG – ein herstellerunabhängiges Raw-Format – aus ganzem Herzen. Solange aber die beiden großen – Canon und Nikon – dieses Format nicht akzeptieren, sollten wir die Realität nicht ignorieren. Insbesondere bei Nikon liefert deren Raw-Konverter für NEF-Bilder eine sehr gute Konvertierung, auf die wir im Notfall nicht zurückgreifen können, solange deren Raw-Konverter kein DNG unterstützt. Hoffentlich ändert sich dies einmal.*

Abb. 3-4: Namensvorlage für das Umbenennen von Kameradateien beim Import mit LR

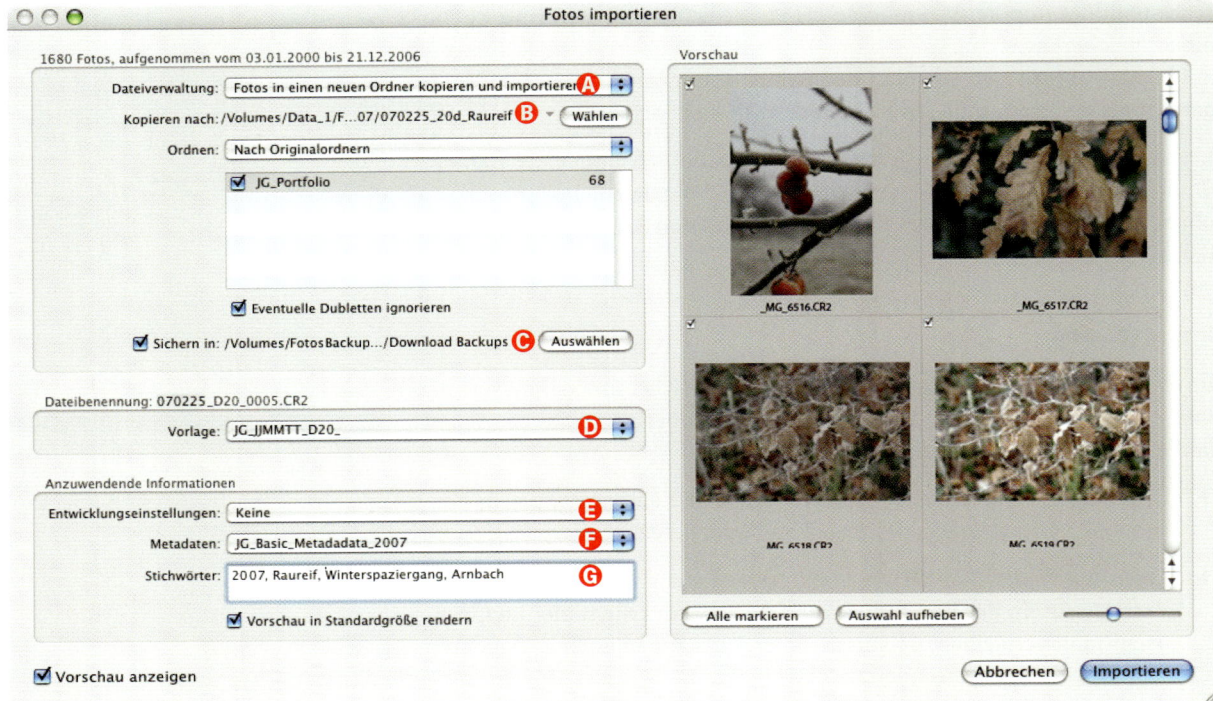

Abb. 3-5: Eigentlicher Importdialog bei Lightroom

auf (Abb. 3-5 Ⓓ), und die fertige Vorlage sichern wird dann unter einem aussagekräftigen Namen. Danach steht sie als Auswahl unter *Vorlage* Ⓓ zur Verfügung.

Unser Ziel ist es, beim Importieren auch gleich möglichst viele Metadaten einzutragen – eben jene, die für alle Bilder des importierten Shootings gelten. Diese setzen sich aus zwei Gruppen zusammen:

▸ Unsere IPTC-Basisdaten z.B. mit unserem Namen, unserer Kontaktadresse und unseren Copyright-Angaben – dafür verwenden wir wiederum eine Metadatenvorgabe (Abb. 3-6 zeigt ein Beispiel). Den Editor dazu ruft man unter *Metadaten* (Abb. 3-5, Ⓕ) und dort unter *Neu* auf.

▸ Zusätzliche Stichwörter, die individuell für das Shooting sind. Sie lassen sich im Import-Dialog getrennt angeben (siehe Abb. 3-5 Ⓖ).

Lightroom legt diese Daten sowohl in seiner internen Datenbank ab als auch (mit den Einstellungen aus Abb. 2-11 Ⓑ auf Seite 33) in eine XMP-Struktur entweder im Bild selbst oder (bei Raw-Dateien) als Filialdokument zum Bild. Diese Daten können dann auch von ACR 3.7 (im reinen Lesemodus) oder von ACR 4 (im Lese-/Schreibmodus) genutzt werden. Auf diese Weise haben wir bereits mit dem Import einen gesunden Grundstock an Metadaten angelegt. Weitere tragen wir später ein.

Neue Metadaten-Vorgabe

Vorgabenname: JG_Canon_D20_Kontakte+CopyRight

Grundlegende Informationen

Bildbeschreibung		☐
Bewertung	· · · · ·	☐
Beschriftung		☐

⊟ IPTC-Inhalt

Titel		☐
IPTC-Motivcode		☐
Autor der Beschreibung	J. G.	☑
Kategorie		☐
Andere Kategorien		☐

☑ IPTC-Copyright

Copyright	© 2007, Jürgen Gulbins	☑
Bed. f. Rechtenutzung	nach Abstimmung mit Autor	☑
URL f. Copyright-Inform.	www.gulbins.de/Lizenzbestimmungen/	☑

⊟ IPTC-Autor

Fotograf	Jürgen Gulbins	☑
Fotograf/Adresse	Kapellenstr. 15	☑
Fotograf/Stadt	Keltern	☑
Bundesland/Kanton des Fotografen	Baden-Württemberg	☑
Fotograf/PLZ	D75210	☑
Fotograf/Land	Deutschland	☑
Fotograf/Telefonnummer	(+49) 7082 94 82 51	☑

[Alle markieren] [Nichts markieren] [Ausgefüllte markieren] [Abbrechen] [**Erstellen**]

Abb. 3-6: Vorlage für meine Standardmetadaten beim Import in Lightroom – hier beschränkt auf die Angaben zum Fotografen und zum Urhebervermerk

Man kann bereits beim Import von Bildern eine Bildkorrektur durchführen (siehe dazu Kapitel 4). Dazu muss diese Korrektur in einer Entwicklungsvorgabe hinterlegt sein. Im Importdialog wählt man dann dazu unter *Entwicklungseinstellungen* (Abb. 3-5, Ⓔ) aus dem Pulldown-Menü die entsprechende Entwicklungsvorgabe aus.

Beim Import erstellt Lightroom zugleich die Vorschaubilder für die Raw-Dateien. Während der Import selbst recht schnell erfolgt, kann die Erstellung der Vorschaubilder – auch abhängig von den gewählten Parametern – einige Zeit in Anspruch nehmen.

Der Fortschritt wird in einem kleinen Fenster links oben im Moduspanel angezeigt.

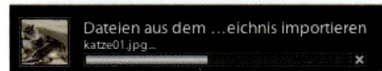

Während der Import noch läuft, kann man bereits die ersten Bilder inspizieren und bewerten. Auch weitere individuelle Metadaten lassen sich nun schon hinzufügen und selbst das Editieren bzw. Optimieren der bereits importierten Bilder ist möglich.

Vom Korrigieren, während der Import noch läuft, raten wir jedoch ab, da der im Hintergrund laufende Importprozess und die Generierung der Vorschaubilder einiges an Rechenleistung kostet. Die Aktualisierung des Vorschaubilds, in dem wir die Auswirkung unserer Korrektur kontrollieren, kann damit träge werden und man korrigiert deshalb leicht zu stark, da die Korrektur scheinbar nicht ausreichend wirkt.

→ *Durch einen Fehler werden in Lightroom Version 1.0 JPEG-Bilder, die beim Import den gleichen Namen wie Raw-Bilder haben, zwar importiert, aber von Lightroom nicht angezeigt.*

3.2 Bildorganisation

Bei der Bildorganisation muss man zwei Arten unterscheiden:

a) Physikalische Ablageorganisation, wie wir sie bereits im Abschnitt 3.1 beschrieben haben. Lightroom bietet dafür *Ordner* und Unterordner.

b) Logische Bildgruppierungen – etwa nach Bildthemen, Kunden, Portfoliobildern und Ähnlichem. Dafür bietet Lightroom den Mechanismus der *Kollektionen*.

Physikalische Ablage

Die Lightroom-Ordner spiegeln die realen Ordner mit den Bilddateien darin wider. Lightroom zeigt hier nur die Bilder an, die auch wirklich importiert wurden. Eventuell vorhandene Filialdokumente werden nicht angezeigt. Mehrfachimporte erkennt Lightroom recht zuverlässig und unterdrückt sie. Zugleich erkennt Lightroom, wenn Dateien (später) von der Platte entfernt werden, und signalisiert dies durch Fragezeichen im Vorschauicon des Bildes. Diese Bilder lassen sich dann aus der Bibliothek löschen oder erneut mit dem Bild am neuen Ablageort verknüpfen.

Die Lightroom-Ordnerstruktur finden wir im Bibliotheksmodus unter *Ordner* im Navigationspanel (siehe Abb. 3-7).

Wie Abbildung 3-7 zeigt, hat Uwe aktuell etwa 30 000 Bilder in seiner Lightroom-Bibliothek – überwiegend Raw-Dateien. Lightroom zeigt netterweise hier jeweils die Anzahl der enthaltenen Dateien an. Dies gilt auch für die später noch angesprochenen anderen Sammlungen – etwa bei Kollektionen und bei Metadaten-Tags.

Lightroom bietet im Modus *Bibliothek* Funktionen, um einen neuen LR-Ordner anzulegen, Bilder zu löschen oder umzubenennen sowie nach fehlenden Ordnern und Bildern zu suchen. Für all dies geht man im Modus *Bibliothek* auf den Ordner-Reiter, wählt einen Ordner aus und ruft mit der rechten Maustaste das Popup-Menü auf.

Löscht man Bilder aus einem Lightroom-Ordner hat man zwei Möglichkeiten:

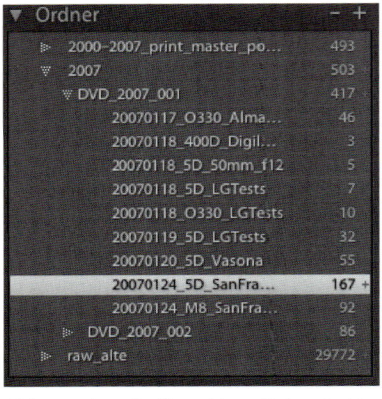

Abb. 3-7: Ausschnitt aus Uwes Ordnerstruktur mit aufgeklapptem Sicherungscontainer

Ordner erstellen...
Umbenennen

Löschen
Im Finder anzeigen
Nach fehlenden Fotos und Ordnern suchen

▸ Mit Entfernen löscht Lightroom die Datei lediglich aus seiner Bibliothek. Die Bilddatei bleibt immer noch im Originalordner erhalten, Lightroom kennt sie aber nicht mehr.

▸ Mit Löschen wird die Bilddatei selbst in den Papierkorb des Betriebssystem verschoben und zugleich aus der Lightroom-Bibliothek getilgt. Für das Löschen unbrauchbarer Bilder nach dem Import empfehlen wir jedoch den auf Seite 54 beschriebenen Lösch-Workflow. Er vermeidet, dass man Bilder versehentlich löscht.

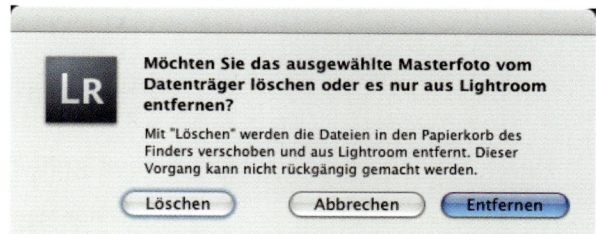

Abb. 3-8: Lightroom kann das Bild entweder nur aus der Bibliothek entfernen oder zusätzlich auch die Bilddatei löschen.

Ein Bild kann – da Lightroom-Ordner die physikalische Ablage widerspiegeln – nur in einem einzigen Ordner liegen –, es sei denn, man hat Kopien mit unterschiedlichen Namen, die wie separate Bilder betrachtet werden.

Möchte man Bilder in einen anderen Ordner verschieben, so öffnet man zunächst den Quellbildordner (in Lightroom), sodass die Bilder im Filmstreifen oder in der Matrixdarstellung sichtbar sind, navigiert dann im Ordnerpanel zum Zielordner (ohne diesen zu aktivieren) und zieht nun mit der Maus die Bilder aus dem Filmstreifen auf den Eintrag des Zielordners.

Innerhalb des Ordnerpanels lassen sich so auch Ordner in der Hierarchie verschieben. Eine Lösung mit zwei Fenstern wäre hier sicher schöner, vorerst muss man sich aber wie beschrieben behelfen.

Was man sich zusätzlich noch wünscht, ist eine Funktion, die einen bereits importierten Ordner nach neuen Bildern darin durchsucht und diese dann automatisch importiert, sowie die Möglichkeit, besser mit Offline-Bildern[*] umzugehen. Beides fehlt in Lightroom Version 1 noch.

* z.B. auf einer DVD oder abgehängten Platte

Das Umbennen und Verschieben von Bildern in andere Ordner ist unter Lightroom etwas langsamer, als man es vom Betriebssystembrowser her gewohnt ist. Lightroom aktualisiert dabei gleich seine Datenbank.

Kollektionen

Neben der physikalischen Ordnung möchte man Bilder häufig auch anderweitig gruppieren – sei es nach Themen, nach Wertungen, nach Kunden und vielen anderen Kriterien. Eine Bilddatenbank ist das ideale Werkzeug dafür, erlaubt sie doch die Suche nach paktisch allen erfassbaren Metadaten. Statt aber jedes Mal eine Suche mit einer Kriterienkombination aufzubauen,

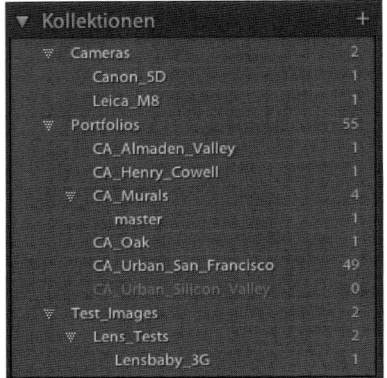

Abb. 3-9: Kollektionen erlauben eine logische Gruppierung von Bildern – unabhängig von der Ablagestruktur.

erlaubt Lightroom Bilder in sogenannten *Kollektionen* zusammenzufassen. Dabei sind Kollektionen aus Sicht der Speicherkosten billige Strukturen – es sind einfache Listen mit Verweisen auf die Bilder.

Ein Bild darf sich parallel in mehreren Kollektionen wiederfinden – was bei Ordnern nicht möglich ist. Löscht man ein Bild aus einer Kollektion, bleibt es als Bilddatei erhalten und ist Teil der LR-Bibliothek – zu finden im entsprechenden Ordner sowie eventuell in anderen Kollektionen.

Lightroom kennt zwei Arten von Kollektionen: die *Schnellkollektion* sowie *benannte Kollektionen*.

Schnellkollektion

Es gibt nur eine einzige Schnellkollektion. In sie lassen sich Bilder sehr einfach (sprich schnell) einfügen, indem man bei selektiertem Bild die ⒝-Taste drückt oder im Filmstreifen oder der Matrixdarstellung im Bildicon rechts oben auf den kleinen Kreis ⬤ klickt, der dort erscheint. Ein zweiter Klick dort oder ein zweites ⒝ löscht das Bild auch wieder aus dieser Kollektion. Diese Funktionen sind auch über das Menü Foto verfügbar.

Per Strg-⒝ (Mac: ⌘-⒝) oder durch Wahl von *Schnellkollektion* unter *Bibliothek* (nicht unter *Kollektionen*!) wählt man die Bilder dieser Schnellkollektion zur (An-)Sicht. Möchte man diese Kollektion in eine *benannte Kollektion* umwandeln, so gibt man Strg-Alt-⒝ (Mac: ⌥-⌘-⒝) ein (oder geht über Datei ▸ Schnellkollektion speichern) und kann ihr dann einen Namen geben und optional die Schnellkollektion selbst auflösen.

Benannte Kollektionen

Möchte man eine Kollektion behalten, so speichert man sie als *benannte Kollektion* ab. Dafür gibt es zwei Vorgehensweisen:

a) Man sammelt die Bilder zunächst, wie zuvor beschrieben, in einer Schnellkollektion und speichert sie dann unter einem Namen ab.

b) Man erstellt zunächst eine neue benannte Kollektion und zieht Bilder dann aus dem Filmstreifen oder der Matrixdarstellung auf den Kollektionseintrag.

Die Liste der Kollektionen findet man im Bibliotheksmodus im Navigatorpanel unter *Kollektionen*. Mit einem Klick auf das ⊞-Icon dort legt man eine neue Kollektion an, mit einem Klick auf ⊟ löscht man (auf Nachfrage) die aktuell selektierte Kollektion. Einzelne Bilder löscht man aus einer benannten Kollektion, indem man das Bild selektiert und im Popup-Menü unter der rechten Maustaste die Funktion *Aus Kollektion entfernen* wählt.

Benannte Kollektionen erlauben einen schnellen Zugriff auf einmal erstellte Gruppierungen, die über einen Ablageordner hinaus gehen. So haben wir beispielsweise Kollektionen mit unseren Portfoliobildern – allen mit mehr als 3 Sternen – und Kollektionen, die wir für bestimmte Diashows und Web-Galerien zusammengestellt haben, oder alle Bilder eines Projektes. Zwar ließen sich diese Bilder auch über eine spezielle Sicht über alle Bilder mit bestimmten Stichwörtern oder mit einer bestimmten Filtereinstellung anzeigen, Kollektionen sind aber oft praktischer.

Man sollte sich beim Lightroom-Einstieg eine Weile mit diesen Ordnerstrukturen und Kollektionen beschäftigen, um damit vernünftige Verwaltungsstrukturen zu schaffen.*

Stapel

Stapel helfen die Menge der Bilder eines Shootings übersichtlicher darzustellen, indem sie mehrere – zumeist ähnliche – Bilder zusammenfassen und im zusammengeklappten Zustand hinter dem Deckbild des Stapels verdecken. Lightroom kennzeichnet dabei das Deckbildicon mit einer kleinen Ziffer, die angibt, wie viele Bilder im Stapel sind (siehe Abb. 3-10, rechts). Das Stapelsymbol in ⌈4⌉ signalisiert, dass sich dahinter ein zusammengefalteter Stapel mit 4 Bildern befindet.

Abb. 3-10: Links der entfaltete und rechts der zusammengeklappte Stapel

Um einen Stapel anzulegen, selektiert man die Bilder, die zu dem Stapel gehören sollen, wählt das Deckbild und ruft die Stapelfunktion auf – entweder über Foto ▸ Stapeln ▸ In Stapel gruppieren oder unter dem Popup-Menü unter dem Rechtsklick mit der Maus oder noch schneller per Tastaturkürzel ⌈Strg⌉/ ⌈⌘⌉-⌈G⌉. Damit werden die Bilder zu einem (logischen) Stapel zusammengefasst. Zusätzlich muss man den Stapel eventuell noch zusammenklappen (z.B. per Einen Stapel ausblenden bzw. per ⌈S⌉).

Der Stapel lässt sich auch automatisch erstellen, wenn man ein Zeitintervall angibt, innerhalb dessen die Aufnahmen entstanden sein müssen.

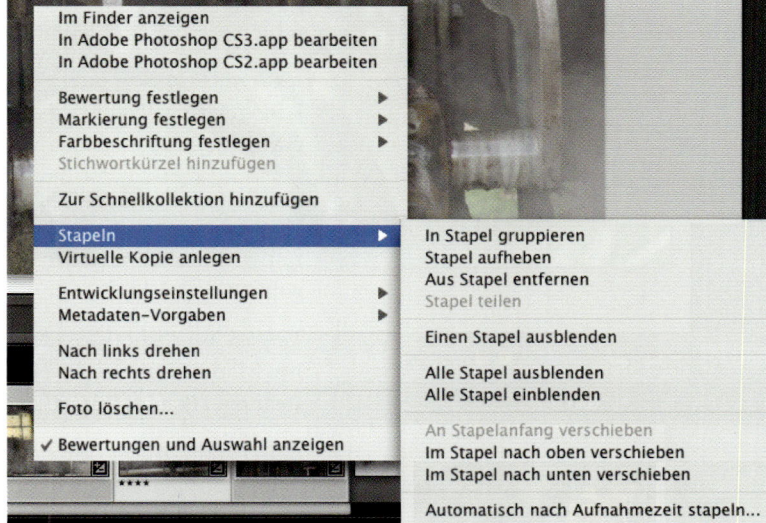

Abb. 3-11: Bilder lassen sich auf verschiedene Arten zu einem Stapel zusammenfügen.

Rufen Sie dazu folgende Menüfolge auf: Foto ▸ Stapel ▸ Automatisch nach Aufnahmezeit stapeln. Sie können, wenn sie ein Bild eines Stapels selektiert haben, unter dem Menü der rechten Maustaste (siehe Abb. 3-11) auch einzelne Bilder aus dem Stapels entfernen sowie die Bildreihenfolge im Stapel ändern oder (z.B. per ⇧-Ⓢ) ein Bild zum Deckbild des Stapels machen.

Schön wäre es – ist aber bisher nicht implementiert – wenn man nun auch häufig benutzte Funktionen auf allen Bildern des Stapels zusammen ausführen könnte, etwa Metadaten zuweisen oder Bildeinstellungen übertragen.

Hat man sich einmal an den Umgang mit Bildstapeln gewöhnt, gestaltet es das Arbeiten übersichtlicher. So gruppieren wir beispielsweise die verschiedenen Arbeitsversionen eines Bildes zu einem Stapel und machen dabei die druckfertige Master-Version (zumeist eine TIFF-Bild und nicht die Raw-Datei) zum Deckbild des Stapels. Es ist dann automatisch das zuerst selektierte Bild im Stapel.

3.3   Browsen und Inspizieren

Nach dem Import und der vorläufigen Organisation neuer Bilder besteht der nächste Workflow-Schritt darin, die Bilder zu inspizieren: stimmt die Bildschärfe, der Ausschnitt, die Aussage? Mit der Inspektion sollte man sie zugleich bewerten, indem man sie mit der entsprechenden Kennung versieht.

Für diese Inspektions- und Bewertungsphase bietet Lightroom im Bibliotheksmodus mehrere Darstellungsmodi, die für unterschiedliche Aufgaben ausgelegt sind. Man schaltet zwischen ihnen entweder über die entsprechenden Icons in der Werkzeugleiste des Modus *Bibliothek* (wir empfehlen diese einzublenden) um oder über Tastaturkürzel:

▸   *Rasteransicht* (▦ oder Ⓖ, Abb. 3-12)
    Hier zeigt das Hauptfenster die Vorschaubilder (Icons in einstellbarer Größe).

▸   *Lupenansicht* (▣ oder Ⓔ, Abb. 3-13)
    Hier lässt sich schnell zwischen einer Übersichtsdarstellung eines einzelnen Bildes und einer Zoom-in-Stufe wechseln – man klickt dazu einfach in das Bild.

▸   *Vergleichsansicht* (XY oder Ⓒ, Abb. 3-14)
    Im Modus *Entwickeln* erhält man damit eine Vorher-Nachher-Darstellung. Hier, im Bibliotheksmodus, lassen sich zwei Bilder vergleichen.

▸   *Bewertungsansicht* (▦ oder Ⓝ).
    In ihr werden alle im Filmstreifen selektierten Bilder zusammen im Zentralfenster zur Bewertung und zum Vergleich angezeigt.

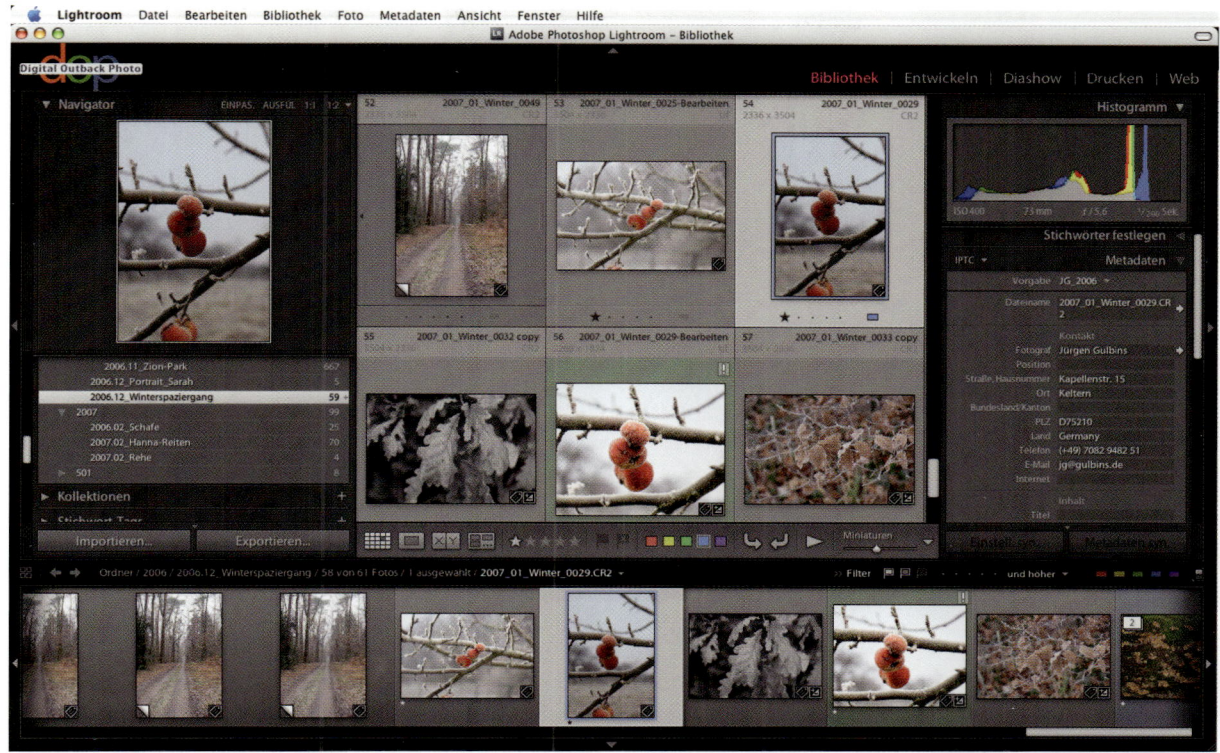

Abb. 3-12: Lightroom im Bibliotheksmodus bei aktiver Matrixdarstellung

Mit diesen Darstellungsmodi geht die Inspektion und Bewertung zügig voran. Unter dem Menüpunkt Fenster lassen sich weitere Anpassungen vornehmen. Die Abbildung 3-12 bis 3-14 zeigen einige der Darstellungsvarianten.

Im Bibliotheksmodus befindet sich zunächst in der Regel unten der Filmstreifen mit kleinen Vorschaubildern, wie in Abbildung 3-12 zu sehen. Im zentralen Fenster liegt dann die Vorschauliste (Matrixdarstellung) wie in Abbildung 3-12 oder ein einzelnes Bild – entweder vollständig dargestellt (*Eingepasst*) oder in einer Ausschnittsdarstellung wie in Abbildung 3-13 oder mehrere Bilder zum Vergleich, wie wir es in Abbildung 3-14 sehen.

Die Größe der Vorschauicons im Filmstreifen adaptiert man, indem man die obere Begrenzung des Filmstreifenpanels von oben nach unten verschiebt. Die Größe der Vorschauicons im Zentralfenster lässt sich über den Regler unter dem Bereich **Miniaturen** einstellen.

Ein Klick auf ein Bild im Filmstreifen wählt es aus und zeigt es groß im Zentralfenster. Ist man noch in der Matrixdarstellung, führt ein Doppelklick auf ein Bild automatisch zur Zoomdarstellung und zum Wechsel in den Lupenmodus. Klickt man dann in die große Vorschau, so zoomt (abhängig von der Einstellung oben links) Lightroom ein; klickt man ein zweites Mal, so wird wieder ausgezoomt. Ist im Hauptfenster nur ein Aus-

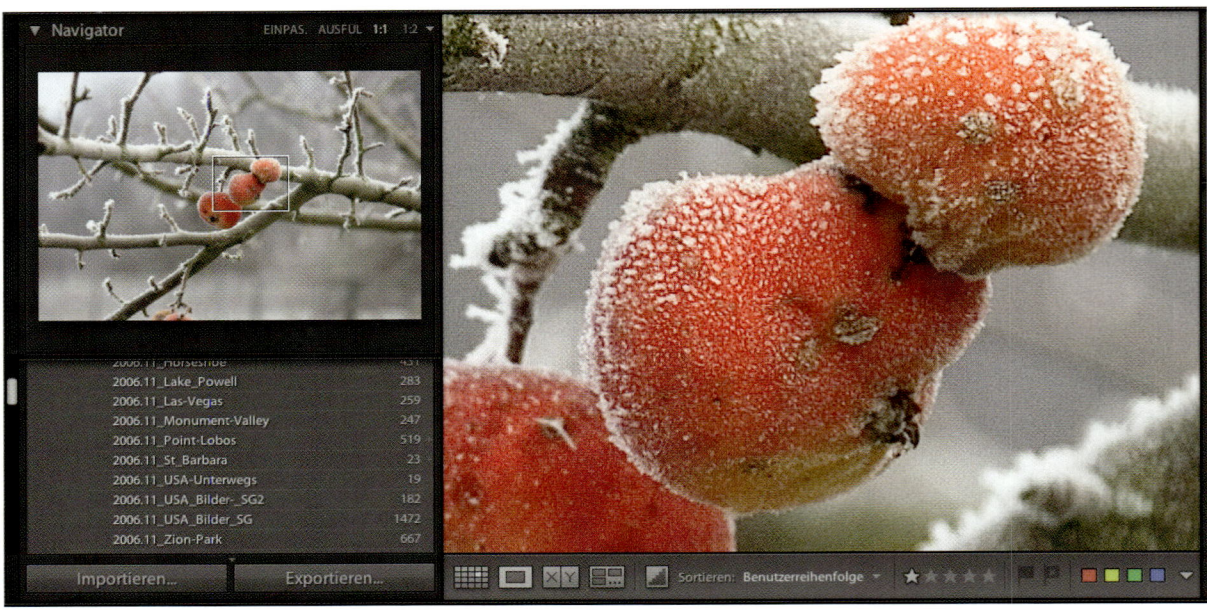

bb. 3-13: *Zentralfenster in der Lupendarstellung mit dem Navigator links oben*

schnitt zu sehen und das Navigatorfenster (links oben in Abb. 3-13) geöffnet, so lässt sich im Navigator mit der Maus der Ausschnitt anders wählen. Stattdessen kann man auch die Leertaste drücken, um mit der dann erscheinenden Hand ✋ den Ausschnitt im Hauptfenster zu verschieben, oder man klickt nur auf einen Punkt in der Vorschau, um dorthin zu zoomen.

Welche Werkzeuge die Leiste unter dem Zentralfenster anzeigt, legt die Liste unter dem ▼-Menü rechts in der Werkzeugleiste fest (so der Platz dafür ausreicht). Ist der Lupenmodus (▢) aktiviert und klickt man in das Hauptfenster, so wird die Lupenfunktion aktiv – d.h. Lightroom zoomt in das Bild ein, und zwar entsprechend der Einstellung im Navigationsfenster oben (siehe EINPAS. AUSFÜL 1:1 4:1 ▼ in Abb. 3-13,). Die Wahl des Zoomfaktors erfolgt über das Dropdown-Menü unter dem Dreieck. Ein zweiter Klick ins Hauptfenster zoomt wieder aus.

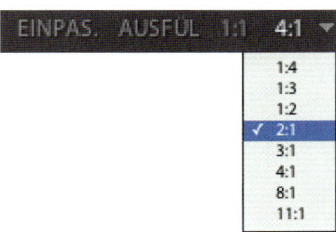

Der Wechsel zwischen einer Ansicht in der Zoomstufe und einer Gesamtansicht ist also nur einen Mausklick auseinander. Zusätzlich erlauben die Tasten [Strg]/[⌘]-[O] (Buchstabe ›O‹) ein Hinein- und [Strg]/[⌘]-[-] ein Auszoomen – auch mehrstufig. Die Eingabetaste [⏎] schaltet zwischen den Stufen *Einpassen*, 1:1 und Matrix hin und her. ›1:1‹ (ein Bildschirmpixel entspricht einem Bildpixel) ist beispielsweise ideal, um beim Schärfen den Korrektureffekt korrekt beurteilen zu können.

Lightroom 1.0 bietet bisher leider keine spezielle Unterstützung für einen Zweimonitorbetrieb. Ersatzweise vergrößern wir deshalb auf unse-

Abb. 3-14: Das zentrale Panel in der Vergleichsdarstellung im Bibliotheksmodus

rem Zweimonitorsystem das Lightroom-Fenster (unsere beiden Monitore haben jeweils 1 600 × 1 200 Bildpunkte), sodass das Editorpanel auf dem zweiten, rechten Bildschirm zu liegen kommt und wir damit den linken Monitor weitgehend frei für eine möglichst große Bilddarstellung haben.

Bilder auszeichnen

Zur Bildinspektion gehört, wie in Kapitel 1.3 unter *Bildbewertung* besprochen, auch das Auszeichnen der Bilder. Dafür stellt Lightroom drei Markierungsarten zur Verfügung:

▸ Sterne (0–5)
▸ Flaggen (fehlen in Bridge)
▸ Farben (5 verschiedene)

Sterne Hiermit setzen wir unsere klassische Bewertung um – von keinem Stern bis zu fünf Sternen. Zuvor sollte man für sich selbst aber zunächst die Wertungshierarchie sorgfältig festlegen – was verdient einen Stern, was zwei usw. Fünf Sterne reservieren wir für unsere absolut besten Portfoliobilder.

Flaggen Es gibt nur zwei Flaggen und wir nutzen sie ständig in unserem Workflow in folgender Art:

▸ Ohne Flagge bedeutet, dass ich noch keine Entscheidung zu diesem Bild getroffen habe.

▸   Normale Flagge bzw. *Ausgewählt* (⎡P⎤ oder 🏳): Ich möchte dieses Bild weiter verwenden und bearbeiten.

▸   Abgelehnt (⎡X⎤ oder die 🏴-Flagge: Das Bild gehört zu den Löschkandidaten.

Bei der Bildinspektion ist es recht nützlich, zunächst die Bilder auszusortieren, die man wahrscheinlich löschen möchte. Hier unser *Lösch-Workflow* dazu:

▸   Alle schlechten Bilder werde als Löschkandidaten markiert (mit der Taste ⎡X⎤).

▸   Den (Auswahl-)Filter, den wir später noch beschreiben, kann man nun so einstellen, dass nur diese zum Löschen markierten Bilder angezeigt werden.

▸   Nun überprüfen wir die Bilder nochmals visuell, um brauchbare Bilder nicht versehentlich zu löschen.

▸   Schließlich löschen wir die Bilder über die Funktion Foto ▸ Abgelehnte Fotos löschen.

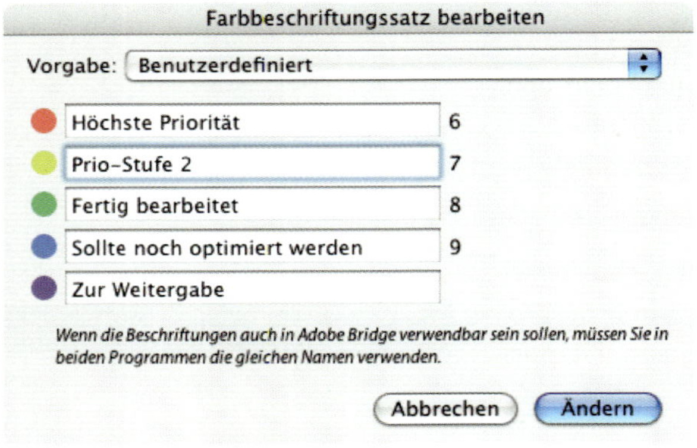

Abb. 3-15: Lightroom erlaubt den Farben Namen zuzuweisen, die deren Bedeutung beschreiben.

Farbbeschriftungen sind eine weitere Variante der Bildmarkierung. Auch hier sollte man sich ein Verwendungsschema zulegen und die Farben entsprechend benennen. Wir benutzen sie, um den Bearbeitungszustand zu kennzeichnen:

Obwohl sich die verschiedenen Markierungen über das Menü Foto zuzuweisen lassen, geht es per Tastatur wesentlich schneller. Für die Sterne benutzen wir die Tasten ⎡1⎤ bis ⎡5⎤; ⎡0⎤ löscht alle Sterne, während ⎡.⎤ die Sterne erhöht und ⎡,⎤ (Komma) verringert. ⎡6⎤ bis ⎡9⎤ weist die Farbmarkierungen zu (für Lila gibt es keine Taste). Die Kürzel für die Flagge sind ⎡X⎤ für *Abgelehnt*, ⎡P⎤ für *Ausgewählt* und ⎡U⎤ für *keine Flagge*.

In dieser Phase rotieren wir Bilder – soweit nötig – auch per Klick auf die ↪↩ Icons (siehe Abb. 3-12). Dies geht auch per Tastatur – mit ⎡Strg⎤/⎡⌘⎤-⎡,⎤ (Komma) um 90° nach links und mit ⎡Strg⎤/⎡⌘⎤-⎡.⎤ (Punkt) um 90° nach rechts.

Die Rasteransicht (▦ oder ⎡G⎤) ist die beste Ansicht für die schnelle Bildinspektion. Man kann darin auch gleich Metadaten ergänzen – Wertungen und IPTC-Daten (z.B. Bildtitel und Stichwörter).

Da einige der Metadaten für mehrere Bilder identisch sind, selektiert man dazu die betreffenden Bilder und weist ihnen zunächst die gemeinsamen Metadaten durch Eingabe im Metadatenpanel (rechts neben dem Hauptfenster) zu (siehe Abb. 3-20) – soweit man dies nicht bereits beim Import tun konnte, was jedoch nur bei Metadaten für das gesamte Shooting bzw. die gesamten importierten Bilder einer Karte möglich ist. Erst danach weisen wir die individuellen Stichwörter zu.

Die Metadaten eines Bildes lassen sich übrigens in die Zwischenablage kopieren und von dort auf andere Bilder übertragen.

Filter

Die Filterfunktion findet man in allen Modi bei eingeblendetem Filmstreifen rechts in der Infoleiste unter dem zentralen Fenster. Der Filter erlaubt die Sicht (alle im Filmstreifen angezeigten Bilder) auf jene Bilder einzuschränken, die z.B. eine Mindest-Sternebewertung haben, mit Flaggen gekennzeichnet sind und (oder) bestimmte Farbkennungen haben (sieh Abb. 3-16). Bei der Sternewertung stellt man über das Pulldown-Menü ein, wie die Sterneangabe zu berücksichtigen ist. Bei Farben und Flaggen klickt man einfach auf die entsprechende Farbe und/oder Flagge, um eine Eingrenzung zu aktivieren. Sieht man Bilder einmal nicht, die man eigentlich erwartet, so liegt dies oft an einem aktiven Filter. Man sollte dessen Einstellungen deshalb im Auge haben. Wir benutzen den Filter beispielsweise, wie zuvor beschrieben, für unseren Löschen-Workflow.

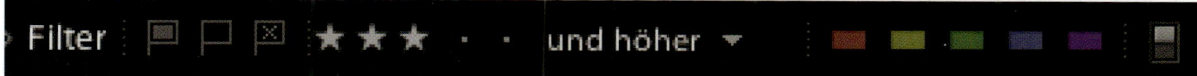

Abb. 3-16: Der ›Filter‹ erlaubt die Liste der angezeigten Bilder einzuschränken indem man vorgibt,
welche Sternezahl, Farbmarkierung und/oder Flagge die Bilder haben müssen.

Die Filterfunktion lässt sich temporär deaktivieren, indem man den kleinen Schalter (▮) rechts vom Filter durch einen Mausklick darauf auf Aus (▮) stellt.

Virtuelle Kopien

Virtuellen Kopien erlauben eine Bildvariante zu erstellen, ohne dass dazu das Bild selbst dupliziert werden muss. Eine virtuelle Kopie ist einfach ein zweiter Einstellungssatz (z.B. eine Schwarzweißvariante) zu einem Bild und damit speichertechnisch sehr ökonomisch. Zum Anlegen einer solchen Kopie selektiert man im Filmstreifen das ursprüngliche Bild und ruft über Foto (oder dem Popup-Menü der rechten Maustaste) Virtuelle Kopien anlegen auf.

Die Kopie wird im Vorschauicon durch das Eselsohr unten links als solche gekennzeichnet. Lightroom legt die virtuelle Kopie automatisch mit dem Original in einen Stapel.

Während man (bisher nur auf dem Mac) per Drag&Drop Bilder auf andere Anwendungen ziehen kann – etwa auf Photoshop –, ist dies mit virtuellen Kopien nicht möglich – andere Anwendungen können keinen Einstellungssatz ändern.

Abb. 3-17: Das Icon des Originals links und der
virtuellen Kopie rechts

3.4   Metadaten ansehen und eingeben

Abb. 3-18: EXIF-Daten erscheinen sowohl unter dem Histogramm als auch im Metadatenpanel.

Auf die Funktion und Bedeutung von Metadaten ging bereits Kapitel 1.3 ein. Man bekommt die verschiedenen Metadaten in Lightroom gleich an mehreren Stellen angezeigt. Was zunächst verwirrend erscheinen mag, ist aber durchaus sinnvoll. Hier die wichtigsten Anzeigen:

▸ **EXIF-Daten** machen Angaben zur Aufnahme. Vier wichtige davon – ISO-Wert, Brennweite, Blende und Verschlusszeit –sehen wir direkt unter dem Histogramm (siehe Abb. 3-18). Weitere Angaben zeigt Lightroom im Metadatenpanel rechts an, wenn dort (unter Ⓐ) die Option *EXIF* oder *Alle* aktiviert ist. Im EXIF-Block finden wir weitere Angaben zur Kamera und zur Aufnahme (Abb. 3-18 unten).

Ändern kann man diese EXIF-Daten (ohne die Hilfe spezieller Programme) nicht – mit Ausnahme des Aufnahmezeitpunkts. Dies ist dann sinnvoll, wenn Zeit- oder Datum in der Kamera falsch gesetzt waren oder die Aufnahme in einer anderen Zeitzone aufgenommen wurde.

Zum Ändern des Aufnahmedatums dient die Menüfolge Metadaten ▸ Aufnahmezeit bearbeiten. In der Dialogbox von Abbildung 3-19 geben Sie nun an, was geändert werden soll.

Möchte man in Ausnahmefällen andere EXIF-Daten ändern oder auf andere Bilder übertragen, was z.B. sinnvoll sein kann, wenn man mehrere Bilder zu einem Panorama zusammenfügt oder aus mehreren Bildern ein HRDI-Bild aufbaut, so muss man dazu auf spezielle Programme zurückgreifen, etwa auf *ExifTool* von Phil Harvey ([28], ein Pearl-Tool, das es für verschiedene Plattformen gibt). Unter Windows steht eine ganze Reihe weiterer Werkzeuge dafür zur Verfügung, etwa der *Exif Pilot, Imatch* oder **Photo Studio**. Die letzten beiden sind aber zugleich vollständige Bildverwaltungen, die wir neben Lightroom eigentlich nicht mehr brauchen.

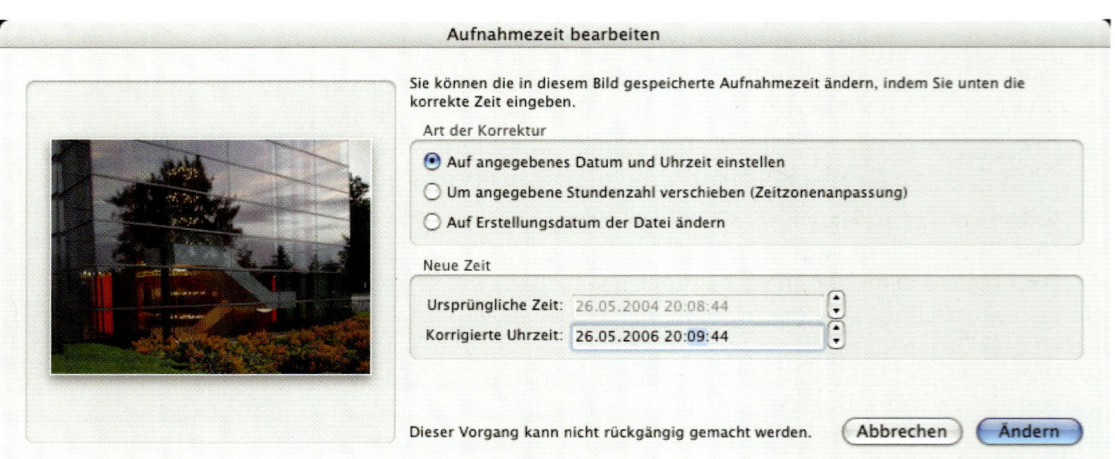

Abb. 3-19: Lightroom erlaubt das Aufnahmedatum in den EXIF-Daten zu ändern.

▸ **IPTC-Daten** sind der potenziell umfangreichste Teil im Metadatenblock. Sie sieht man in einer Kurzform im Metadatenpanel unter den Einstellungen *Ad-hoc-Beschreibung* oder *Minimal* und am ausführlichsten mit der Einstellung *IPTC* (siehe Abb. 3-20).

Wem die Bedeutung der verschiedenen IPTC-Felder nicht ganz klar ist, dem sei ein Blick auf den ›IPTC Core Schema for XMP. Customer Panel User Guide‹ unter [23] empfohlen.

Die meisten IPTC-Daten müssen vom Anwender explizit eingegeben werden (einige Kameras erlauben eine Vorbelegung einiger Felder). Wie bereits mehrfach betont, sind IPTC-Vorlagen, die man bereits beim Bildimport in Lightroom bereits zuweist, der effizienteste Weg der Zuweisung für die Massenfelder (Fotograf, Urheber- und Nutzungsvermerke). Sie lassen sich aber im Metadatenpanel ergänzen oder ändern.

Selektiert man im Filmstreifen oder der Matrixdarstellung gleich mehrere Bilder, so erscheint in der Anzeige teilweise der Text *<mixed>*, was lediglich signalisiert, dass hier nicht alle Bilder die gleichen Einträge haben.

Fügen Sie nun einfach Daten hier hinten an, werden diese auch in den einzelnen Bilder nur angehängt. Löschen Sie zuvor das ganze Feld, werden die Einträge des betreffenden Feldes in allen selektierten Bildern überschrieben.

Möchten Sie zuvor aber die Grunddaten aus einer bereits existierenden Vorlage eintragen, so wählen Sie oben im Pulldown-Menü unter *Vorgabe* (siehe Abb. 3-20 Ⓐ) die entsprechende Vorgabe (deren Daten werden damit übernommen) und tragen erst danach die zusätzlichen Daten ein oder ändern sie. Diese Metadatenvorgaben lassen sich im Importdialog über einen Editor erstellen.

Da diese Metadatenvorgaben Textdateien sind, kann man vorhandene Vorgaben auch mit einem Texteditor ändern und unter neuem Namen ablegen (wie und wo beschreibt Kapitel 9.4).

▸ **Stichwörter** Lightroom widmet den Stichwörtern – die Teil der IPTC-Daten sind – eine eigene Rubrik, da diese in großen Bildbeständen eines der wichtigsten Suchmerkmale sind. Stichwörter sieht und gibt man im Block *Stichwörter* (siehe Abb. 3-18) ein und nicht im IPTC-Block. Sie behandeln wir nachfolgend nochmals ausführlicher.

▸ Weitere Anzeigevarianten für Metadaten lassen sich unter dem Pulldown-Menü links im Kopf des Metadatenpanels wählen. Die Namen in diesem Menü sind weitgehend selbsterklärend:

▸ **Bewertungen** Zu den Metadaten gehören auch die verschiedenen Bewertungen, die wir bereits auf Seite 53 beschrieben haben. Hier taucht im Metadatenpanel lediglich die Anzeige der Sternewertung auf. Ansonsten findet man alle drei Markierungen (Sterne, Farbe und Flaggen) sowohl im Filmstreifen als auch in der Matrixdarstellung. Ändern lassen sie sich, wie auf Seite 54 beschrieben, entweder über die Icons in

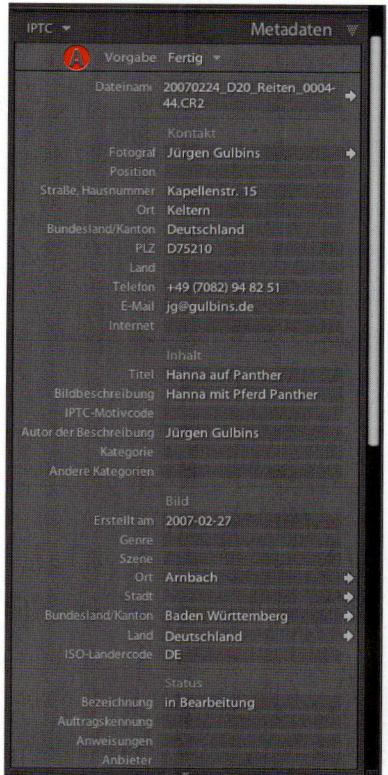

Abb. 3-20: Das Spektrum an IPTC-Feldern ist recht groß. In manchen Feldern werden per IPTC-Konvention Codes verwendet.

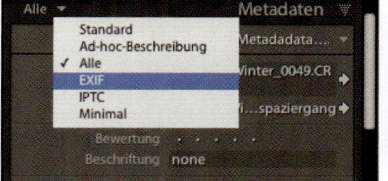

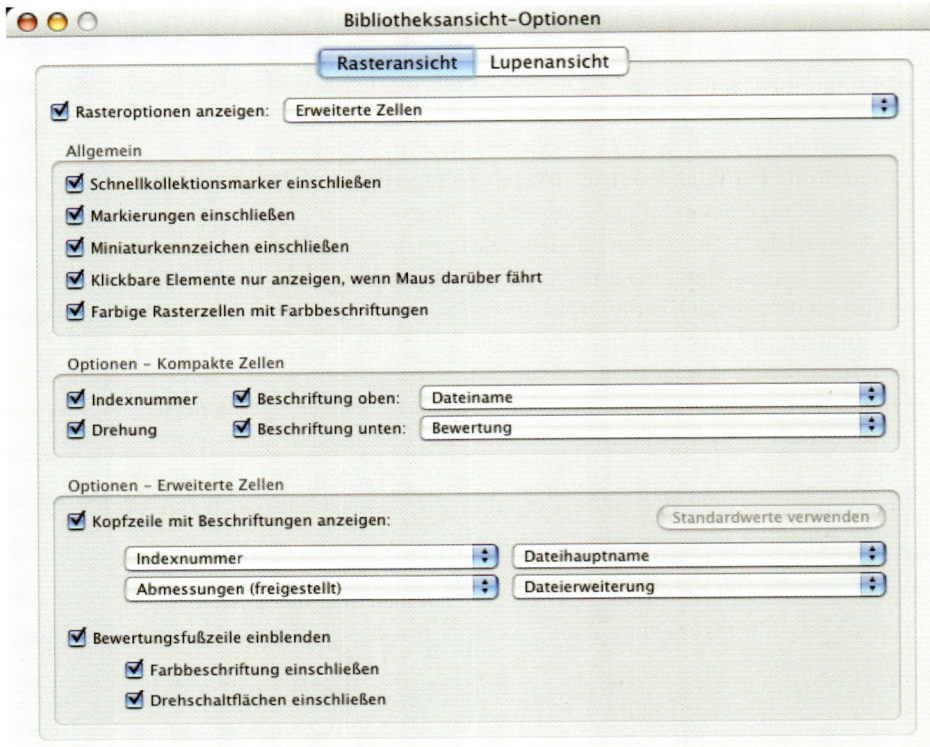

Abb. 3-21:
Hier legt man fest, was
in den verschiedenen
Darstellungsmodi und
den unterschiedlichen
Anzeigebereichen im Modus
›Bibliothek‹ angezeigt wird.
Man erreicht diesen Dialog
über Ansicht ▸ Optionen
anzeigen.

* die man per ⊤ ein- und ausblenden kann

der Werkzeugleiste,* per Tastaturkürzel – was die schnellste Art ist – oder über das Menü Foto   .

Welche Daten in den verschiedenen Bibliotheksansichten direkt beim Bild im Filmstreifen und in der Matrixdarstellung angezeigt werden, stellt man unter Ansicht ▸ Optionen anzeigen ein.** Auch Optionen in den Voreinstellungen (siehe Abb. 2-11 Ⓐ) steuern dies in Teilen.

** siehe dazu Abb. 3-21

Autovervollständigung

Lightroom merkt sich die letzten paar Eingaben in Metadatenfeldern und schlägt diese bei erneuter Eingabe im gleichen Feld vor, wie man es von der automatischen Vervollständigung von Web-Adressen her kennt. Dies kann erheblich Tipparbeit ersparen.

Die Pfeile an den Metadatenfeldern

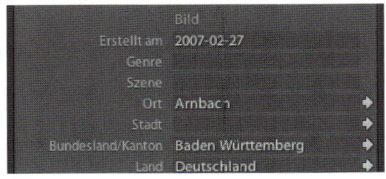

Abb. 3-22: Die Pfeile recht aktivieren das
entsprechende Tag unter Stichwort-Tags.

Im Metadatenpanel haben einige Felder rechts einen kleinen Pfeil: ➡ (siehe beispielsweise den Ausschnitt von Abb. 3-22). Wer dahinter ein Pulldown-Menü mit Werten erwartet, wird überrascht (oder enttäuscht). Klickt man darauf, so zeigt Lightroom eine Sicht aller Bilder, die in diesem Feld den gleichen Wert wie das aktuelle Feld haben – was aber zuweilen ausgesprochen praktisch ist. Im Normalfall sollte man das Icon aber meiden.

3.5 Stichwortver- und -eingabe

Ab einer gewissen Anzahl von Bildern sind Stichwörter in den Metadaten unersetzlich, um ein bestimmtes Bild (oder eine Gruppe von Bildern) im großen Bildhaufen zu finden. Man kann die Bedeutung einer Verschlagwortung kaum überbetonen. Die Stichwörter dafür lassen sich bereits beim Import eines Foto-Shootings hinzufügen oder erst später eintragen, vorzugsweise bereits bei der ersten Bildinspektion nach dem Herunterladen (die Erfahrung zeigt, dass man es später nur selten tut).

Auf einige Aspekte der Verschlagwortung durch Stichworteinträge ging bereits der IPTC-Abschnitt von Kapitel 1.3 ab der Seite 12 ein. Diese werden hier um ein paar Lightroom-spezifische Angaben ergänzt.

Die einfachste Eingabe erfolgt im Panel Metadaten rechts unter *Stichwort-Tags* (siehe Abb. 3-23):

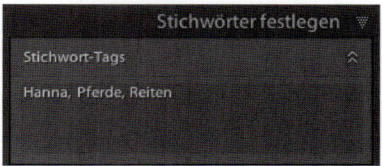

Abb. 3-23: Das Stichwortpanel zeigt die Stichwörter eines Bildes an und erlaubt Änderungen und Neueinträge.

Hilfreich sind in vielen Fällen Kategoriebegriffe und Stichworthierarchien. Lightroom (und Adobe Bridge) unterstützen dies recht komfortabel. So kann man beispielsweise jedem seiner Bilder (neben dem Eintrag einer Kategorie im IPTC-Feld *Kategorie*) auch unter Stichwörtern eine Kategorie zuweisen – etwa *Landschaft, Personen, Sachbilder, Mode, Stillleben, Pflanzen, Tiere, ...* Die Kategorie *Personen* wiederum lässt sich (nach eigenem Gutdünken) beispielsweise in *Bekannte, Freunde* und *Familie* unterteilen und *Familie* wiederum weiter in *Eltern, Geschwister, Kinder* und *Verwandte*.

Die einzelnen Namen der Kinder schließlich wären eine weitere Untergruppe unter *Kinder*. Weise ich in diesem Schema den Namen *Hanna* (meine Tochter) einem Bild zu, so trägt Lightroom – entsprechend der gerade skizzierten Stichworthierarchie – dem Bild zugleich die weitere oben liegenden Stichwörter dieser Hierarchie zu. Für das gerade gegebene Beispiel wäre das also die Komponenten *Kinder, Familie* und *Personen*. Diese Stichworthierarchien legt man in dem Panel Stichwort-Tags an.

Wie bei der Bildstrukturierung durch Ordner und Kollektionen erfordert das Aufsetzen von Stichworthierarchien etwas Vorüberlegung und Planung.

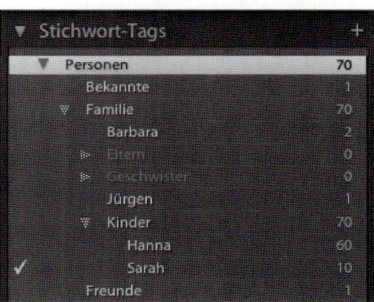

Abb. 3-24: Das Panel ›Stichwort-Tags‹ (Teil des Navigatorpanels) zeigt die vergebenen Stichwörter und wie viele Bilder es zu einem bestimmten Stichwort in der aktuellen Sicht gibt.

Stichwort-Tags

Links im Lightroom-Fenster – im Navigationspanel – findet man das Panel Stichwort-Tags mit einer alphabetisch sortierten Liste der bisher vergebenen Stichwörter und der zugehörigen Stichworthierarchie.

Man sollte den Bereich *Stichwort-Tags* hier nicht verwechseln mit dem gleich benannten Bereich rechts im Parameterpanel. Die Einträge hier (links) zeigen, wie viele Bilder der aktuellen Sicht diesen Stichworteintrag besitzen (siehe Abb. 3-24).

Ein Häkchen in der Liste, wie man es in Abbildung 3-24 von *Sarah* sieht, signalisiert, dass das betreffende Stichwort in den aktuellen selektierten Bildern vorkommt.

Zieht man einen Eintrag von hier auf Bilder, so wird das Stichwort dort eingetragen. Ebenso kann man Bilder aus dem Filmstreifen oder der Matrixdarstellung auf einen dieser Einträge ziehen – mit dem gleichen Effekt.

Klickt man auf einen Eintrag des Panels *Stichwort-Tags*, so wird damit die Sicht auf die Bilder beschränkt, die dieses Stichwort haben.

Möchte man die zuvor beschriebene und in Abbildung 3-24 gezeigte Stichworthierarchie aufbauen, so geht man in das Stichwort-Tags-Panel und klickt auf das +-Icon und erhält die Dialogbox von Abbildung 3-25:

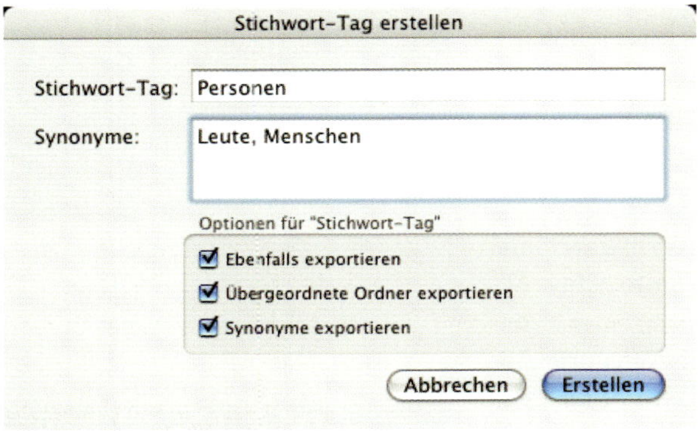

Abb. 3-25: Im Panel ›Stichwort-Tags‹ lassen sich nicht nur neue Stichwort-Tags definieren, sondern gleich Synonyme dazu.

Hier lassen sich nicht nur neue Stichwort-Tags definieren, sondern gleich Synonyme dazu. Wird ein solches Tag einem Bild zugewiesen, so kann man statt mit dem Stichwort auch mit dem Synonym suchen.

Im nächsten Schritt kreiert man nun die untergeordneten Hierarchiestufen. Dazu selektiert man das übergeordnete Stichwort und klickt wieder auf das +-Icon. Dieses Mal bietet die Dialogbox eine weitere Option, die wir nun aktivieren, damit das neue Stichwort als Unterbegriff in der Hierarchie (hier *Personen*) angelegt wird – auf diese Art bauen wir die Hierarchie auf:

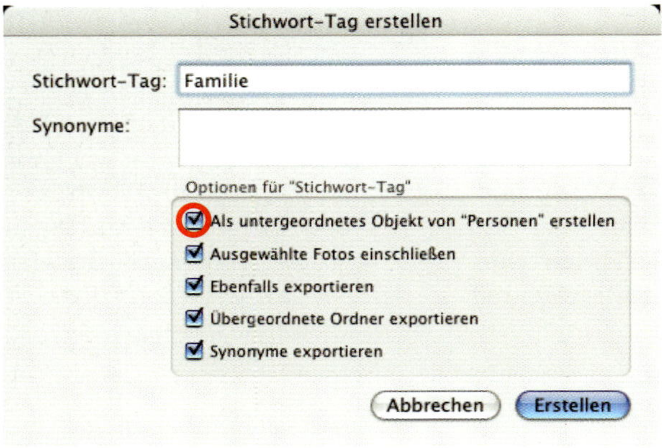

Im Stichwort-Tag-Panel lassen sich einige weitere Funktionen ausführen, etwa Stichwörter-Tags löschen und umbenennen, ohne dass man dazu die Korrektur in allen getagten Bildern einzeln ausführen muss. Nutzen Sie dazu die Funktionen unter der rechten Maustaste:

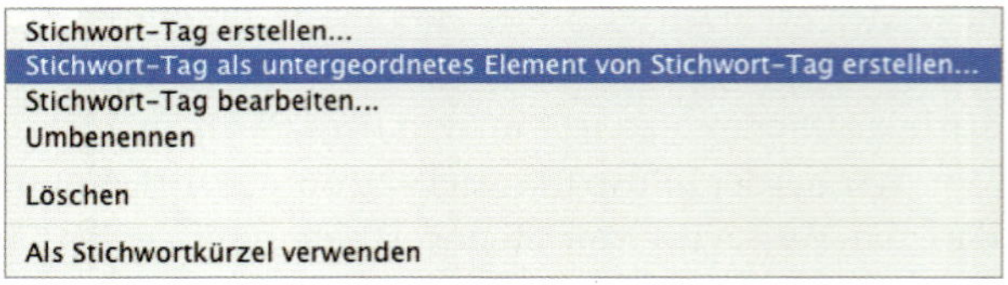

Abb. 3-26: Mit der obersten Option lassen sich Hierarchien aufbauen.

Der unterste Punkt *Als Stichwortkürzel verwenden* aktiviert den etwas später beschriebenen Stichwortstempel und trägt dort gleich das aktuell selektierte Stichwort ein.

Stichwortsätze

Ein Stichwortsatz besteht aus einer Reihe thematisch zusammenhängender Stichwörter, die in einem Satz zusammengefasst sind, sodass man schnell daraus Elemente auswählen und sie einzelnen Bildern zuweisen kann. Abbildung 3-27 zeigt einen der Sätze, der bereits mit Lightroom als Beispiel mitkommt. Hat man eine Hochzeitsfeier fotografiert, findet man darin bereits viele der potenziell benötigten Stichwörter:

Möchte man nun die Bilder einer Hochzeitsfeier verschlagworten, so ruft man im Parameterpanel unter *Stichwörter festlegen* unter *Satz* im Pulldown-Menü den betreffenden Stichwortsatz (hier *Hochzeitsfotografie*) auf, um dessen Stichwörter (maximal 9) im Panel anzuzeigen. Nun geht man im Filmstreifen – besser noch in der Matrixdarstellung – durch die Bilder, selektiert ein Bild und klickt im Stichwortsatz auf die Begriffe, die als Stichwort eingetragen werden sollen. Der Bereich *Alle exportierten Stichwörter* zeigt dabei die Stichwörter des Bildes an. Ein zweiter Klick auf ein bereits eingetragenes Stichwort löscht dieses wieder aus dem Bildeintrag.

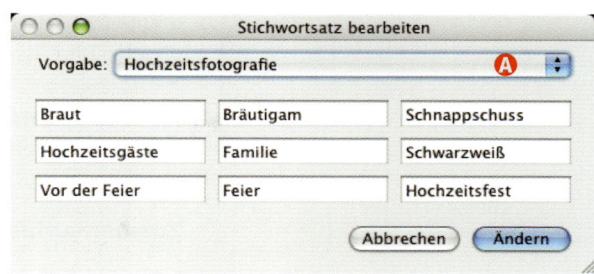

Abb. 3-27: Musterstichwortsatz zum Thema Hochzeitsfeier

Das Anlegen eines neuen, eigenen Stichwortsatzes geschieht wie folgt:

1. Gehen Sie in das oben angesprochene Panel *Stichwörter festlegen* (siehe Abb. 3-28).

2. Wählen Sie unter dem Menü *Satz* (Ⓐ) den Punkt *Benutzerdefinierter Satz*.

3. Es erscheint rechts davon die Funktion *Bearbeiten* (Abb. 3-28 Ⓑ). Klicken Sie darauf.

4. Überschreiben Sie nun in der erscheinenden Dialogbox (wie Abb. 3-27) die einzelnen Einträge mit Ihren Begriffen.

5. Sichern Sie danach den Satz unter Ihrem neuen Namen. Im Menü unter *Vorgabe* (Abb. 3-27 Ⓐ) finden Sie dazu die Funktion *Als neue Vorlage speichern*.

Von nun an steht Ihr neuer Stichwortsatz im Pulldown-Menü hinter *Satz* zur Verfügung (siehe Abb. 3-28 Ⓐ).

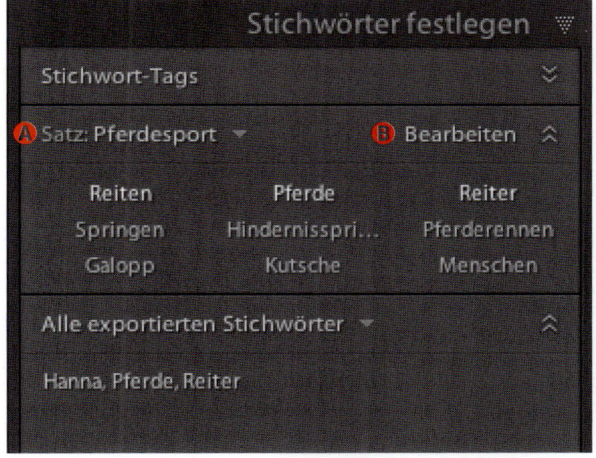

Abb. 3-28: Panel mit einem geöffneten Stichwortsatz. Unter ›Satz‹ finden Sie die bekannten Stichwortsätze. Über ›Bearbeiten‹ rufen Sie den Satzeditor auf.

Stichwortstempel

Eine andere Art, in Lightroom Stichwörter einzelnen Bildern hinzuzufügen, erfolgt per Stichwortstempel 🔖. Unter Umständen muss man ihn in der Werkzeugleiste des Bibliotheksmodus explizit einblenden (über die Werkzeugliste dort unter dem ▼-Menü rechts). Die Arbeit mit dem Stempel ist nur in der Matrixdarstellung möglich. Aktiviert man den Stempel durch einen Klick darauf, so lassen sich zunächst im Feld danebem (beliebige) Stichwörter eintragen.

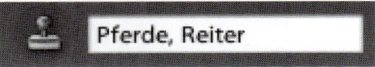

Geht man nun mit der Maus über die Matrixdarstellung oder den Filmstreifen, so nimmt der Mauszeiger die Stempelform 🔖 an. Ein Klick auf das Bildicon in der Matrixansicht fügt nun die unten eingetragenen

Stichwörter denen des betreffenden Bildes hinzu (ein zweiter Klick auf das gleiche Bild löscht sie wieder – erkennbar nun an der Radiererform des Mauszeigers.

Man sieht, dass man mit Lightroom sein Geld auch verdienen kann, indem man stempeln geht :-).

Zusammenfassung zu Stichwörtern

Lightroom nimmt das Thema Stichwörter ernst, und das ist gut so. Die Vielfalt der Möglichkeiten ist zunächst aber verwirrend. Gehen Sie es deshalb langsam an – etwa mit ein paar shootingspezifischen Stichwörtern gleich beim Import der Bilder und danach, indem Sie zunächst zusätzliche Stichwörter einfach direkt im Feld unter Stichwort-Tags eingeben. Ist der Anzeige- und Eingabebereich geschlossen wie hier:

so klicken Sie dazu im Kopf rechts davon auf ⊻, sodass das Anzeige- und Eingabefeld dort aufklappt (wie nebenstehend).

Tasten Sie sich dann allmählich an die weiteren Möglichkeiten der Stichwortvergabe heran – sonst werden Sie leicht erschlagen und eventuell unnötig frustriert.

Einen Menüpunkt Dateiinformationen, wie ihn Photoshop und Bridge kennt, der den gesamten XMP-Metadatenblock anzeigt und es auch erlaubt, direkt dort zu editieren, gibt es bisher bei Lightroom nicht, was etwas bedauerlich ist – aber was nicht ist, kann ja noch werden.

Metadatenübertragung per Copy & Paste

Schließlich besteht die Möglichkeit – und das ist die schnellste Art –, Metadaten auch per Kopieren & Einfügen von einem Bild auf andere zu übertragen. Dazu selektiert man das Quellbild und kopiert dessen Metadaten in die Lightroom-Zwischenablage – entweder über die Menüfolge Metadaten ▸ Metadaten kopieren oder schneller per ⇧-Strg-Alt-C (Mac: ⇧-⌥-⌘-C). In der damit erscheinenden Dialogbox (siehe Abb. 3-29) kreuzt man die Metadaten an, die in die Zwischenablage sollen – die Stichwörter sind hier nicht mit dabei (ebenso wenig die EXIF-Daten).

Von dort aus kann man sie einfach auf weitere Bilder übertragen – entweder per Menüfolge Metadaten ▸ Metadaten einfügen oder schneller per ⇧-Strg-Alt-V bzw. auf dem Mac per ⇧-⌥-⌘-V. Dabei erscheint kurz der Kopierstempel 🔖 als Maussymbol.

Schön wäre es, wenn es ein solches Kopieren & Einfügen auch für Stichwörter gäbe (mit einem eigenen Tastaturkürzel). Dies fehlt bisher aber noch.

Metadaten kopieren

☐ Grundlegende Informationen

Bildbeschreibung	OLYMPUS DIGITAL CAMERA	☐
Bewertung	· · · · ·	☐
Beschriftung	none	☐

⊟ IPTC-Inhalt

Titel		☐
IPTC-Motivcode		☐
Autor der Beschreibung		☑
Kategorie		☐
Andere Kategorien		☐

☑ IPTC-Copyright

Copyright	Jürgen Gulbins	☑
Bed. f. Rechtenutzung		☑
URL f. Copyright-Inform.		☑

⊟ IPTC-Autor

Fotograf	Jürgen Gulbins	☑
Fotograf/Adresse	Kapellenstr. 15	☑
Fotograf/Stadt	Keltern	☑
Bundesland/Kanton des Fotografen		☑
Fotograf/PLZ	D75210	☑
Fotograf/Land	Germany	☑
Fotograf/Telefonnummer	(+49) 7082 9482 51	☑
Fotograf/E–Mail–Adresse	jg@gulbins.de	☑
Fotograf/Website		☐

☐ IPTC-Bild

| Erstellt am | | ☐ |

[Alle markieren] [Nichts markieren] [Ausgefüllte markieren]   [Abbrechen] [**Kopieren**]

Abb. 3-29:
In diesem Dialog legt man fest, welche Metadaten in die LR-Zwischenablage übernommen werden sollen.

3.6 Ad-hoc-Entwicklung

Bereits im Bibliotheksmodus lassen sich einfache Korrekturen an Bildern vornehmen. Das Parameterpanel rechts bietet dazu den Block Ad-hoc-Entwickeln (Abb. 3-30), der sich wiederum in mehrere Bereiche untergliedert.

Er stellt stark komprimiert die Korrekturfunktionen aus dem Modus *Entwickeln* zur Verfügung – hier jedoch statt der Schieberegler nur mit einfachen Mehr- und Weniger-Knöpfen (◄, ►). Sie lassen sich deshalb nur für eine erste grobe Korrektur nutzen oder für eine Art Vorverarbeitung über Entwicklungsvorlagen, die man im Pulldown-Menü unter *Vorgabe* findet. Auch eine Schnellkonvertierung zwischen Farbbildern und Graustufenbildern ist unter *Behandlung* möglich (durch einen Klick auf *Graustufen*).

Die hier vorgenommenen Ad-hoc-Korrekturen lassen sich alle im Modus *Entwicklung* weiter verfeinern.

Wir selbst machen in unserem Workflow davon keinen Gebrauch. Auf die einzelnen Korrekturen gehen wir in Kapitel 4 ein.

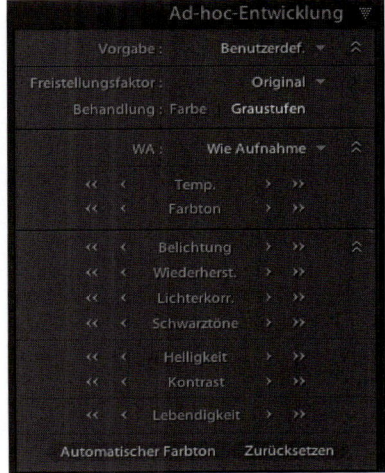

Abb. 3-30: Die Korrektur-Knöpfe der Ad-hoc-Entwicklung

3.7 ›Bibliothek‹ als Verwaltungszentrum

Aus den vorhergehenden Abschnitten wird klar, dass das Modul und der Modus *Bibliothek* das Verwaltungszentrum von Lightroom darstellen und der Ausgangspunkt für alle weiteren Aktionen sind: für die Bildbearbeitung, wie im nächsten Kapitel beschrieben, für die Ausgabe in den verschiedenen Ausgabeformen – beschrieben in den Kapiteln 5 bis 7 –, aber auch für das Löschen, Umbenennen und den in Kapitel 8 erläuterten Export von Bildern.

Aus diesem Grund sollte man etwas Experimentieren, um mit dem Modus *Bibliothek* ›warm zu werden‹ und um das recht reiche Funktionsrepertoire dieses Modus zu beherrschen. Die wichtigsten Umschaltungen sollte man ›in den Fingern‹ haben, also über Tastaturkürzel eingeben – zumindest dann, wenn man häufiger und intensiver mit Lightroom arbeitet. Auch der Klick auf das ▦-Icon der Werkzeugleiste, das einen schnell in die Matrixdarstellung des Entwicklungsmodus zurückbringt, sollte zur Standardbedienung werden.

→ Die wichtigsten Tastaturkürzel sind im Kapitel 9.9 auf Seite 161 für Mac OS und auf Seite 162 für Windows zusammengefasst.

Beginnen kann man dabei sicher, indem man zunächst die Funktionen über Menüs aufruft oder auf die entsprechenden Icons klickt. Übersehen Sie dabei nicht die Möglichkeiten des Popup-Menüs unter der rechten Maustaste! Bei einer Einkopf-Maus unter Mac OS X muss man stattdessen Ctrl und die Maustaste drücken.

Weitere Funktionen

Der Modus *Bibliothek* bietet eine ganze Reihe weiterer wichtiger Funktionen – beispielsweise das Umbenennen von Ordnern und Bildern und (wesentlich häufiger gebraucht) den Export von Bildern. Auf den Export geht Kapitel 8 detailliert ein, ebenso auf Wege, wie man in Lightroom verwaltete Bilder mit externen Programmen bearbeiten kann.

Wir gehen davon aus, dass die nächste Version von Lightroom erlauben wird, mit mehreren Bibliotheken zu arbeiten – *Bildkataloge* wäre eigentlich der zutreffendere Begriff. Die Handhabung dazu dürfte dann ebenso im Bibliotheksmodus stattfinden.

Import eines Bildbestands von der Platte

Wir haben im Abschnitt 3.1 den Import von Bildern von der Speicherkarte der Kamera gezeigt. Wie man Bilder von einer Lightroom-Bibliothek in eine andere überträgt, beschreibt Kapitel 8.4. Aber natürlich hat man als digital arbeitender Fotograf, wenn man mit Lightroom beginnt, in der Regel einen vorhandenen Bestand an digitalen Bildern – oft bereits organisiert und mit den bisherigen Photoshop-Mitteln (Bridge) ausgezeichnet und aufbereitet. Auch dieser Bildbestand lässt sich in Lightroom relativ schmerzlos integrieren.

Man muss sich lediglich entscheiden, ob man deren Namen beibehalten oder auf das eventuelle neue Namensschema umstellen möchte. Sind die Bilder bereits vernünftig mit Metadaten versehen, kann man auf die Attributierung als Teil des Importprozesses verzichten, hat man hier bisher nichts (oder sehr wenig) getan, lassen sich zumindest die Massenmetadaten beim Import nach Lightroom automatisch hinzufügen. In diesem Fall sollte man jedoch eher die Ordner einzeln importieren statt eine ganze Ordnerhierarchie.

Oft ist die Umstellung auf Lightroom eine gute Gelegenheit, den Bildbestand neu zu ordnen – man braucht dazu aber, wenn man den schnellsten Weg gehen möchte, unter Umständen den Plattenplatz für die Bilder zwei Mal: einmal für die jetzige Ablage und ein zweiten Mal für die neue Ablage, denn den alten Bestand sollte man erst löschen, wenn die Übertragung korrekt gelaufen ist und man dies auch gründlich getestet hat.

Unser Vorschlag lautet hierzu: Gönnen Sie sich dafür ein neues, schnelles, großes externes Plattenlaufwerk und behalten Sie den alten Bildbestand zunächst noch eine Weile.

Der Import läuft hier fast identisch zu dem auf Seite 43/44 beschriebenen Importdialog. Als Quelle wählen Sie lediglich statt der Speicherkarte den Ordner des vorhandenen Bildbestandes (was auch ein Netzwerklaufwerk sein darf). Möchten Sie die Bilder an ihrem jetzigen Ablageort belassen, so wählen Sie dort unter Datenverwaltung (Abb. 3-31).

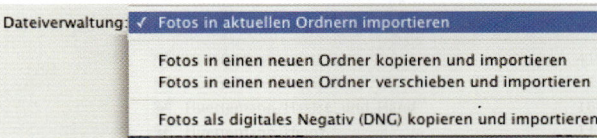

Abb. 3-31: Beim Import lassen sich Bilder auch aus einem Ordner importieren.

Sollen die Bilder hingegen kopiert werden, so wählen Sie stattdessen die zweite Importvariante (siehe Abb. 3-32).

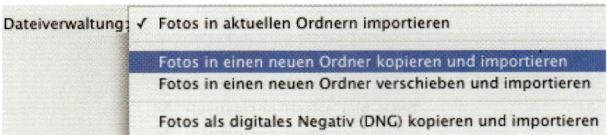

Abb. 3-32: Beim Import können Bilder vor dem Import zunächst in einen neuen Ordner kopiert werden.

Wir raten Ihnen danach zu einer Bildinspektion – wie bereits detailliert im Abschnitt 3.3 beschrieben. Dies gibt Ihnen die Sicherheit, dass der Import sauber gelaufen ist, und zugleich die Möglichkeit, die Bilder nochmals auszuzeichnen und eventuell zugleich den Bildbestand von nicht mehr benötigten Bildern zu bereinigen.

Importieren Sie dabei ältere Bilder oder eingescannte Bilder ohne ein Datum in den EXIF-Daten, so empfiehlt es sich, wie auf Seite 56 beschrieben, diese nun in Lightroom mit einem EXIF-Datum zu versehen.

Bevor man einen großen Altbestand importiert, ist es ratsam, eine eigene kleine separate Lightroom-Testbibliothek anzulegen (siehe dazu Kapitel 9.2), dort hinein zu importieren und damit zunächst einmal zu spielen. Erst wenn Importverfahren, Namensschema, Bildorganisation und das eventuelle Umbenennen stimmig sind, geht man an den Import des großen Bestandes – Sie ersparen sich damit unter Umständen viel Zeit.

Bilder optimieren im Modus ›Entwickeln‹

4 Sind die neuen Bilder eines Shootings inspiziert, bewertet und markiert und hat man die Bildtitel und Stichwörter eingetragen, so beginnt der nächste, größere Arbeitsschritt: die Bildoptimierung. Dabei möchte man sich in der Regel auf die besseren Bilder beschränken und die anderen vorübergehend ausblenden. Dazu gehen wir in den Filterbereich (siehe Abb. 4-1, rechts) und klicken dort auf die Sternezahl, die unsere Bilder minimal haben sollen.

Kern des Lightroom-Editors ist das System, das auch Adobe Camera Raw (ACR) einsetzt. Gegenüber der ACR-3.x-Version erweitert es das Formatspektrum über Raw hinaus auf JPEG, TIFF und PSD – etwas was ACR 4.x auch bietet. Trotzdem empfehlen wir in Raw zu fotografieren und mit dem Raw-Bild als Ausgangsbild zu beginnen.

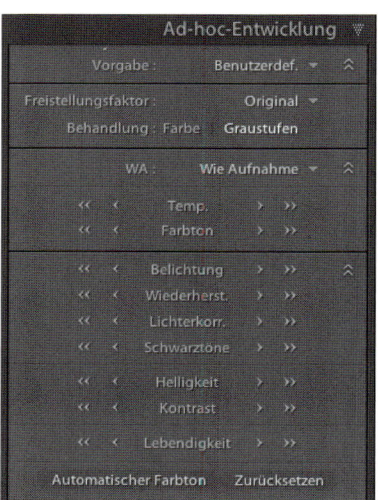

Abb. 4-2: Die Korrektur-Buttons der Ad-hoc-Entwicklung im Modus ›Bibliothek‹

Lightroom bietet vier Arten, Bilder zu bearbeiten:

1. Eine recht einfache Bildoptimierung per *Ad-hoc-Entwicklung* (siehe Abb. 4-2). Diese Ad-hoc-Entwicklung steht nur im Modus *Bibliothek* zur Verfügung und bietet nur die Einstellungen, die man in Abbildung 4-2 sieht. Statt richtiger Regler gibt es nur die ◄- und ►-Buttons. Sie erlauben eine etwas grobe erste Korrektur, die wir selbst aber nicht einsetzen.

2. Korrekturen im Modus *Entwickeln*. Die Korrektureinstellungen findet man im Parameterpanel (siehe Abb. 4-1, rechts).

    Korrekturen sind jedoch auch dadurch möglich, dass man einem oder mehreren selektierten Bildern eine Entwicklungsvorgabe zuweist. Diese finden wir links im Navigatorpanel unter Vorgaben. Sie bewirken nichts anderes als die Zuweisung bestimmter Korrektureinstellungen für das Bild. Dies spiegelt sich danach auch in den Reglern des Parameterpanels wider.

3. Lightroom bietet eine ganze Reihe automatischer Korrekturen an. Obwohl wir solchen Automatismen recht misstrauisch gegenüberstehen – und der Versuch bei vielen Bildern bestätigt dies –, kann eine automatische Korrektur in einigen Fällen eine brauchbare Ausgangsbasis für eigene Korrekturen sein. Lightroom bietet Automatiken für folgende Bereiche an:
    - Weißabgleich (WA-Menu: *Automatisch*)
    - im Block *Farbton* (siehe *Auto*)

4. Lightroom erlaubt den Aufruf eines externen Bildeditors, um dort Korrekturen auszuführen, die Lightroom nicht bietet. Lightroom erzeugt dazu eine neue Kopie des Bildes (in dem in den Voreinstellungen festgelegten Format) und übergibt dieses an das externe Programm. Nach der Rückkehr aus dem externen Editor aktualisiert Lightroom seine Vorschau.

4.1   Korrekturreihenfolge

Obwohl Lightroom keine Korrekturreihenfolge vorgibt, ist es sinnvoll, eine bestimmte generelle Reihenfolge für die ersten Korrekturen einzuhalten. Danach wird man in manchen Fällen in mehreren Durchläufen weitere Feinkorrekturen durchführen. Unserer Erfahrung nach hat sich folgende Reihenfolge bewährt – wobei sicher nicht alle Korrekturen bei allen Bildern notwendig sind:

1. (Optional) Erstes grobes Beschneiden + Ausrichten
2. Weißabgleich
3. Belichtungskorrektur
4. Feinkorrektur des Kontrasts, der Farben und Tonwerte

Abb. 4-1: Lightroom im Modus ›Entwickeln‹ mit den Entwicklungsvorgaben links und dem Korrekturpanel rechts

5. Rauschunterdrückung sowie Korrektur von Vignettierung und chromatischen Aberrationen
6. Schärfen

Möchte man ein Farbbild in Schwarzweiß wandeln, so wird man diesen Schritt in der Regel nach Schritt 3 vornehmen. Abschließend mag auch nochmals eine Feinkorrektur des Beschnitts erforderlich sein. Oft führt man ein endgültiges Beschneiden erst für eine Ausgabe aus – etwa für einen Druck.

Das Ausbessern von Staubflecken oder anderen Störungen erfolgt typischerweise auch erst relativ spät, da man Staubflecken, die von einer Verschmutzung des Kamerasensors herrühren, oft erst richtig nach Schritt 3 oder 4 erkennt.

Bei allen Korrekturen sollte man sowohl die Vorschau als auch das Histogramm im Auge behalten.

4.2 Die Korrekturblöcke

Lightroom hat die Bildkorrekturen im Modus *Entwickeln* in sieben Blöcke unterteilt (siehe Abb. 4-3). Sechs davon finden wir rechts im Parameterpanel und den siebten Satz in der Werkzeugleiste unter dem Zentralfenster. Diese Anordnung entspricht weitgehend auch der Korrekturreihenfolge sowie der Häufigkeit der Nutzung. Zusätzlich gibt es noch das Histogramm, welches, wie später noch erläutert, nicht nur als Anzeigeinstrument dient, sondern auch Direktkorrekturen zulässt.

Ist die Werkzeugleiste ausreichend breit und das Feld *Informationen* aktiviert, so werden dort zusätzlich die RGB-Werte der Bildpunkte unter der Maus angezeigt – jedoch nicht wie sonst üblich in Werten von 0–255, sondern in Prozent von 0–100!

Welche Komponenten in der Werkzeugleiste sichtbar sind, lässt sich über das Pulldown-Menü unter dem ▼ rechts festgelegen. Da man für die eigentliche Editierphase die Anzeigen von *Bewertung*, *Auswählen* und *Farbbeschriftung* nicht benötigt, empfiehlt es sich, bei kleinem Bildschirm diese auszublenden, um die RGB-Anzeige und den Zoomregler zur Verfü-

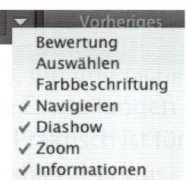

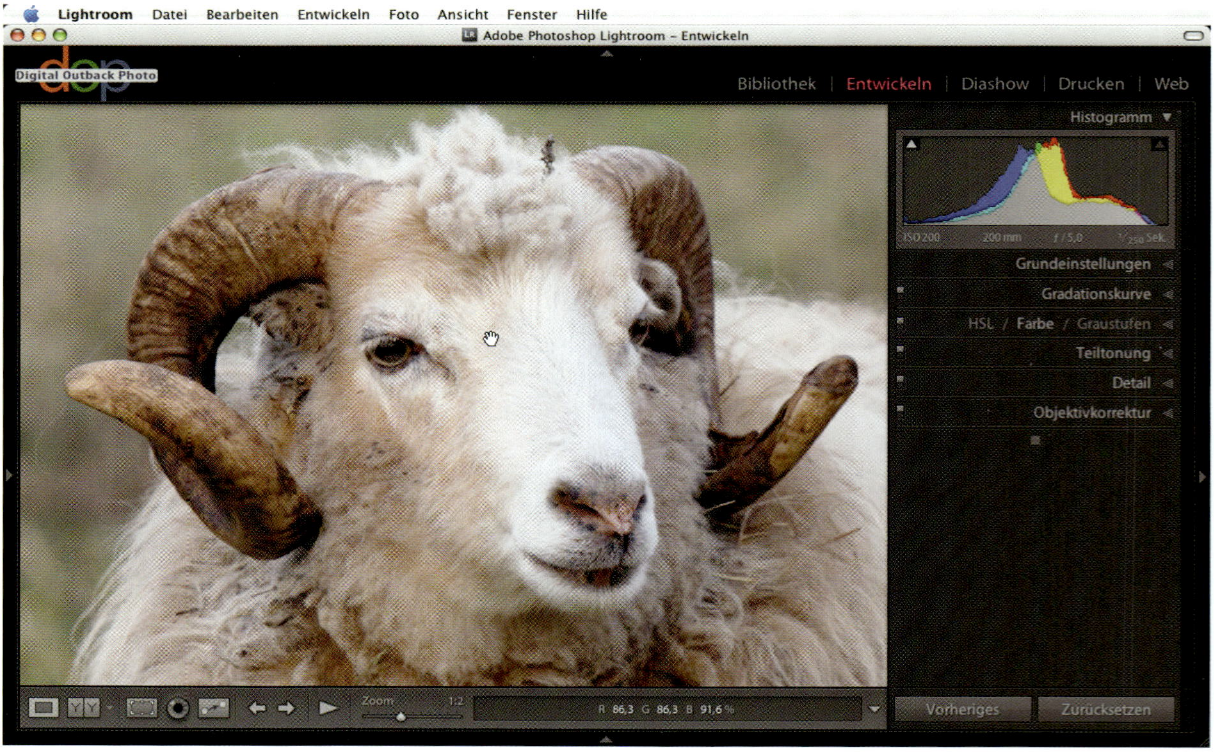

Abb. 4-3: Die Werkzeugblöcke zur Bildkorrektur im Modus ›Entwickeln‹. Die Entwicklungsvorlagen sind hier ausgeblendet. Die Infoleiste unten zeigt die RGB-Werte unter der Maus an.

gung zu haben. Auch auf die Icons Diashow (▶) sowie Navigieren (◀ ▶) kann man verzichten – das Navigieren zu anderen Bildern ist auch mit den Pfeiltasten der Tastatur möglich. Hingegen ist es praktisch, die in Abbildung 4-3 ausgeblendeten Entwicklungsvorlagen zu sehen, um unterschiedliche, dort vorhandene Einstellungen ausprobieren zu können. Praktisch ist für dieses Panel der Autoausblendmodus, den es auch für das Modus- und Filmstreifenpanel gibt.

4.3 Histogramm

Das Histogramm hat sich bei Lightroom zu einem recht mächtigen Analyse- und Steuerwerkzeug entwickelt:

▶ **Analyse:** Neben den reinen Histogrammkurven für die RGB-Farben signalisiert die Farbe der beiden Dreiecke, ob es im Bild zu einem Beschnitt in den Tiefen (links) oder in den Lichtern (rechts) kommt.

Bei den Kurven und in der Beschnittanzeige stehen Grau für R + G + B, Gelb für R + G, Cyan für G + B sowie Magenta für R + B. Diese Farben gelten auch für die Beschnittwarnung von Abbildung 4-5b. Die Angaben direkt unter dem Histogramm zur Aufnahme stammen aus den EXIF-Daten und helfen ein wenig, das Bild besser zu interpretieren.

▶ **Direkte Korrektur:** Sie erlaubt direkt im Histogramm Korrekturen, die sich auf Belichtung, Wiederherstellung, Lichterkorrektur und Schwarz auswirken. Zur Bildkorrektur lassen sich mit der Maus im Histogramm Bereiche nach links oder rechts verschieben (siehe Abb. 4-4). Das Histogramm ist dazu in vier horizontale Helligkeitsbereiche untergliedert. Bisher nutzen wir diese direkte Korrekturmöglichkeiten im Histogramm jedoch kaum.

Wie von ACR her bekannt, kann man übrigens bei Korrekturen die Alt/⌥-Taste drücken und bekommt Beschnitt dann direkt im Vorschaubild farbig markiert angezeigt. Das Bild wird (solange man beim Regeln von Belichtung, Wiederherstellung und Schwarz die Alt/⌥-Taste drückt) schwarz (beim Schwarz-Regler wird es weiß). Lediglich wo Beschnitt im Bild auftritt, wird der entsprechende Bereich farbig markiert. Diese Anzeige ist genauer (sprich früher an) als die Warndreiecke im Histogramm oben. Die Dreiecke müssen dazu aber aktiviert sein.

Auch im großen Vorschaubild kann man sich den Beschnitt anzeigen lassen – ■ signalisiert Beschnitt in den Lichtern, ■ in den Tiefen. Dies schaltet man mit der Taste J ein oder aus.

Da zuweilen in manchen Bereichen ein gewisser Beschnitt akzeptabel ist – in den Tiefen sehr viel eher als in den Lichtern –, lässt man beim Auftreten von Beschnitt zwischendurch die Alt-Taste kurz los, um im erscheinenden Bild zu beurteilen, ob der Beschnitt an der betreffenden Stelle tolerierbar ist oder nicht.

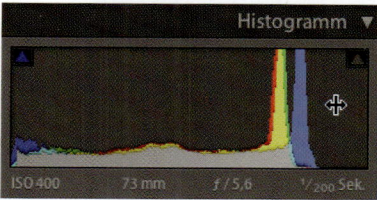

Abb. 4-4: Im LR-Histogramm signalisieren die beiden Dreiecke oben durch ihre Farbe Beschnitt in den Tiefen (links) und Lichtern (rechts).

Abb. 4-5a: Bild mit Beschnitt in den Tiefen, jedoch schlecht einschätzbar

Abb. 4-5b: Anzeige bei Schwarzkorrektur mit gedrückter Alt-Taste. Die farbigen Bereiche signalisieren Beschnitt in den Tiefen.

Abb. 4-6: Die wichtigsten Korrekturen findet man unter ›Grundeinstellungen‹.

4.4 Grundkorrekturen

Die ersten Korrekturen sind – sieht man einmal von einem eventuellen Beschneiden ab – der Weißabgleich, die Optimierung der Belichtung sowie die Tonwert- und groben Farbkorrekturen. All dies finden wir bei Lightroom im Korrekturblock Grundeinstellungen, die Abbildung 4-6 zeigt.

Unter *Behandlung* entscheidet man zunächst, ob man das Bild als Farb- oder als Graustufenbild bearbeiten möchte. Bleiben wir zunächst bei Farbe.

Die Anordnung der Regler gibt hier bereits von oben nach unten eine sinnvolle Reihenfolge vor, wobei man zuweilen auch einmal von weiter unten zu einer weiter oben liegenden Einstellung zurückkehren muss. Der erste Schritt ist aber fast immer der Weißabgleich, hier mit WA abgekürzt.

Weißabgleich

Unter dem *Weißabgleich* versteht man, die Farbbalance im Bild so zu setzen, dass eventuell vorhandene Farbstiche behoben werden und Bereiche, die eigentlich weiß oder neutral grau sein sollten, dies auch wirklich sind. Dafür gibt es mehrere prinzipielle Verfahren:

1. Auto-Weißabgleich der Kamera. Diese analysiert aus dem Grundbild das angetroffene Licht und schätzt daraus ab, welche Lichtverhältnisse bzw. Farbtemperatur bei der Aufnahme herrschen. Bei JPEG- und TIFF-Bildern rechnet sie diese in die Bilddaten ein, bei Raw-Bildern übergibt sie die ermittelte Farbtemperatur als Teil der Raw-Daten.

    Während dies bei Außenaufnahmen zumeist recht brauchbare Ergebnisse liefert, liegen bei Kunstlicht die Angaben der Kamera oft deutlich daneben.

2. Manuelle Farbtemperatureinstellung an der Kamera, abgestimmt auf das Licht bei der Aufnahme – entweder über ein entsprechendes Menü oder indem man die Kamera mittels einer Weißkarte abgleicht. Das Vorgehen dazu ist in Ihrem Kamerahandbuch beschrieben. Erstellen Sie in der Kamera JPEG- oder TIFF-Bilder, rechnet die Kamera diesen Farbwert wieder automatisch in Ihre Bilder ein. Schießen Sie in Raw, übergibt die Kamera den ermittelten Farbwert im Raw-Bild. Lightroom übernimmt dann diese Farbtemperatur als Standardwert für das Bild und zeigt es entsprechend an.

*   Das Grau der Graukarte hat einen bestimmten Grauwert (18%) und ist sehr farbneutral.

3. Man nimmt bei einer Aufnahmeserie ein Referenzbild von einer Graukarte oder einer Farbreferenzkarte auf.[*] Diese Aufnahme benutzt man später als Referenz, um daraus die bei den Aufnahmen herrschende Farbtemperatur in Lightroom zu ermitteln. Danach überträgt man diesen Weißabgleich auf die anderen Bilder, die unter den gleichen Lichtverhältnissen aufgenommen wurden.

4. Weißabgleich mit der Lightroom-Pipette im Entwicklungsmodus (wie später erläutert).

5. Auto-Weißabgleich von Lightroom. Diese Funktion *Automatisch* findet man im Korrekturblock *Grundeinstellungen,* und zwar im Pulldown-Menü unter WA (für *Weißabgleich*). Hier analysiert Lightroom das Bild und schätzt auf dieser Basis die Farbtemperatur der Aufnahme – ähnlich wie beim Verfahren 1 die Kamera.

Abb. 4-7:
Voreinstellungen zum Weißabgleich

6. Alternativ bewertet man selbst die Lichtverhältnisse, unter denen das Bild aufgenommen wurde (oder hat sie noch in Erinnerung), und wählt im Pulldown-Menü unter WA eine dort angebotene Voreinstellung (siehe Abb. 4-7).

Eine siebte Variante, bei der man für die Kamera ein Farbprofil erstellt – was nur bei stabilen Lichtverhältnissen im Studio sinnvoll ist und entsprechende Profilierungssoftware voraussetzt –, ist bei Lightroom und ACR nicht einsetzbar, da beide keine benutzererstellte Farbprofile unterstützen.

Bei allen beschriebenen Verfahren für den Weißabgleich – mit Ausnahme der nicht einsetzbaren siebten Variante – lässt sich nachträglich nach eigenem Gutdünken mit den beiden Reglern Temp und Tonung nachkorrigieren. Dabei sollte man zunächst mit dem Regler für die Farbtemperatur (Temp) beginnen. Das Fine-Tuning kann danach mit Tönung erfolgen. Abbildung 4-8 zeigt dazu, wo man sich bewegt, wenn man diese beiden Regler einsetzt. Sind einem die Farben im Bild zu kalt, so muss man zu höheren Temperaturen hin regeln, was zunächst kontra-intuitiv ist. Damit sagt man Lightroom jedoch, dass das Licht bei der Aufnahme kälter war und die Darstellung deshalb wärmer ausfallen muss. Höhere Farbtemperaturen führen zu einem kälteren Licht, niedrige zu einem wärmeren.

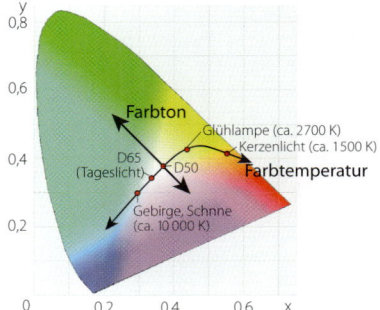

Abb. 4-8: *Farbverschiebungen durch die Regler (Farb-)Temperatur und (Farb-)Tönung*

Weißabgleich mit der Pipette

Hat man im Bild einen Bereich, der eigentlich neutral grau sein sollte, so lässt sich mit der Pipette sehr schnell ein sehr brauchbarer Weißabgleich durchführen. Dazu aktiviert man einfach das ✐-Werkzeug und klickt im Bild auf den betreffenden Bereich. Weder rein weiße noch rein schwarze Bildpunkte sind dafür geeignet – am besten verwendet man leicht graue

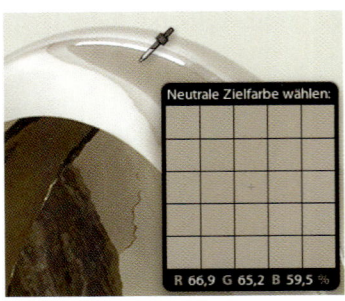

Bereiche – etwa ein Schatten auf einem weißen Hemd oder eine graue Metall- oder Betonoberfläche. Aktiviert man die Pipette und geht über das Bild, so zeigt Lightroom in einer Art Lupe stark vergrößert die Bildpunkte unter dem Mauszeiger und deren gemittelter RGB-Wert an (im Bereich 0 bis 100%), sodass eine gute Beurteilung möglich ist (bei reinem Grau sind alle drei RGB-Werte gleich).

Ein Klick mit der Maus führt den Weißabgleich dann durch. Passt das Ergebnis nicht, sind weitere Versuche möglich, man muss zuvor jedoch die Pipette erneut aktivieren.

Um im Zweifelsfall eine wirklich neutralgraue Referenz im Bild zu haben, nehmen wir bei problematischen Lichtverhältnissen oft eine Farbreferenzkarte im Bild mit auf. Dabei reicht es zumeist, dies einmal pro Bildsequenz zu tun, solange sich die Lichtverhältnisse der folgenden Bilder nicht ändern.

Als Farbkarte setzen wir in den meisten Fällen den Mini-ColorChecker der Firma X.rite [44] ein und klicken dort auf das in Abbildung 4-10 markierte graue Feld. Den so ermittelten Farbtemperaturwert übertragen wir dann auf die anderen Bilder der Fotositzung.

Abb. 4-9: Das Bild oben vor dem Weißabgleich mit Pipette und unten danach

Abb. 4-10: Mini-ColorChecker der Firma Gretag MacBeth (inzwischen X.rite). Als Referenz verwenden wir das zweite Feld links unten

Ein solcher relativ genauer Weißabgleich ist insbesondere bei Produkt- und Modefotografie wichtig, während bei vielen anderen Aufnahmen eher die Gefälligkeit der Farbe unser Ziel ist als deren naturgetreue Wiedergabe. Bei Portraits und anderen Aufnahmen von Personen sind die Hauttöne relevant. Aber auch hier wird oft ein gesunder Braunton der wirklichen Hautfarbe vorgezogen.

Belichtungskorrektur

Nach dem Weißabgleich kommen die Tonwertkorrekturen an die Reihe. Die Überprüfung der Belichtung ist dabei der erste wichtige Schritt. Eine ausgeglichene Belichtung in der Kamera ist dafür natürlich die optimale Voraussetzung und das Kamerahistogramm bei der Aufnahme das wichtigste Kontrollmittel. Für Details sei hier auf unseren Artikel ›Verzwicktes Histogramm‹ verwiesen, den Sie beispielsweise in FotoEspresso 1/2005 finden und unter [11] kostenlos herunterladen können.

In Lightroom ist wiederum das Lightroom-Histogramm sowie ein möglichst großes Vorschaubild unser Kontrollmittel. Die Regel lautet auch dazu: möglichst kein Beschnitt – insbesondere in den Lichtern (sieht man einmal von echten kleinen Spitzlichtern ab, die beispielsweise in einer Lichtreflexion vorkommen können, wie etwa in Abb. 4-9).

Auch hierfür bietet Lightroom den *Auto*-Button an. Die Ergebnisse sind zwar selten optimal, oft aber ein brauchbarer Ausgangspunkt für ein weiteres Fine-Tuning. Die Funktion unter dem Auto-Button steuert die Regler *Belichtung*, *Schwarz* und *Helligkeit*.

Haben wir einen Beschnitt in den Lichtern – das Histogramm stößt rechts an und das rechte Dreieck im Histogramm ist hell –, so fahren wir zunächst vorsichtig mit dem Regler *Belichtung* nach links und beobachten zugleich das Vorschaubild. Im Idealfall verschwindet der Beschnitt in den Lichtern, ohne dass ein Beschnitt in den Tiefen auftritt.

Reicht eine Belichtungskorrektur um -0,5 bis -1,0 nicht aus, so setzen wir mit dem Regler *Wiederherstellung* (nach rechts) nach. Er holt oft die ausgefressenen Lichter zurück, ohne das ganze Bild allzusehr in der Helligkeit abzusenken.

Zugelaufene Schatten (Tiefen) lassen sich mit dem Regler *Lichterkorrektur* verbessern, ohne das Gesamtbild zu sehr aufzuhellen. Ist die

Abb. 4-11a: *Bild etwas unterbelichtet, aber gute Zeichnung in den Lichtern*

Abb. 4-11b: *›Helligkeit‹ auf +24 und ›Schwarz‹ auf +0 gesetzt*

Tiefenbeschnittanzeige links oben im Histogramm erloschen, ist es in den meisten Fällen genug. Hier sollte man jedoch zurückhaltend regeln, da man mit dem Aufhellen der Tiefen dort das Rauschen verstärkt und zugleich das Bild schnell künstlich wirkt. Trotzdem ist dies eine ausgesprochen nützliche Funktion.

Zeigt das Histogramm in den Tiefen noch Luft und sind dunkle Tiefen im Bild akzeptabel, so lassen sich die Tiefen mit dem *Schwarz*-Regler etwas verstärken und das Bild erhält damit in vielen Fällen mehr Pep – sprich Kontrast.

* die kleinen Dreiecke im Histogramm

Für die hellen Bereiche setzt man stattdessen den Regler *Lichterkorrektur* ein. Hier ist jedoch mehr Sorgfalt erforderlich, da Beschnitt in der Lichtern kritischer ist. Unserer Erfahrung nach spricht die Beschnittwarnung* auch etwas spät an. Genauer ist hier die Anzeige des Beschnitts über die Alt/⌥-Taste (wie auf Seite 71 beschrieben) – allerdings arbeitet diese nur mit den Reglern *Belichtung*, *Wiederherstellung* und *Schwarz* zusammen, nicht jedoch mit *Helligkeit* oder *Lichtkorrektur*.

In kritischen Bildbereichen sollte man mit der Maus darüberfahren und sich die RGB-Werte in der Infoleiste der Werkzeugpalette anschauen. Für einen späteren Druck sollten die hellsten Bereiche nicht über 96 % hinausgehen und die dunkelsten nicht unter den Wert von etwa 8 % absinken, da dort sonst keine Zeichnung mehr zu erkennen ist.

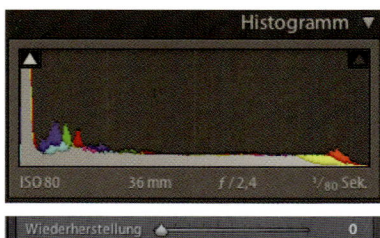

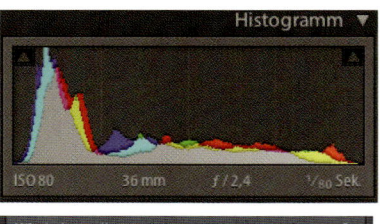

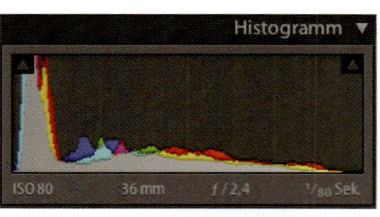

Abb. 4-12a: Bild mit starken Kontrasten. Das Histogramm signalisiert Beschnitt in den Tiefen bzw. Schatten (linkes Dreieck ist grau/ weiß) und kaum Reserven in den Lichtern.

Abb. 4-12b: Bild nach ›Lichterkorrektur‹. Man sieht nun schon mehr Zeichnung in den Haaren. Die Wangenpartien sind immer noch etwas zu hell.

Abb. 4-12c: Hier wurden die Lichter über den Regler ›Wiederherstellung‹ noch etwas abgesenkt. Eine örtlich selektive Korrektur wäre hier besser, um die Haare heller zu behalten.

Der Regler *Kontrast* lassen wir in den meisten Fällen unangetastet und verbessern den Kontrast über andere Maßnahmen – etwa mit der Gradationskurve.

Das Bild in Abbildung 4-12a zeigt starke Kontraste und das Histogramm signalisiert Beschnitt in den Tiefen. Das Anheben der Belichtung hilft hier nicht, da die Haut um die Wangenknochen sonst Zeichnung verliert und gelb wird. Deshalb regeln wir hier zunächst mit dem Regler *Lichterkorrektur* nach, um die Tiefen aufzuhellen. Das Ergebnis zeigt Abbildung 4-12b.

Mit *Wiederherstellung* senken wir nun die Lichter noch etwas ab – hier die hellen Wangen- und Halspartien. Abbildung 4-12c zeigt schon Besserung. Noch besser wäre hier eine selektive Korrektur, die örtlich auf Wangen und Kinn beschränkt ist.

Farbkorrektur in den Grundeinstellungen

Lightroom bietet hier zwei Regler: *Lebendigkeit* und *Sättigung*. In den meisten Fällen ist die Korrektur über *Lebendigkeit* die bessere Wahl. Sie gestattet die Farbsättigung zu erhöhen, ohne bereits gesättigte Farben zu übersättigen. Auch scheint diese Korrektur Rücksicht auf Hautfarben zu nehmen, sodass diese nicht (schnell) übersättigt werden.

Aus diesem Grund setzen wir *Sättigung* praktisch nie ein. In den meisten Fällen gilt es sowieso, nicht alle Farben in der Sättigung zu verändern, sondern zumeist nur einzelne Farbbereiche. Dies aber nehmen wir über den Funktionsblock HSL/Farbe/Graustufen vor.

4.5 Gradationskurve

Hat man bisher mit Photoshop oder ähnlichen Bildeditoren gearbeitet, mag die Gradationskurve in Lightroom zunächst etwas verwirren. Sie hat vier Regler: einen für *Lichter*, zwei für den mittleren Tonbereich (*Helle Farbtöne* und *Dunkle Farbtöne*) sowie einen für die *Tiefen*. Die Größe dieser vier Bereiche lässt sich über die drei Regler (⬡) am Fuß des Diagramms verschieben. Der etwas hellere Bauch um die Kurve herum zeigt den Regelbereich an, in welchem der aktuelle Regler wirken kann (siehe Abb. 4-13).

Der Vorteil dieses Verfahrens besteht darin, dass man diese vier Tonbereiche einzeln korrigieren kann und ein totales Verbiegen – wie bei der Photoshop-Gradationskurve leicht möglich – mit der Korrektur hier vermieden wird.

Statt über die Regler ist ein feineres Steuern möglich, wenn man mit der Maus in die Kurve fährt, einen Punkt anklickt und dann mit den Pfeiltasten der Tastatur die Kurve im betreffenden Segment verschiebt.

Im Bereich *Punktkurve* finden wir ein Pulldown-Menü. Es bietet drei Einstellungen, von *Linear* bis zu *Starker Kontrast* – Letzeres ist eine etwas stärkere S-Kurve.

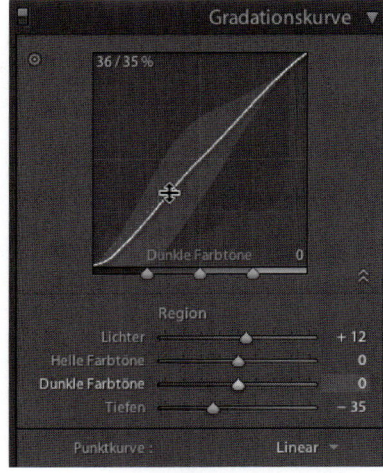

Abb. 4-13: Die LR-Gradationskurve

Eigene Einstellungen lassen sich im Gegensatz zur Photoshop-Gradationskurve hier nicht hinzufügen (wir haben zumindest keine gefunden). Jedoch erlaubt Lightroom über das Vorlagenkonzept, eine Einstellung zu sichern – man beschränkt dann die Vorlage auf die Gradationskurve – und später aus der Vorlage heraus abzurufen.

Bei einigen Kontrollblöcken – und dazu gehört auch die Gradationskurve – erscheint, wenn man die Alt/⌥-Taste drückt, der Zusatztext *zurücksetzen*. Bei der Gradationskurve ist dies dann Region zurücksetzen . Klickt man darauf, werden die Einstellungen dieses Bereichs auf die Standardwerte zurückgesetzt. Dies geht oft schneller, als die Regler einzeln zu korrigieren.

Direktkontrolle

Die Gradationskurve erlaubt auch Korrekturen über das Direktkorrekturverfahren (hier mit DK abgekürzt). Das Prinzip dabei ist brillant einfach und intuitiv. Hier die Bedienung:

Zunächst aktiviert man das DK-Werkzeug, indem man auf das ◉-Icon klickt. Nun setzt man den Mauscursor (er hat jetzt eine neue Form: ⬦) auf einen Punkt im Bild mit einem zu korrigierenden Helligkeits- oder Farbbereich (siehe Abb. 4-14). Im Korrekturblock mit der Gradationskurve möchten wir die Helligkeit regeln. Zieht man die Maus nun bei gedrückter Maustaste nach oben, so werden Bildpunkte mit dem Tonwert des Mausreferenzpunktes heller, zieht man die Maus nach unten, werden dies abgesenkt. Die Auswirkungen auf die Gradationskurve lassen sich sowohl im Bild als auch in der Kurve erkennen.

Diese Direktkontrolle gibt es zwar nicht bei allen Korrekturen – sie fehlt beispielsweise im Block *Grundeinstellungen* –, jedoch bei einigen weiteren. Sie erweist sich für uns als sehr praktisch und wir setzen sie inzwischen häufig ein, beispielsweise bei den ganzen Farb- und Tonwertkorrekturen unter HSL/Farbe/Graustufen.

DK aus (links) und an (rechts)

Abb. 4-14:
Die Direktkontrolle der Gradationskurve ist aktiviert und im Vorschaubild sichtbar.

Achten Sie jedoch darauf, die Direktkontrolle anschließend wieder zu deaktivieren, da Sie sonst bei weiteren Korrekturen oft versehentlich die vorhergehende Korrektur verändern, wenn Sie mit der Maus im Bild herumfahren – etwa um vermeintlich den Ausschnitt zu verschieben.

4.6 Farbkorrekturen

Nach den ersten Farbabstimmungen durch Weißabgleich, der Korrektur der Belichtung (soweit notwendig) und dem Tuning in der Gradationskurve geht man die weitere Optimierung der Tonwerte und Farben im Block HSL/Farbe/Graustufen an (siehe Abb. 4-11) – und zwar wirklich erst jetzt, denn Änderungen in der Gradationskurve führen durchaus zu spürbaren Änderungen in den Tonwerten und Farben. Oft erübrigt sich durch eine passende Gradationskurve bereits die bildweite Erhöhung der Farbsättigung.

Der HSL-Block umfasst – wie Abbildung 4-15 zeigt – eigentlich zwei getrennte Einstellungsbereiche:

a) Die Wahl zwischen einem Farbbild und einem Graustufenbild (Schwarzweißbild). Klickt man auf Graustufen, wird das Bild automatisch in ein Schwarzweißbild umgewandelt. Möchte man zurück zum Farbbild, so klickt man hier auf Farbe (oder auf HSL).

b) Für Farbbilder bietet der HSL-Block die Korrektur von Farbton (*Hue*), Sättigung und Luminanz (Helligkeit) eines Farbbereichs. Die Farben sind dabei in acht Farbtonbereiche unterteilt. Dies erlaubt recht selektiv einzelne Farbbereiche zu steuern.

Hat man im HSL-Block die Option *Alle* aktiviert, so mag die Anzahl von Reglern zunächst einen erschlagen. Sie erlauben aber eine sehr feinstufige und selektive Korrektur, wie man sie sich wünscht. Statt der Regler selbst verwenden wir in den meisten Fällen jedoch die Direktkontrolle (wie zuvor beschrieben).

Möchte man nur einen der drei Bereiche korrigieren und ist der Bildschirmplatz etwas knapp, klickt man einfach auf den betreffenden Bereich[*] und erhält so eine kompaktere Palette.

Jede der drei Untergruppen hat oben links ein kleines Kreisicon ⊚. Mit ihm aktiviert man für diesen Bereich die zuvor beschriebene Direktkontrolle. Wir korrigieren fast ausschließlich darüber, da wir dann mit der Maus den Referenzpunkt genau auf einen Bildbereich setzen können, dessen Farbe wir verändern wollen.

Häufig beginnen wir dabei mit der Luminanz. Soll der Himmel beispielsweise etwas deutlicher hervortreten, so setzen wir den Referenzpunkt in den Himmel, senken dort die Luminanz, womit der Himmel dunkler wird und die Wolken sich besser abzeichnen (siehe Abb. 4-16a und 4-16b). Danach nehmen wir bei den Wolken oft etwas Sättigung heraus, um von

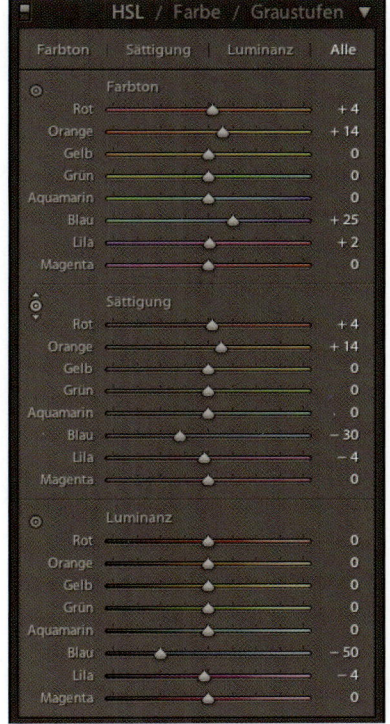

Abb. 4-15: *Der HSL-Block mit der Option ›Alle‹ aktiviert*

* *Farbton, Sättigung oder Luminanz*

Abb. 4-16a: Ausschnitt des Ausgangsbildes

Postkartenblau (oder Cyan) hin zu einem mehr graueren Himmel zu kommen. Dies verbessert teilweise die Wolkenzeichnung noch weiter und schafft einen leicht dramatischeren Himmel, wie Abbildung 4-16c zeigt. Dort haben wir zusätzlich im Rot bzw. im Sandstein die Sättigung geringfügig erhöht. Erst im dritten Schritt gehen wir (beim Himmel) an den Farbton, um diesen zu tunen, was dann aber oft nicht mehr nötig ist.

Diese Korrekturen – und damit auch die Korrekturreihenfolge – sind aber natürlich in starkem Maß vom Bild abhängig und von dem, was man mit dem Bild ausdrücken möchte.

Abb. 4-16b: Himmel dunkler gestellt

Abb. 4-16c: Himmel deutlich entfärbt und nochmals dunkler

Auch Hauttöne lassen sich hier recht gut korrigieren, ohne (bei vielen Bildern) dabei allzusehr den Rest des Bildes zu verändern (siehe Abb. 4-17). Dies hängt dann natürlich davon ab, wie stark die RGB-Farbkomponenten dieser Töne in anderen Bildbereichen und Farben vorkommen.

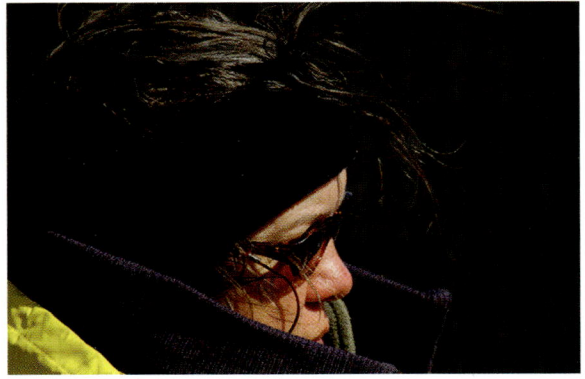

Abb. 4-17a: Ausschnitt des Ausgangsbildes. Der Hauton der Gesichter ist zu rot.

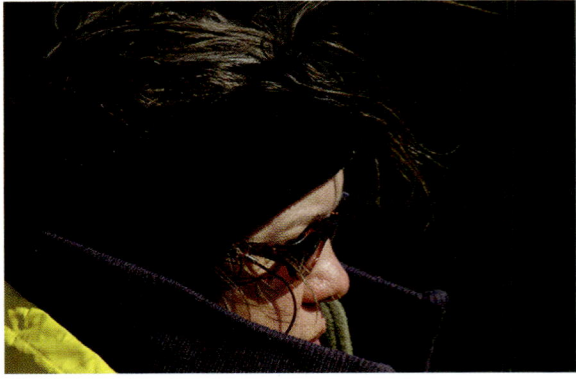

Abb. 4-17b: Hautton korrigiert – Sättigung reduziert und Farbton verschoben

4.7 Graustufen

Aktiviert man im HSL-Block *Graustufen*, so erhält man eine Funktion, die etwa dem Kanalmixer in Photoshop entspricht – hier jedoch mit wesentlich feineren Einstellmöglichkeiten (siehe Abb. 4-18).

Zunächst mögen auch hier die acht Regler abschrecken. Es gibt aber zwei Hilfsmittel:

▸ Über den Knopf Automatisch korrigieren erhält man in den meisten Fällen eine recht brauchbare Ausgangsbasis für weitere Feinkorrekturen.

▸ Der Knopf ◉ erlaubt wieder eine Direktkorrektur im Bild. In vielen Fällen korrigieren wir damit Bildbereiche, die wir anheben oder absenken möchten.

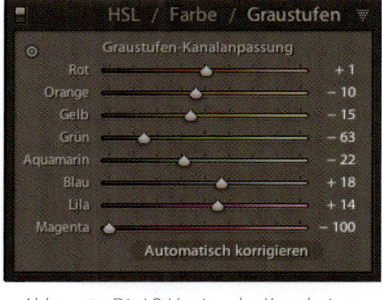

Abb. 4-18: Die LR-Version des Kanalmixers

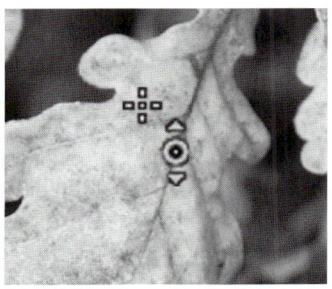

Abb. 4-19:
Ausschnitt: Direktkontrolle in
einem Graustufenbild

Damit haben wir eine Möglichkeit zur Schwarzweißkonvertierung gefunden, die zu den besten gehört (sieht man einmal von speziellen Photoshop-Plug-ins ab).

Man sollte jedoch im Hinterkopf behalten, dass das Ergebnis immer noch ein RGB-Bild ist, das unter dem Block Teiltonung zusätzlich noch getont werden kann.

Möchte man wirklich das Bild im Graustufenmodus haben, so muss man es in einer anderen Anwendung entsprechend umwandeln (z.B. in Photoshop). Lightroom ist in der Lage, solche echten Graustufenbilder anzuzeigen und auch zu bearbeiten – jedoch nicht mehr mit den Funktionen dieses HSL-Blocks. Es erscheint dann folgende Meldung:

Abb. 4-20: Das Originalfarbbild oben und die mit der LR-Funktion ›Graustufen‹ erstellte Schwarzweißversion unten

War bis vor kurzem Lightroom unser Werkzeug der Wahl für die Schwarzweißkonvertierung, so hat LightZone in der Version 2.3 nachgelegt und bietet hierfür Funktionen, die die von Lightroom noch übertreffen. Wir exportieren deshalb oft Bilder (unter Mac OS X per Drag&Drop) nach LightZone und führen dort die Schwarzweißkonvertierung durch.[*] Aus LightZone kommt das Bild als schwarzweißes RGB-Bild zurück.[**]

[*] *Details dazu findet man (bisher nur englischsprachig) in Uwes Artikel unter [31].*

[**] *Ein Beispiel dazu finden Sie in Kapitel 8.5.*

Abb. 4-21: Die Korrektur ›Teiltonung‹

Abb. 4-22: Bild aus Abb. 4-20b mit den in Abb. 4-19 gezeigten
Teiltonungseinstellungen (Lichter mit Sepiaton, Tiefen kühl)

Abb. 4-23: Diese Regler verwenden wir
nur für kameraspezifische und nicht für
bildindividuelle Korrekturen.

4.8   Teiltonung

Die Teiltonung erlaubt den Farbton und die (Farb-)Sättigung des Bildes getrennt für Lichter und Schatten (Tiefen) zu korrigieren und damit z.B. den häufig in den Schattenbereichen vorkommenden Blaustich etwas zu reduzieren, während man hellere Bildbereiche unter Umständen kälter setzen möchte.

Beachten Sie, dass Sie hier mit der *Sättigung* anfangen müssen, denn bei der voreingestellten Sättigung 0 (Null) ist der Effekt des Farbtonreglers nicht zu erkennen. Wir beginnen deshalb zunächst mit einer Sättigung von 10%, setzen nun den Farbton und regeln dann die Sättigung nochmals nach.

Die Teiltonung lässt sich bei Graustufenbildern (hier sind die in Lightroom in Graustufen umgewandelten RGB-Bilder gemeint) dazu nutzen, um diese zu tönen, um ihnen beispielsweise einen Sepiaton zu verleihen.

4.9   Kamerakalibrierung

Hier findet man die bereits aus ACR 3.x bekannten Regler zur Kamerakalibrierung. Im Allgemeinen verwendet man die Einstellungen nicht für bildspezifische Korrekturen, sondern um damit Farben zu korrigieren, die bei der jeweiligen Kamera etwas verschoben sind. Eine solche Korrektur lässt sich in einer Vorlage hinterlegen und beim Import von Bildern dieser Kamera im Importdialog als Vorverarbeitung unter *Entwicklungseinstellungen* angeben (siehe dazu Seite 44/45).

In Adobe Camera Raw geht dies noch geschickter. Dort sichert man eine solche Einstellung als neue Standardeinstellung für die Kamera, sodass sie automatisch angewendet wird, wenn man in ACR Bilder der betreffenden Kamera bearbeitet. Dabei kann man dies sogar mit der speziellen Seriennummer der Kamera verknüpfen. Diese Möglichkeit haben wir bisher bei Lightroom nicht gefunden.

Für Studiofotografen wäre die Unterstützung von selbst erstellten Kamera-ICC-Profilen vorteilhaft, was Lightroom wie auch ACR aber bisher nicht bieten.

4.10 Schärfen und Rauschreduzierung

Während aus der Kamera kommende JPEG-Bilder in aller Regel bereits geschärft sind, sind Raw-Bilder etwas weich und brauchen ein gewisses zusätzliches Schärfen. Dies ist der Grund, warum bei Lightroom bereits in der Standardeinstellung der Schärferegler auf etwa 25% steht. Das Schärfen erfolgt im Block Detail (siehe Abb. 4-24). Bearbeitet man das Bild in **keiner** anderen Anwendung nach, muss man unserer Erfahrung nach etwas nachregeln – wie stark, ist abhängig vom Bildmotiv und vom eigenen Geschmack.

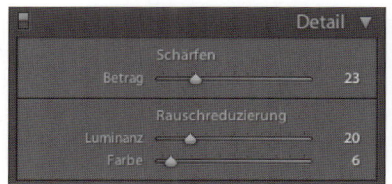

Abb. 4-24: Optimierungsblock ›Detail‹ mit Schärfen und Rauschreduzierung

Das Schärfen ist in Version 1.0 jedoch nicht gerade die stärkste Seite von Lightroom. Hier würde man sich etwas mehr wünschen – zumindest die Regler und Funktionen des Filters Unscharf maskieren aus Photoshop. Wir sind uns sicher, dass Adobe hier in der nächsten Version Verbesserungen einführen wird.

Abb. 4-25a: Ausschnitt ungeschärft

Abb. 4-25b: Ausschnitt Schärfegrad 50%

Das Drucken auf einem Tintenstrahldrucker (oder gar im Offsetdruck) bringt weitere Unschärfe mit sich, bedingt durch das dort verwendete Dithering. Bereitet man Bilder dafür auf (und bearbeitet sie extern nicht nach), muss man etwas stärker schärfen. Druckt man jedoch direkt aus Lightroom heraus (beschrieben in Kapitel 6), so kann man das zusätzliche Schärfen dem Druckprozess überlassen und das Bild hier eher schwach schärfen.

Optimieren wir hingegen Bilder in Photoshop oder LightZone, so nutzen wir deren bessere Schärfefunktionen und führen in Lightroom entweder gar kein Schärfen durch oder nur ein sehr leichtes.

Um die Auswirkung des Schärfens richtig beurteilen zu können, sollte man in den Zoommaßstab 1:1 gehen (z.B. per Z). Erst damit erhält man den richten Eindruck.

Tendenziell sollte man eher etwas vorsichtig schärfen als zu stark. Anderseits braucht man oft ein leichtes Schärfen, um die Bildqualität überhaupt richtig beurteilen zu können. Die Standardschärfe von 25% ist dafür häufig zu schwach.

Rauschreduzierung

Das Rauschen im Bild kennt man vom Korn des Films her. Das Rauschen in Digitalbildern wirkt aber etwas anders – leider schlechter. Dabei unterscheidet man zwei Arten von Rauschen – ein Helligkeitsrauschen (Luminanzrauschen) und ein Farbrauschen. Der Grad des Rauschens ist in starkem Maße von der eingesetzten Kamera bzw. deren Sensor abhängig – je kleiner der Bildsensor, umso stärker ist tendenziell das Rauschen – sowie von der ISO-Einstellung der Aufnahme (höhere ISO-Werte verstärken das Rauschen). Verstärkt wird das Rauschen, wenn man in Lightroom Bildbereiche aufhellt (z.B. bei unterbelichteten Bildern) – am stärksten dann in den Tiefen.

Bei bestimmten Aufnahmen ist ein bisschen Rauschen durchaus akzeptabel – zumeist bei Aufnahmen mit schwachem Licht. Wir sind dies von hochempfindlichen Filmen her gewohnt. Bei anderen Aufnahmen kann es recht störend sein.

Für die Beurteilung ist auch hier der Darstellungsmaßstab 1:1 am besten geeignet.

Abb. 4-26a: Ohne Blitz aufgenommen (Nikon 200D bei ISO 3200) mit starkem Rauschen

Abbildung 4-26b: Bild mit reduziertem Rauschen (Regler: Luminanz +93, Farbe +75). Das Update erfordert aber Geduld!

Auch hier ist es so, dass wir, falls wir das Bild in Photoshop nachbearbeiten, in Lightroom keine Rauschunterdrückung ausführen, sondern diese erst in Photoshop. Dort wiederum benutzen wir nicht den Rauschfilter von Photoshop, sondern das Plug-in *Noise Ninja* oder *NoiseWare*, da uns deren Ergebnisse besser gefallen als die des Photoshop-Filters. Rauschen sollte man jedoch nur dann entfernen, wenn es im Bild oder im Druck stört.

4.11 Objektivkorrektur

Im Block Objektivkorrektur sind Korrekturen für Fehler zu finden, die das Objektiv hervorruft. Selbst gute, teuere Objektive weisen solche Fehler mehr oder weniger stark auf. Zu den hier angesprochenen Objektivfehlern zählen:

▸ Chromatische Aberrationen
▸ Vignettierung
▸ Verzeichnungen

Lightroom bietet nur für die ersten beiden Arten Korrekturen an.

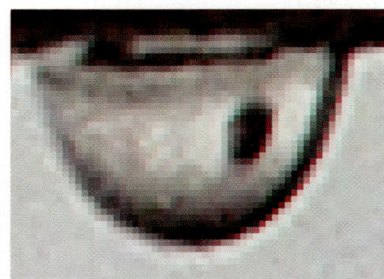

Abb. 4-27: Lightroom-Objektivkorrekturen

Chromatische Aberrationen

Die Brechung des Lichts in Glas ist abhängig von der Wellenlänge des Lichts und der Stärke des durchlaufenden Glases. Dies führt dazu, dass die Farben nicht im gleichen Fokuspunkt landen. Durch spezielle Linsenkonstruktionen lässt sich dieser natürliche Effekt reduzieren – aber oft nicht ganz. Deshalb treten im Bild teilweise rot/cyan- oder blau/gelb-farbige Farbsäume auf, am stärksten sichtbar an Kanten mit starkem Kontrast. Der Effekt tritt im Weitwinkelbereich oft stärker auf als im Normal- und Telebereich.

Die beiden Regler *Rot/Cyan* und *Blau/Gelb* helfen hier bei der Korrektur. Zeigt das Bild störende Aberrationen, so sucht man sich eine entsprechende Stelle im Bild und zoomt stark ein – mindestens auf 1:1, besser noch größer (siehe Abb. 4-28).

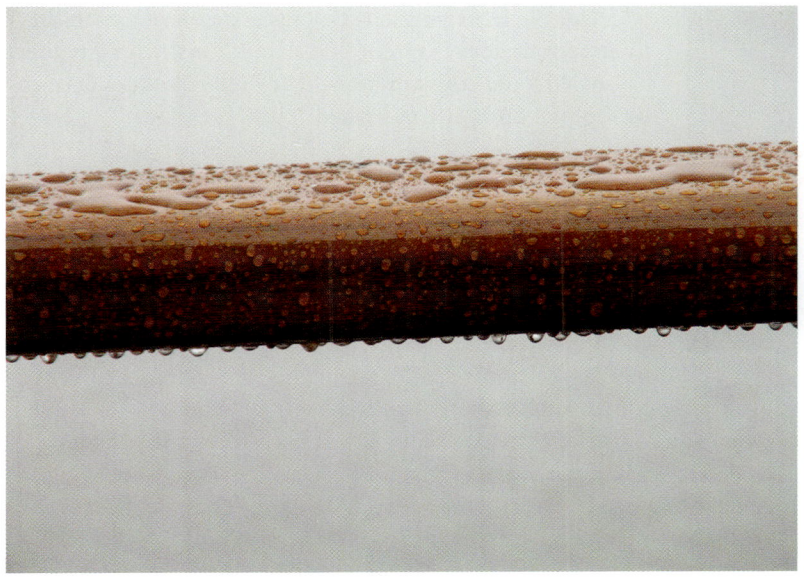

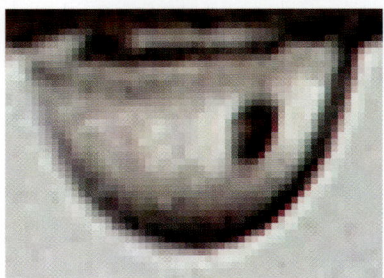

Abb. 4-28: An starken Kontrastübergängen können chromatische Aberrationen auftreten (siehe Ausschnitt rechts), die im unteren Ausschnitt bereits stark reduziert sind.

→ *Oft lassen sich chromatische Aberratio-*
nen deutlich reduzieren, wenn man bereits bei
der Aufnahme etwas abblendet – oder man
verwendet ein (zumeist teureres) Objektiv mit
weniger Aberration. Hier hilft es, vor dem Kauf
Tests zu lesen. Man findet solche beispiels-
weise im DSLR-Forum unter [49].

Zumeist ist die Korrektur hier ein Kompromiss, da man bei sichtbaren Aberrationen entweder weitgehend die Rot/Cyan-Aberration wegkorrigieren kann oder aber die Blau/Gelb-Aberration. Deshalb sind oft mehrere Versuche notwendig, bis man ein Optimum gefunden hat.

Vignettierung

Unter Vignettierung versteht man die Abdunkelung in Randbereichen. Sie tritt verstärkt im Weitwinkelbereich auf. Sie kann aber auch durch eine zu kleine oder falsch aufgesetzte Sonnenblende hervorgerufen werden, ist dann aber nicht ganz einfach korrigierbar.

Wie bei den chromatischen Aberrationen reduziert ein Abblenden bei der Aufnahme um ein bis zwei Blendenstufen die Vignettierung bei den meisten Objektiven auf ein kaum wahrnehmbares Maß.

Die Korrektur ist relativ einfach – solange die Vignettierung symmetrisch auftritt. Der Regler *Mittelpunkt* legt nicht fest, wo der Mittelpunkt liegen soll, sondern wie weit vom Linsen- bzw. Bildmittelpunkt die Korrektur beginnen soll. Ist eine Vignettierungskorrektur notwendig, sollte man sie ausführen, bevor man das Bild beschneidet.

Abb. 4-29: Die oberere Aufnahme mit starker Vignettierung (mit einem schwachen Weitwinkelobjektiv aufgenommen) wurde unten per Lightroom korrigiert.

Für die Korrektur sollte man in eine Darstellung gehen, die das gesamte Bild anzeigt und eventuell zusätzlich die Lightroom-Umgebung dunkel schalten (drücken Sie dazu wiederholt die [F]-Taste, bis die Umgebung stimmt).

Die Vignettierungseinstellungen lassen sich auch kreativ nutzen, indem man ein Bild damit künstlich vignettiert – also den Rand etwas abdunkelt, um den Fokus des Betrachters auf die Bildmitte zu lenken.

Objektivverzeichnungen

Was in Lightroom fehlt, sind Korrekturen für Objektivverzeichnungen, die im Weitwinkelbereich zumeist als leicht tonnenförmige Verzerrung und im Telebereich häufiger als leicht kissenförmige Verzerrung auftritt. Für solche Korrekturen – ebenso für die Korrektur von perspektivischen Verzerrungen – muss man auf Photoshop ausweichen, wo man seit der Version CS2 den Filter Blendenkorrektur unter Filter ▸ Verzerrungsfilter findet.

Besser sind diese Korrekturen mit speziellen Photoshop-Plug-ins möglich (etwa Lens Corrector oder ImageAlign), die aber nicht gerade billig sind. Noch eleganter geht es mit profilbasierten Tools – etwa *PTLens* ([38] unter Windows) und *LensFix* ([39] unter Mac OS X). Auch der Proxel Lens Corrector ist hier zu erwähnen. Diese Plug-ins lesen aus den EXIF-Daten des Bildes Kamera- und Objektivtyp sowie die verwendete Brennweite, holen sich (so vorhanden) dazu aus ihrer Datenbank die Profildaten und korrigieren auf dieser Basis automatisch die Verzeichnungen und optional auch die Vignettierung.

4.12   Die Tools der Werkzeugleiste

Einige der Werkzeuge im Entwicklungsmodus findet man nicht im Entwicklungspanel, sondern unterhalb des Zentralfensters in der Werkzeugleiste. Fehlt sie aktuell, blendet man sie per ⊤ ein. Zu diesen Tools gehören das Freistellwerkzeug (⬚), die Funktion *Rote Augen entfernen* (◉) sowie das Werkzeug *Bereiche entfernen* (⬚).

Abb. 4-30: Einige Tools findet man in der Werkzeugleiste statt im Parameterpanel

Freistellen und Ausrichten

Zum Freistellen gibt es eigentlich nicht viel zu sagen – man kann mit dem aktivierten Freistellwerkzeug ⬚ den Bildausschnitt beschneiden (freistellen) und zusätzlich dabei drehen und damit den Ausschnitt ausrichten.

Auch dieses Werkzeug arbeitet nicht-destruktiv – der Beschnitt besteht also nur in der Anzeige und kann jederzeit zurückgesetzt werden. Bei Export und Übergabe an andere Anwendungen wird jedoch nur der freigestellte Bildteil übergeben. Zum Freistellen lassen sich über ein Dropdown-Menü auch feste Seitenverhältnisse festlegen. Dazu wählt man im Dropdown-Menü unter ▼ eine der vorgeschlagenen Verhältnisse oder legt unter dem Menüpunkt *Benutzerdefiniert eingeben* ein Verhältnis selbst fest. Ein Klick auf das Schloss – sodass es geschlossen ist (🔒) – aktiviert das feste Seitenverhältnis, ein zweiter Klick entsperrt dies wieder (🔓).

Ist nur ⬚ aktiviert, kann man den Beschnitt durchführen, indem man den äußeren Rahmen mit der Maus zieht. Aktiviert man zusätzlich 🔲, so lässt sich über dem Bild zunächst ein Rahmen aufziehen und mit der nun erscheinenden Hand das Bild frei unter diesem Rahmen positionieren, was zuweilen praktischer ist.

Esc bricht den Vorgang ab, ein Klick auf den *Löschen*-Knopf setzt das Freistellen zurück. Aktiviert man erneut ⬚, so lässt sich der Beschnitt neu festlegen – wir arbeiten schließlich nicht-destruktiv.

Obwohl man es keinesfalls zum Dogma machen darf, gibt es aus Sicht der Bildgestal-

Abb. 4-31: Beim Freistellen erscheint ein Gitter mit einer Dreiteilung

tung die Drittel-Regel. Sie besagt, dass wichtige Bildelemente nicht in der Mitte, sondern etwa auf der Drittelgrenze liegen sollten – horizontal oder vertikal (oder beides).

Deutlich wird diese Regel bei einem Bild mit Himmel. Liegt der Horizont weitgehend in der Bildmitte, wirkt das Bild oft langweilig. Besser ist oft, wenn der Himmel etwa das obere Bilddrittel oder aber alternativ das obere Zweidrittel einnimmt.

Das ▨-Tool unterstützt die Suche nach einem optimalen Ausschnitt deshalb mit einem Hilfsgitter beim Aufziehen, das den verbleibenden Ausschnitt horizontal und vertikal dreiteilt (siehe Abb. 4-31).

Ausrichten lässt sich das Bild bzw. der Ausschnitt, indem man bei aktiviertem ▨-Werkzeug etwas aus dem Bildrand herausgeht. Der Mauscursor wird dann zum Drehwerkzeug ↻ und erlaubt den Ausschnitt durch Ziehen mit der Maus zu drehen.

Alternativ lässt sich die Drehung auch über den Schieberegler steuern, der bei aktivem ▨-Werkzeug erscheint.

Zum Ausrichten eines schrägen Horizonts oder schräg verlaufender Kanten ist es zumeist aber besser, statt des freien Drehens das *Gerade-ausrichten-Werkzeug* ▭ anzuklicken und dann mit der Maus eine Linie im Bild aufzuziehen, die danach waagerecht oder senkrecht verlaufen soll. Lightroom berechnet dann den Drehwinkel selbst und richtet danach aus. Dies ist wirklich schön gelöst.

Das Tool ›Bereiche entfernen‹

Das Tool ▨ ist unser kleiner Liebling. Wir hatten beispielsweise kürzlich auf dem Sensor unserer Canon 5D ein Staubkorn, das sich hässlich in Bildern niederschlug (siehe Abb. 4-32).

Mit dem ▨-Werkzeug war dies schnell behoben. Bei aktiviertem Werkzeug klickt man mit der Maus auf den auszubessernden Fleck und zieht mit der linken Maustaste den erscheinenden grünen Kreis auf den Bereich, der den Fleck überlagern soll. Danach kann man entweder unten mit dem Regler oder mit gedrückter Maustaste die Größe des Korrekturkreises anpassen. Über das Popup-Menü unter der rechten Maustaste legt man fest, ob dieses Tool als *Kopierstempel* oder als *Reparatur* arbeiten soll.

▸ *Kopierstempel* – hierbei wird der Quellbereich – jener im grünen Kreis – 1 zu 1 auf den Zielbereich übertragen.

▸ *Reparieren* – passt Struktur und Tonwert des Zielbereichs an die der Quelle an.

Die Korrektur lässt sich noch jederzeit anpassen – sowohl was die Position von Quelle und Ziel als auch was die Größe der Korrekturbereiche betrifft – oder wieder entfernen. Um den Patch-Durchmesser anzupassen, geht man mit der Maus auf den Rand des Kreises und zieht den Kreis dann mit dem ✖-Zeiger größer oder kleiner.

 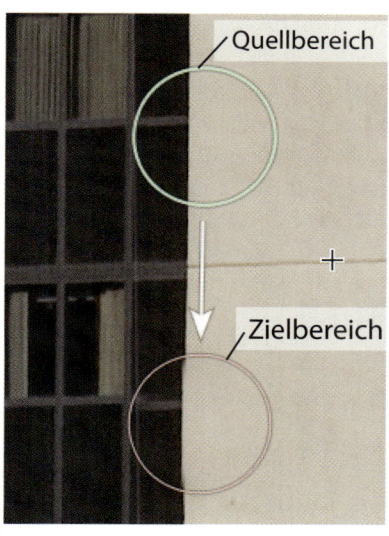 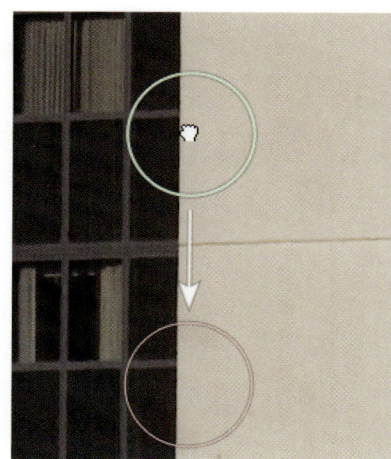

Abb. 4-32: Entfernen eines Staubflecks: In der Mitte stimmt die Ausrichtung der Quelle und des Ziels noch nicht genau. Dies wurde im rechten Bild korrigiert.

Die [- und]-Tasten der englischen Oberfläche, mit denen man den Durchmesser per Taste verstellen kann, wie dies mancher von Photoshop her für den Pinseldurchmesser kennen wird, funktionieren unter der deutschen Oberfläche und mit der deutschen Tastatur leider nicht.

Um die Position des Ziel- oder Quellbereichs zu ändern, fährt man mit der Maus in den Kreis, drückt die linke Maustaste und verschiebt mit der erscheinenden Hand 🖐 den Kreismittelpunkt. Die Operation lässt sich wie zuvor beim Freistellen über Esc abbrechen und über den *Löschen*-Button aufheben. Möchte man einen der Korrekturen wieder löschen, so selektiert man ihn mit der Maus und drückt die *Löschen*-Taste.

Vergessen Sie zum Abschluss nicht das 🖌-Werkzeug zu deaktivieren.[*] Die Korrektur bleiben damit erhalten, die Korrekturkreise werden jedoch ausgeblendet.

Hat man Staub auf dem Sensor, so ist es sehr wahrscheinlich, dass alle Bilder des Shootings solche Staubflecken aufweisen und dies zumeist an der gleichen Stelle. Das Retuschieren ist dann eine mühsame, ärgerliche Arbeit. Mit Lightroom geht es ein bisschen einfacher. Hier lässt sich nämlich, wie im Abschnitt 4.14 beschrieben, die Reparatur einfach per Kopieren und Einfügen von einem Bild auf andere übertragen. Beim Kopieren wird man sich auf das Kopieren der Bereichsreparatur beschränken.[**]

Die Korrektur mag dann zwar nicht für alle Bilder optimal sein und bei einzelnen Bildern mögen Nachkorrekturen notwendig sein – da die Quellstelle z.B. bei dem betreffenden Bild für das Ziel nicht optimal ist –, das Verfahren kann jedoch bei einer Bildserie diese Korrekturen der Staubflecken erheblich vereinfachen.

[*] Dies gilt ebenso für die anderen Werkzeuge aus der Werkzeugleiste.

[**] Siehe Abb. 4-37 auf Seite 94.

Da auch kleinere Staubflecken im gedruckten Bild erheblich stören, in einer kleinen Bildansicht aber kaum zu erkennen sind, sollte man das gesamte Bild (z.B. vor einem aufwendigen Druck) bei einer größeren Zoomstufe sorgfältig prüfen – von links oben nach rechts unten. Dabei hilft die $\boxed{\text{Bild ↓}}$ - oder $\boxed{⇟}$-Taste. Sie verschiebt den Ausschnitt nach unten. Ist man am unteren Bildrand angekommen, springt sie um eine Sichtbreite versetzt wieder nach oben. Damit wird eine schnelle Inspektion möglich. Mit der $\boxed{\text{Bild ↑}}$ - oder $\boxed{⇞}$-Taste geht es in die umgekehrte Richtung. Mit den Tasten $\boxed{↖}$ kommt man in die linke obere und mit $\boxed{↘}$ in die rechte untere Ecke des Bildes.

Rote Augen entfernen

Wie rote Augen entstehen, weiß inzwischen jeder. Sie lassen sich beim Blitzen mit den üblichen in der Kamera integrierten oder aufgesetzten Blitzen leider nicht immer vermeiden. Nachdem inzwischen jedes Einsteigerprogramm Werkzeuge zum Beheben roter Augen hat, kann Lightroom nicht nachstehen, zumal das übliche Verfahren, selektiv in den roten Augen die Farbsättigung einfach zu reduzieren, in Lightroom der fehlenden örtlich selektiven Korrekturen wegen nicht möglich ist. Selbst Photoshop wird ab der CS3-Version diese Funktion bieten.

Für die Korrektur geht man auf die Zoomstufe 1:1 oder größer und aktiviert das ◉-Werkzeug in der Werkzeugleiste des Entwicklungsmodus. Nun zieht man mit der Maus Rechtecke über den roten Augen auf. Bei einem Gruppenbild können dies auch mehr als zwei Augen sein. Lightrom korrigiert diese nun nach grau.

In der Werkzeugleiste lässt sich über zwei Regler die Pupillengröße und der Abdunklungsgrad einstellen:

Abb. 4-33a: Typische rote Augen vom Blitz

Abb. 4-33b: Nach der Korrektur

Vergessen Sie auch hier anschließend nicht, das Werkzeug zu deaktivieren.* Die Korrektur funktioniert übrigens nur bei roten Augen, nicht jedoch mit gelben, wie sie bei Tieren beim Blitzen auftreten können.

* Die Korrektur bleibt trotzdem erhalten.

4.13 Schnappschüsse und Protokoll

Mark Hamburg, der Chef-Architekt von Lightroom, führte mit Photoshop 5.0 die beste Funktion zum Rückgängigmachen von Bearbeitungsschritten ein, die wir bis dahin kannten. Netterweise hat er dies nun auch in Lightroom übernommen.

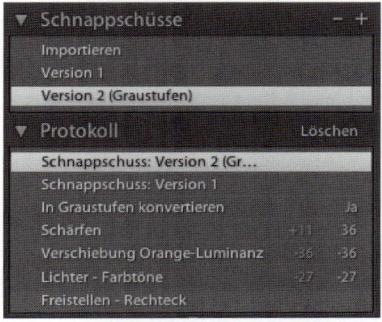

Lightroom kennt deshalb sowohl eine Protokollliste als auch Schnappschüsse. Beides finden wir links im Navigatorpanel. Im Protokoll sind die zurückliegenden Korrekturoperationen aufgeführt, und man kann dort auf einen früheren Bearbeitungszustand zurückgehen, was sehr viel bequemer ist als ein mehrfaches Rückgängigmachen per Strg/⌘-Z.

Da die Schnappschüsse nicht in zeitlicher Reihenfolge, sondern alphabetisch sortiert aufgeführt werden, ist es oft besser, deren Namen durchzunummerieren mit der Nummer am Namensanfang.

Die Kombination von Schnappschüssen und virtuellen Kopien erlaubt vom gleichen Raw-Bild eine Vielzahl von Varianten zu halten – zu sehr geringen Speicherkosten. Jetzt wäre es natürlich schön, wenn man diese Schnappschüsse auch noch in ACR 4.x und Bridge sehen könnte (was nicht der Fall ist).

Abb. 4-34: Mit Schnappschüssen lassen sich bestimmte Arbeitsstadien sichern. Das Protokoll zeigt die letzten Arbeitsschritte und erlaubt sie zurückzusetzen.

Korrekturen deaktivieren

Häufig will man von einer einzelnen Korrektur eine Vorher-/Nachher-Ansicht. Deshalb erlaubt Lightroom die Korrektur einer Korrekturgruppe über den kleinen Schalter ▯ (links über der Korrekturgruppe) zu deaktivieren. Lightroom aktualisiert die Ansicht entsprechend, und der Schalter wechselt zu ▯. Ein zweiter Klick darauf reaktiviert die Korrektur.

Vorher-/Nachher-Darstellung

Obwohl bereits in Kapitel 3 erwähnt, sei der Hinweis hier nochmals erlaubt. Nicht nur im Bibliotheksmodus gibt es die Vergleichsansicht – dort werden jeweils zwei unterschiedliche Bilder verglichen –, sondern auch hier im Modus *Entwickeln* – aktiviert über die Taste Y oder über den Klick auf das Y|Y-Icon in der Werkzeugleiste. Damit erhält man eine Vorher-/Nachher-Ansicht, wobei die Vorher-Ansicht das unveränderte Originalbild zeigt und das rechte Bild den aktuellen Bearbeitungszustand.

Im ▯-Pulldown-Menü daneben lassen sich verschiedene Bildschirmaufteilungen dazu wählen – auch sol-

> ✓ Vorher/Nachher Links/Rechts
> Vorher/nachher – Teilung links/rechts
> Vorher/Nachher Oben/Unten
> Vorher/nachher – Teilung oben/unten

che, bei denen die Teilung durch das Bild geht (links/rechts oder oben/un-
ten). Klickt man mehrfach auf das [Y|Y]-Icon, so schaltet Lightroom durch
die verschiedenen Darstellungsmodi.

Abb. 4-35: Bild in der Vorher-/Nachher-Darstellung: Links mit keinerlei Schärfung, recht mit 100%
Schärfung (was zu offensichtlich zu viel ist).

Auch hier lässt sich per Klick in das Bild ein- und auszoomen und mit der
Hand (bei gedrückter linker Maustaste) der Ausschnitt verschieben – netterweise gleich für beide Bilder im Vergleich. Ist diese Darstellung aktiviert,
zeigt die Werkzeugleiste zwei weitere Icons: [↱] [↰]. Dabei überträgt [↱]
die Einstellungen des Vorher-Bildes auf das aktuelle Bild und [↰] die aktuellen Einstellungen auf das Ursprungsbild (was weniger logisch ist).

Weitere Korrekturen lassen sich gleich in diesem Darstellungsmodus
vornehmen, sodass man – falls einem die dargestellte Bildgröße reicht –
einen recht guten Eindruck von der Korrektur erhält.

Vorgabenbrowser

Eine recht schöne Funktion in Lightroom sind Vorgaben. Sie wurden bereits in Kapitel 2.6 angesprochen. Eine *Vorgabe* bzw. *Vorlage* ist ein unter
einem Namen abgelegter Satz von Einstellungen. Diese Vorgaben gibt es für
Bildkorrekturen (Entwicklungseinstellungen), Diashows, das Drucken sowie für Web-Galerien. Lightroom bringt bereits eine Reihe von Vorgaben
mit. Sie lassen sich anpassen (ändern), löschen, und natürlich kann man
eigene Vorgaben hinzufügen.

Ein kleiner Browser (siehe z.B. Abb. 4-1) erlaubt in diesen Vorgaben
zu blättern. Hat man das Navigatorpanel eingeblendet, so sieht man dort

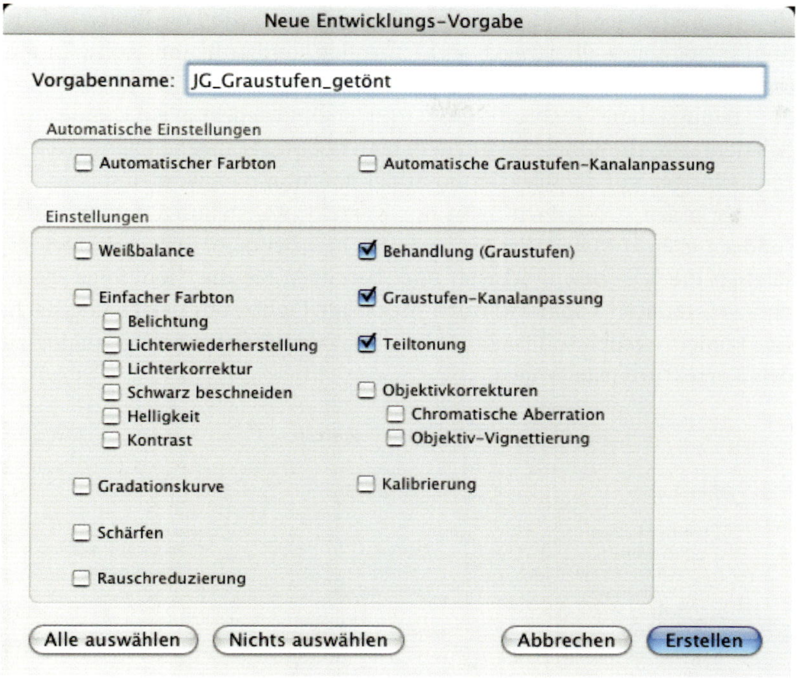

Neue Entwicklungs-Vorgabe

Vorgabenname: JG_Graustufen_getönt

Automatische Einstellungen

☐ Automatischer Farbton ☐ Automatische Graustufen-Kanalanpassung

Einstellungen

☐ Weißbalance ☑ Behandlung (Graustufen)

☐ Einfacher Farbton ☑ Graustufen-Kanalanpassung
  ☐ Belichtung
  ☐ Lichterwiederherstellung ☑ Teiltonung
  ☐ Lichterkorrektur
  ☐ Schwarz beschneiden ☐ Objektivkorrekturen
  ☐ Helligkeit   ☐ Chromatische Aberration
  ☐ Kontrast   ☐ Objektiv-Vignettierung

☐ Gradationskurve ☐ Kalibrierung

☐ Schärfen

☐ Rauschreduzierung

(Alle auswählen) (Nichts auswählen) (Abbrechen) (**Erstellen**)

Abb. 4-36:
Sichert man eine neue Vorgabe, so
lässt sich im Dialog festlegen, welche
Einstellungen übernommen werden.

bereits die Auswirkung einer Vorgabenzuweisung, wenn man nur mit der Maus über eine Vorgabe geht – und dies noch bevor man per Klick die Vorgabe selbst dem Bild (oder der Diashow, dem Druck, der Web-Galerie, …) zuweist.

Um die aktuellen Einstellungen als neue Vorgabe abzulegen, öffnet man das Vorgabenpanel (im jeweiligen Modus) und klickt auf das kleine Plus-Icon oben links im Vorgabenbrowser. Es erscheint dann der Dialog (Abb. 4-36), in dem man festlegt, welche der aktuellen Einstellungen die Vorgabe enthalten soll. Zum Löschen eine Vorgabe selektiert man sie und klickt auf das Minus-Icon im Kopf des Vorlagenpanels.

4.14 Einstellungen kopieren, einfügen, synchronisieren

Im Bibliotheks- und Entwicklungsmodus erlaubt Lightroom die Korrektureinstellungen eines aktiven bzw. selektierten Bildes per Foto ▸ Entwicklungseinstellungen ▸ Einstellungen kopieren in die Zwischenablage zu kopieren, um sie danach anderen Bildern zuweisen zu können. Statt über das Menü zu gehen, lassen sich schneller die Tastaturkürzel ⇧-Strg-C (Mac: ⌘-⇧-C) zum Kopieren der Einstellungen und ⇧-⌘-V (Windows: ⇧-Strg-V) zur Übertragung (zum Einfügen) verwenden. Beim Kopieren erscheint die Dialogbox von Abbildung 4-37. Hier gibt man vor, was kopiert werden soll.

Im nächsten Schritt selektiert man im Filmstreifen die Bilder, auf die die Einstellungen übertragen werden sollen, und ruft nun Einfügen auf (oder das zuvor beschriebene Tastaturkürzel).

Benutzt man Synchronisieren, so erscheint wiederum ein Dialog ähnlich dem von Abbildung 4-37, in dem man nochmals angeben kann, welche Einstellungen auf die selektierten Bilder übernommen werden sollen.

Es lassen sich jedoch nicht nur Korrektureinstellungen übertragen, sondern ebenso Metadaten (drücken Sie hier bei dem Tastaturkürzel zusätzlich die Alt- bzw. ⌥-Taste) oder benutzen Sie die Menüfolge Metadata ▸ Metadaten kopieren. Auch hier fragt Lightroom per Dialog nach, was kopiert werden soll (siehe Abb. 4-37). Das Einfügen erfolgt analog zu den Korrektureinstellungen.

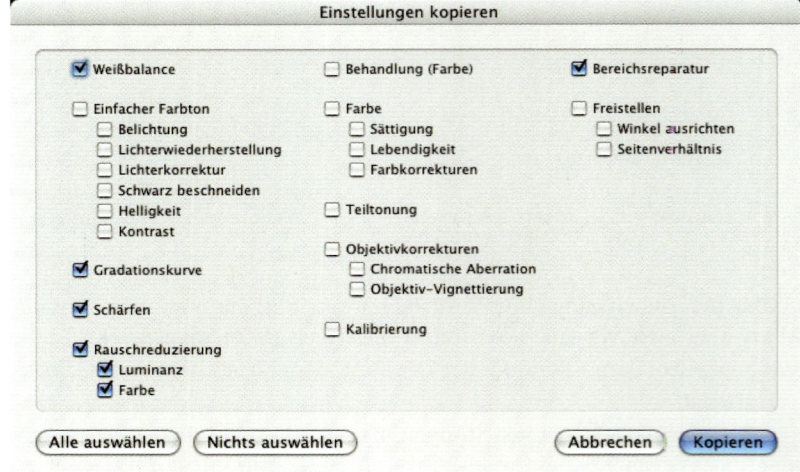

Abb. 4-37:
Beim Kopieren von Korrektureinstellungen lässt sich festlegen, welche Einstellungen übernommen werden sollen.

Vorgaben editieren

Die Vorgaben haben wir nun schon häufig angesprochen, ebenso, dass die einfachste Art solche Vorgaben zu erstellen darin besteht, eine Einstellung vorzunehmen und diese als neue oder geänderte Vorgabe abzuspeichern. Einige Einstellungen sind damit aber nicht ohne Weiteres möglich. So erlaubt die Lightroom-Gradationskurve beispielsweise nicht, die Gradationskurve frei zu manipulieren – etwa umzukehren. Adobe Camera Raw 4 hingegen gestattet dies. Man kann ein Raw- oder JPEG-Bild dort bearbeiten, die Einstellung sichern und das Bild danach in Lightroom importieren und seine Einstellungen als neue Vorgabe ablegen. Auf diese Weise ist es beispielsweise möglich, eine Umkehrung oder eine andere ausgefallene Kurve als Vorgabe zu erhalten und dann auch in anderen Bildern zu nutzen.[*]

* Wie man Vorlagen direkt editiert, finden Sie in Kapitel 9.4.

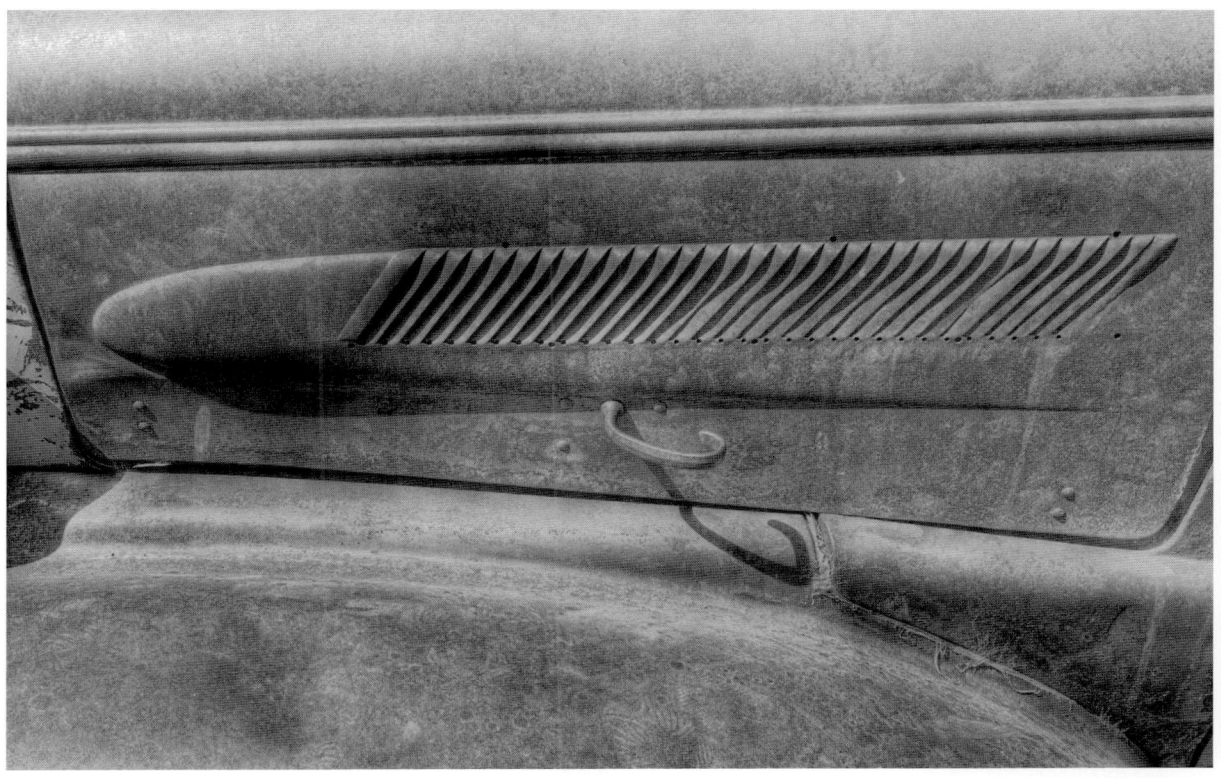

Abb. 4-38: Kamera: Nikon D1X; Stichwörter: Autos, Schrott, Bodie, Schwarzweiß,

Winterspaziergang

Modus ›Diashow‹

5

Die Diashow ist eine der Präsentationsmöglichkeiten für Bilder – entweder auf dem Bildschirm oder über einer Beamer, den man an den Rechner anschließt. Lightroom bietet zwei Arten von Diashows:

1. *Eine Art Ad-hoc-Diashow, die man aus den Modi ›Bibliothek‹ oder ›Entwickeln‹ heraus per Klick auf das ▶-Icon oder per Strg-↵ aufruft (Mac: ⌘-↵). In ihr werden die aktuell sichtbaren Bilder (jene im Filmstreifen) im Vollbildschirmmodus angezeigt. Man beendet sie mit Esc. Dieser Modus eignet sich sehr gut für eine schnelle Bildinspektion, bietet aber keine weiteren Gestaltungsmöglichkeiten und erlaubt kein Sichern der Diashow.*

2. *Eine gestaltbare Diashow, zu der man in den Modus Diashow wechselt. Diese Variante soll hier detaillierter besprochen werden.*

Die Präsentationsform lässt sich auch hier wieder über bereits fertige Vorlagen gestalten sowie über die zahlreichen Einstellungen im Parameterpanel. Die Diashow lässt sich entweder direkt abspielen oder aber als PDF-Dokument sichern (Exportieren) und dann auch auf einem anderen Rechner abspielen. Dafür wird dort ein Acrobat-Reader benötigt, was aber kein Problem sein sollte.

Auch hier gibt es wieder zwei Arten des Abspielens:

a) Im Vorschaufenster: Dazu klickt man in der Toolleiste auf das ▶-Icon.

b) Im Vollschirmmodus über den Button *Abspielen* rechts unter dem Parameterpanel (siehe Abb. 5-1).

5.1   Bilder vorbereiten

Geht man in den Modus Diashow, so werden alle aktuell sichtbaren Bilder
zur Diashow herangezogen. Deshalb ist es meist praktischer, zunächst einmal im Bibliotheksmodus alle Bilder zur Diashow in einer Kollektion zu
sammeln – z.B. in der Schnellkollektion –, diese Kollektion nun zu aktivieren und erst danach in den Modus Diashow zu wechseln. Sie können im
Filmstreifen (besser noch in der Matrixdarstellung) die Bilder umsortieren
und so in die gewünschte Reihenfolge bringen.

Wählen Sie dazu das Bild mit der Maus aus und ziehen es bei gedrückter linker Maustaste an die gewünschte Stelle.

Damit ist der erste Schritt unserer Diashow-Erstellung fertig und wir
wechseln zum Modus Diashow (z.B. per ⌃Strg-Alt-3 bzw. auf dem Mac per
⌥-⌘-3). Abbildung 5-1 zeigt Lightroom in diesem Modus.

5.2   Gestaltung der Diashow

Auch hier bietet Lightroom zahlreiche Einstellungsmöglichkeiten, angefangen vom Bildschirmhintergrund , dem Schattenwurf von Bildern in der
Anzeige, der Vorgabe von Textüberlagerungen bis hin zur Gestaltung von
Bildübergängen. Zusätzliche Texte lassen sich den einzelnen Bildern hinzufügen. Wie in allen Modi (mit Ausnahme von *Bibliothek*) gibt es hier
wieder eine Anzahl fertiger Vorlagen, die man anpassen und löschen und
denen man eigene Einstellungen als neue Vorlage hinzufügen kann. Deren
Stile werden im Navigatorpanel im kleinen Vorschaufenster oben sichtbar,
wenn man die Maus über einen Stil bewegt – noch ohne ihn anzuklicken.

Eine Vorschau der Diashow erhält man im Zentralfenster über die Ab-
spielknöpfe unter dem Fenster.

Weitere Möglichkeiten ergeben sich über den Knopf Abspielen rechts
unter den Einstellungen. Der Knopf stößt eine Vorführung im Vollschirmmodus an (abbrechbar wieder über Esc). Die beiden ↰↵-Symbole dienen
übrigens nicht dazu, das Bild selbst zu drehen, sondern Stilelemente zum Bild
zu drehen, also etwa Texte oder die Erkennungsplakette. Zuvor selektiert
man in der Vorschau das entsprechende Element mit der Maus. Die Elemente
lassen sich dann auch weitgehend frei platzieren sowie größer und kleiner
ziehen.

Abb. 5-1: Lightroom im Modus ›Diashow‹

Showgestaltung

Die Gestaltung der eigentlichen Diashow gliedert Lightroom in die fünf in Abbildung 5-2 gezeigten Themenblöcke. Sie reichen von verschiedenen *Optionen* – diese Einstellungen definieren, wie das Bild in der Darstellungsfläche liegen soll – über das *Layout*, *Überlagerungen* (Zusatzlogos und -text), den *Hintergrund* bis schließlich zu Einstellungen zum *Abspielen* der Diashow. Die meisten Einstellungen sind selbsterklärend, deshalb werden hier nur einige Besonderheiten und Empfehlungen aufgeführt.

Abb. 5-2: Die 5 Parameterblöcke der Diashow

Optionen

Hier sollte man in den meisten Fällen – bei gut komponierten und bereits beschnittenen Bildern praktisch immer – die Option *Zoomen, um Rahmen zu füllen* deaktivieren (siehe Abb. 5-3 Ⓐ), da damit Bilder oft unerwünscht angeschnitten werden.

Eine kleine Kontur – zumeist reichen 1–4 Pixel – hebt das Bild etwas vom Hintergrund ab. Die Konturfarbe lässt sich über das Farbfeld Ⓑ festlegen.

Ein leichter Schlagschatten verleiht dem Bild oft zusätzliche Eleganz. Die Parameter decken hier fast alles ab, was man sich dazu wünscht.

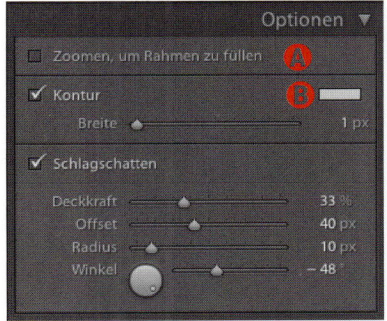

Abb. 5-3: Grundoptionen zur Bilddarstellung

Layout

Die Einstellungen bestimmen die Größe und Position des eigentlichen Bildes innerhalb der späteren Präsentationsfläche. Die Bilder wirken oft stärker, wenn sie mit etwas Luft darum herum in der Fläche liegen.

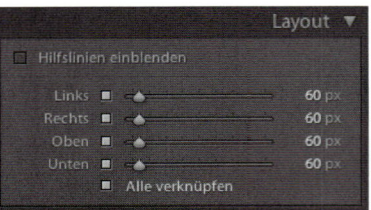

Abb. 5-4: Layout des Bildes in der Fläche

Abb. 5-5: Parameter für die zusätzlichen Elemente neben dem eigentlichen Bild

Überlagerungen

Dies ist ein relativ großer Block an Einstellungen (siehe Abb. 5-5), den man ignorieren kann, wenn man dem eigentlichen Bild keine weiteren Embleme oder Texte hinzufügen möchte. Ansonsten finden wir hier die Einstellungen, um ein Element aus den Erkennungstafeln optional einzublenden, Bewertungssterne mit anzuzeigen und (oder) eine zusätzliche Textüberlagerung vorzunehmen (siehe dazu den folgenden Abschnitt). Zu den einzelnen Elementen lassen sich sowohl die Farbe als auch die Deckkraft angeben. Darüber hinaus erlaubt Lightroom, wie nachfolgend für das Textelement beschrieben, die verschiedenen zusätzlichen Elemente weitgehend frei zu platzieren und zu skalieren.

Texte hinzufügen

Lightroom gestattet den Bildern Texte hinzuzufügen. Um einen Text für alle Bilder der Show einzutragen, klicken Sie auf ABC in der Diashow-Werkzeugleiste und geben Sie danach im Eingabefeld rechts davon den Text ein.

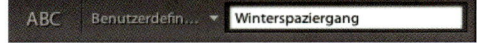

Es erscheint daraufhin eine Textplakette in der Vorschau, die Sie mit der Maus platzieren, skalieren und über die ↳ ↵-Icons um jeweils 90° rotieren können. Ist die entsprechende Textplakette selektiert, so stellen Sie unter *Textüberlagerungen* (im Bereich *Überlagerungen*) die Parameter für *Schriftartname*, *Schriftart* und Textfarbe – klicken Sie dazu auf das Feld unter Ⓐ (siehe Abb. 5-5) – sowie die *Deckkraft* ein.

Textinformation lässt sich jedoch auch aus einigen Metadaten des jeweiligen Bildes übernehmen. Auf diesem Weg weist man den Bildern der Show individuelle Texte zu – etwa den Inhalt der Bildbeschreibung aus dem Feld *Beschriftung* aus den IPTC-Daten.

Welche der IPTC-Felder angezeigt werden, wählt man in dem kleinen ▼-Pulldown-Menü neben dem ABC in der Werkzeugleiste aus. Blenden Sie diese bei Bedarf per ⊤-Taste ein. Wählt man hier den Menüpunkt *Bearbeiten*, so erscheint ein kleiner Vorlageneditor, in dem man sehr komfortabel einstellen kann, was alles angezeigt werden soll (siehe Abb. 5-6). Hier bleiben kaum Wünsche offen, man kann damit jedoch auch schnell die Bildumgebung überfrachten.

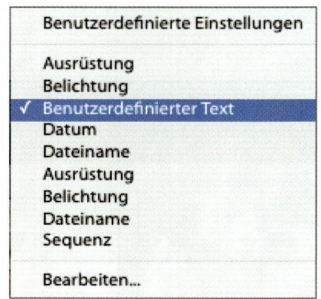

Lightroom erlaubt die Vorlage unter einem Namen abzulegen, sodass man sie später wieder abrufen kann. Die Vorlage erscheint dann in der Liste dieses Menüs.

Hintergrundbilder

Statt eines einfarbigen Hintergrunds oder eines Farbverlaufs für die Bilder lässt sich auch ein Hintergrundbild frei wählen – etwa ein Leitbild für die ganze Präsentation oder ein Firmenlogo. Die Einstellung dazu findet man unter *Hintergrund*.

Abb. 5-7: *Für den Hintergrund lässt sich die Farbe, die Deckkraft sowie zusätzlich ein Hintergrundbild vorgeben.*

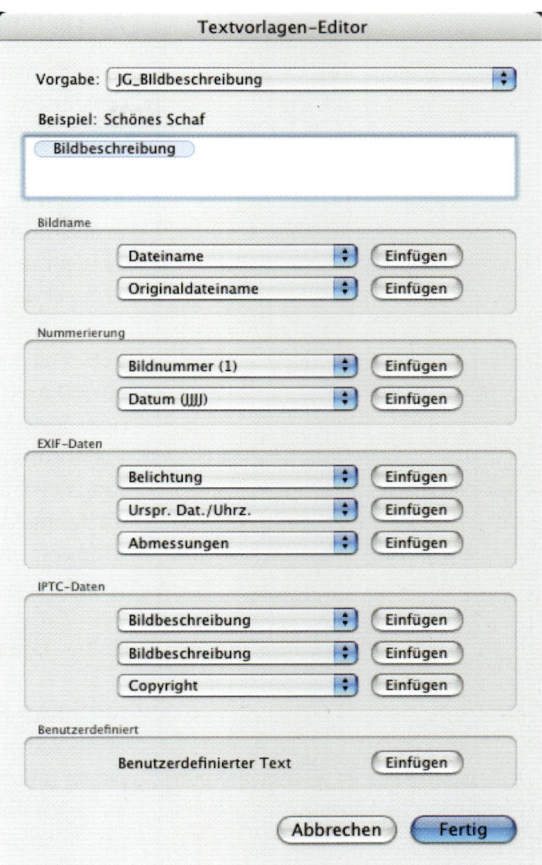

Abb. 5-6: *Hier lässt sich eine Vorlage für die Textelemente zusammenstellen, die bei der Diashow zusammen mit dem eigentlichen Bild angezeigt werden sollen.*

Allerdings kann nur ein Bild aus dem Filmstreifen hier geladen werden. Logo-Motive – mit Ausnahme des Logos aus der Erkennungstafel – muss man deshalb in ein von Lightroom unterstütztes Format bringen, importieren und der Kollektion hinzufügen.

Abspielparameter

Der Parameterblock zum Abspielen der Diashow ist wiederum fast bescheiden – hier findet man lediglich Einstellungen, wie lange das einzelne Bild angezeigt werden und wie lange die Überblendung dauern soll.

Hat man ein System mit mehreren Bildschirmen, so stellt man zusätzlich unter *Abspielbildschirm* ein, auf welchem Bildschirm die Diashow ablaufen soll.

Abb. 5-8: *Parameter für das Abspielen der Diashow*

Musik hinzufügen

Möchte man die Diashow mit einer Audiodatei unterlegen, so aktiviert man dies unter *Abspielen* (siehe Abb. 5-8 Ⓐ). Allerdings erlaubt Lightroom in Version 1.0 nur einen Ordner anzugeben, in der die Audiodatei liegt – bei Mac OS X ist es eine iTunes-Liste. Man legt die Datei deshalb am einfachsten in einen eigenen Ordner. Sie wird während der Diashow dann als Hintergrundmusik abgespielt. Dauert die Vorführung länger als das Musikstück, so beginnt die Musik von vorne. In der als PDF exportierten Diashow funktioniert das Abspielen der Audiodatei aber nicht!

Ein Synchronisieren von Musik mit Bildübergängen ist nicht möglich. Für solche Feinheiten muss man auf spezielle Diashow-Programme zurückgreifen – etwa auf das bereits erwähnte *Magix* [32] für Windows oder *Keynotes* von Apple für Mac OS X. Als richtiges Diashow-Highend-Programm darf man *Diashow XP* [33] für Windows und *FotoMagico* für Mac OS X ansehen.* Bei den meisten dieser Programme braucht man jedoch ein Abspielprogramm, das es aber fast immer kostenlos gibt – allerdings oft nicht für unterschiedliche Plattformen.

* FotoMagico finden Sie unter: www.application-systems.de/fotomagico/ auch in deutscher Version. Das Spektrum der Möglichkeiten ist recht beeindruckend.

5.3 Diashow als PDF exportieren

Mit einem Klick auf den Button Export unten im Parameterpanel wird eine Show-Datei im PDF-Format erzeugt. In Lightroom Version 1.0 ist PDF das einzig unterstützte Exportformat. PDF hat aber den Vorteil, dass es sich fast auf allen Plattformen problemlos abspielen lässt.**

** Es gibt praktisch für alle Plattformen den kostenlosen Acrobat Reader.

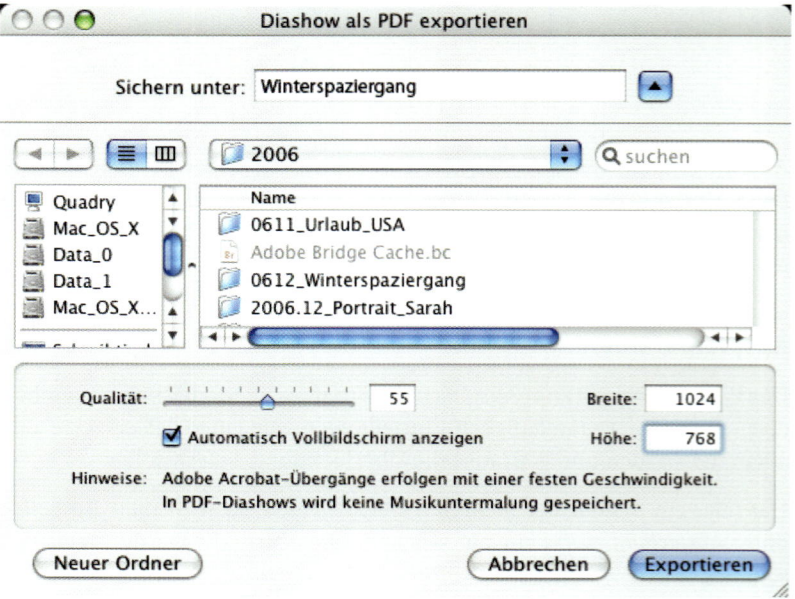

Abb. 5-9:
Exportdialog zur Diashow

Im Exportdialog (siehe Abb. 5-9) lässt sich der Name und Zielordner sowie eine Qualitätsstufe angeben. Daneben ist es möglich, die Bildgröße in Pixel vorzugeben. Lightroom rechnet das Bild auf diese Größe herunter – abhängig vom Bildformat entweder auf die Breite oder Höhe. Wir empfehlen für eine ansprechende Präsentation zusätzlich die Option *Automatisch Vollbildschirm anzeigen* zu aktivieren.

Es gibt leider keine Möglichkeit, eine Diashow als Lightroom-Objekt zu sichern – lediglich als PDF-Dokument. Hier bleibt zu hoffen, dass Lightroom in der nächsten Version nachlegt.

➜ *Bilder, die man hier exportiert, werden automatisch in den Farbraum sRGB konvertiert.*

5.4 Show-Vorlagen verändern

Die einfachste Art Show-Vorlagen zu verändern, besteht darin, eine Vorlage zu aktivieren, einzelne in der Liste angezeigte Parameter zu ändern und die Einstellungen als neue Vorlage abzuspeichern. Damit kommt man jedoch noch nicht an alle Möglichkeiten heran.

Möchte man weitergehen, so muss man direkt in die Vorlage eingreifen. Einige Tipps dazu – allerdings in Englisch – findet man unter [21]. Den Zugriff auf die Vorlagen beschreiben wir in Kapitel 9.4 genauer. Man kann sich also durchaus daran versuchen.

Drucken

6

Bildschirmpräsentationen per Diashow sind schön, Web-Galerien gut für die Werbung, aber der Höhepunkt für jeden anspruchsvollen Fotografen ist ein perfekter Print – entweder als Abzug bei einem Fotodienstleister oder, besser noch, als Ausdruck auf dem eigenen hochwertigen Tintenstrahldrucker, denn hier haben wir selbst die volle Kontrolle.

Zur Erstellung eines hochwertigen Drucks ist einiges an Know-how erforderlich. Es gibt deshalb ganze Bücher dazu – eines davon auch von uns: ›Fine Art Printing für Fotografen‹ [03]. Darin gehen wir sehr detailliert auf die Auswahl eines guten Tintenstrahldruckers ein, auf die Wahl geeigneter Papiere und Tinten, wie man zu hochwertigen Farbprofilen kommt, das Bild für den Druck optimiert und wie man schließlich die zahlreichen Einstellungen im Druckertreiber richtig setzt. Das Buch behandelt auch die Themen Passepartout und Rahmen.

Als Druckprogramm setzen wir dort weitgehend auf Photoshop. Die dort beschriebenen Einstellungen für Photoshop lassen sich aber 1:1 auf Lightroom übertragen. All diese Themen können wir hier – mit dem Fokus auf Lightroom – nur streifen.

Auf die Aufbereitung von Bildern für das Ausbelichten bei einem Fotodienstleister geht Abschnitt 6.4 ein.

6.1   Druckvorbereitung

Bilder sollten, will man optimale Ergebnisse erzielen, für die spezielle Ausgabeart des Drucks vorbereitet werden. Die wesentlichen Schritte für die Druckausgabe sind:

1.   Wahl eines geeigneten Ausschnitts
2.   Tonwertoptimierung für den Druck
3.   Skalieren des Bildes für das vorgesehene Druckformat
4.   Schärfen des Bildes für den Druck

Einige der oben aufgeführten Aufgaben (2 und 3) kann Lightroom weitgehend automatisch für uns übernehmen.

Wollen wir einen einfachen Druck erstellen, ohne allzuhohe Ansprüche, kann Lightroom unter Umständen alles automatisch durchführen – als Teil der Druckausgabe. Möchte man hingegen ein Optimum an Druckqualität erzielen und deshalb spezifische Korrekturen für den Druck vornehmen – etwa einen speziellen Beschnitt –, so sollte man dafür eine Kopie des Bildes erstellen. Dies tun wir entweder, indem wir, wie auf Seite 55 beschrieben, eine virtuelle Kopie erstellen und diese Kopie für die Druckvorbereitungen verwenden oder aber indem wir das Bild mit einem externen Programm (z.B. Photoshop) optimieren. Dann legt Lightroom im Standardfall das extern bearbeitete Bild als neues Bild an und wir drucken dann dieses.

Gute Drucke setzen neben einem guten Drucker wirklich Sorgfalt voraus, die Kenntnis des verwendeten Papiers und der passenden Druck- und Druckerparameter.

6.2   Lightroom-Druckeinstellungen

Photoshop dürfte bisher von den Standardanwendungen noch einen der besten Druckdialoge haben; man wünscht sich jedoch oft etwas mehr. Lightroom kommt diesem Wunsch nach. Wie die Abbildungen 6-1 und 6-2 nur ausschnittweise zeigen, stehen zahlreiche Einstellungsmöglichkeiten zur Verfügung. Diese untergliedern sich in vier Bereiche:

Die ersten drei Blöcke steuern die Platzierung des Bildes (oder der Bilder) auf der Papierseite, im Block *Druckauftrag* werden Parameter für den eigentlichen Druck gesetzt. Zusätzliche Einstellungen nimmt man über den Knopf Seite einrichten vor.

Schließlich sind weitere Einstellungen im Druckerdialog des Druckertreibers erforderlich. Insgesamt sind dies ziemlich viele Einstellungen und man muss wirklich Sorgfalt walten lassen, wenn man zeit- und kostenaufwendige Fehldrucke vermeiden möchte.

Wie in den anderen Modi finden wir auch im Modus Drucken unter dem Vorlagenbrowser (linkes Panel) bereits fertig definierte Vorlagen,

Abb. 6-2: Die Lightroom-Druckeinstellungen gliedern sich in 4 Bereiche.

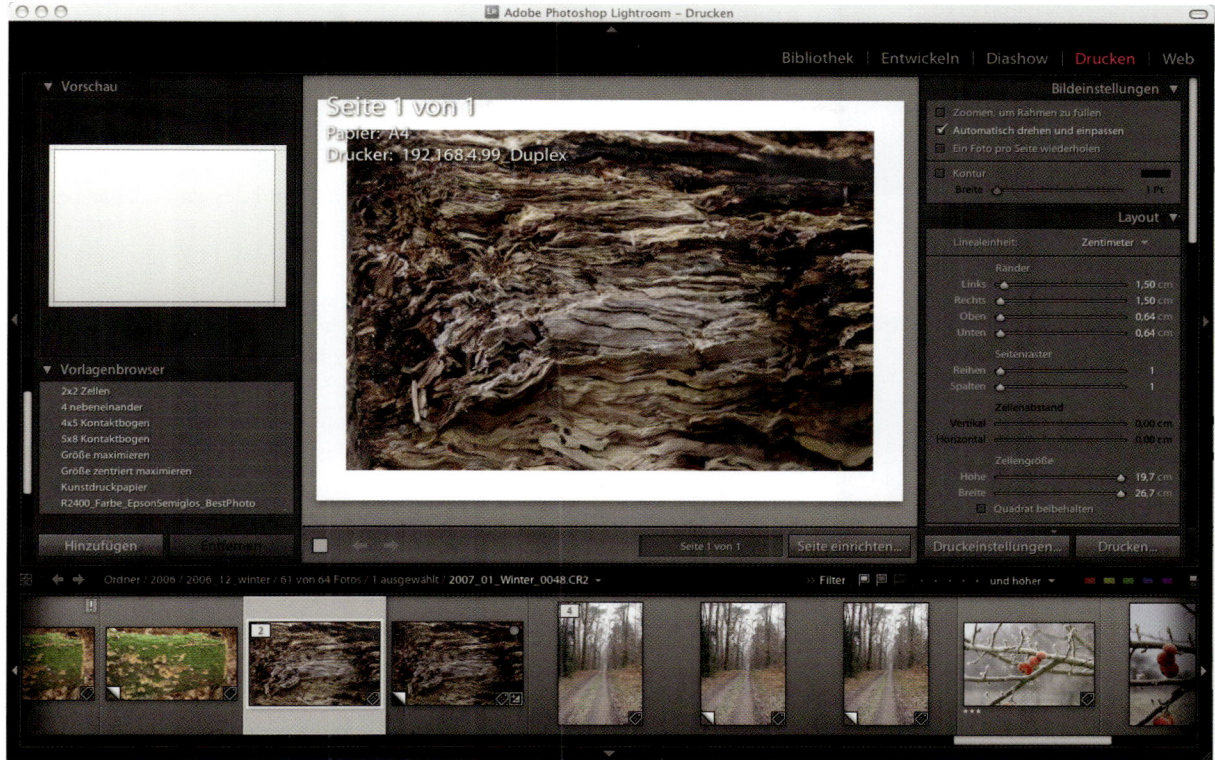

Abb. 6-1: Lightroom im Modus ›Drucken‹

denen wir eigene hinzufügen können. Auch hier sehen wir bei eingeblendeter Vorschau wieder, wie das Bild (oder die Bilder) auf der Seite angeordnet wird (werden).

Die erste Entscheidung ist, ob wir einen Kontaktbogen oder ein Einzelbild drucken möchten. Beim Kontaktbogen werden alle im Filmstreifen ausgewählten Bilder auf einem (oder mehreren) Kontaktbogen ausgegeben. Dabei lässt sich die Anzahl der Zeilen und Spalten und damit der Bilder pro Seite vorgeben. In diesem Fall wählen wir zumeist eine fertige Druckvorlage für Kontaktbögen und aktivieren im Parameterpanel unter dem Block Druckauftrag die Option *Drucken im Entwurfsmodus.* Das Drucken geht damit spürbar schneller, da Lightroom für die Ausgabe die bereits berechneten Vorschaubilder benutzt, statt die hochauflösenden Originalbilder mit höherem Rechenaufwand neu dafür herunterzuskalieren.

Doch zunächst der Reihe nach: Lightroom unterteilt einen Druckbogen in *Zellen* – in *n* Reihen mal *m* Spalten solcher Zellen. Reihen- und Spaltenzahl stellt man im Block Layout ein, dort unter *Seitenraster.* Im einfachsten Fall gibt es nur eine Zelle.

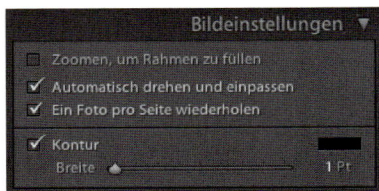

Abb. 6-3: Hier legt man fest, wie Bilder in den Zellen platziert werden.

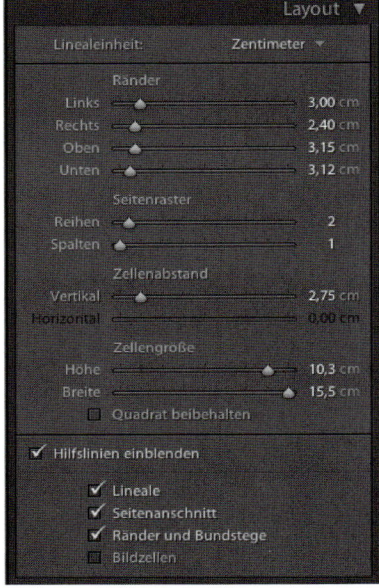

Abb. 6-4: Hier wird das Layout der Bilder auf der Seite und innerhalb der Zellen festgelegt.

* Klicken Sie es dazu mit der Maus an und verschieben und skalieren Sie es.

Bildeinstellungen

Im Block Bildeinstellungen gibt man an, was in diese Zellen gesetzt wird: sequenziell entweder die gerade selektierten Bilder oder ein selektiertes Bild gleich mehrfach (bei mehreren Zellen). Man legt auch fest, wie diese Bilder in die Zelle eingepasst werden. Zusätzlich kann man hier die Bilder mit einem kleinen Rahmen (einer Kontur) versehen und dessen Farbe festlegen.

Layout

Die Zellen auf der Seite liegen innerhalb der durch die Größe der Ränder eingeschränkten Seitenfläche und die Zellreihen sind durch einen einstellbaren Zellenabstand voneinander abgesetzt.

Die *Zellengröße* (Abb. 6-4) legt schließlich fest, wie groß innerhalb des Zellrasters die Zelle und damit auch das einzelne platzierte Bild sein soll. Die Elemente, die man unter *Hilfslinien* einblenden kann, helfen bei der Einschätzung der Größen und Aufteilungen, erscheinen jedoch im Ausdruck selbst nicht.

Überlagerungen

Dieser Block bestimmt, welche weiteren Informationen zusammen mit den Bildern in die Zellen und auf die Seite gesetzt werden, ähnlich dem Schema bei der Diashow. Im Menü zu Fotoinfo lässt sich wieder einstellen, welche Metadaten des einzelnen Bildes mit ausgegeben werden (siehe dazu Seite 100).

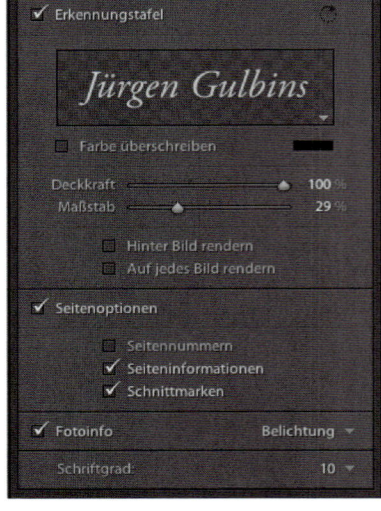

Abb. 6-5: Hier legen Sie fest, welche Zusatzinformationen zusammen mit den Bildern auf der Seite ausgegeben werden.

Wie bei den Bildern der Diashow erhält man hier unter dem Menüeintrag *Bearbeiten* den Vorlageneditor, in dem man die mit auszugebenden Metadaten (oder feste Texte) definiert. Wieder lässt sich diese Vorlage unter einem Namen ablegen und später aus diesem Menü abrufen. Die Schriftgestaltung dieser Angaben beschränkt sich jedoch lediglich auf den Schriftgrad.

Während die Angaben unter Fotoinfo pro Bild ausgegeben werden und ihre Platzierung nicht weiter steuerbar ist, wird das Element aus der Erkennungstafel nur ein Mal pro Seite ausgegeben und lässt sich sowohl in der Größe als auch in der Platzierung verändern.*

Da Lightroom es erlaubt, mehrere Erkennungstafeln zu gestalten und unter verschiedenen Namen abzulegen, lassen sich diese Versionen im Erkennungstafelfeld unter dem kleinen ◤-Menü abrufen.

Seite einrichten

Dies ist die bekannte Betriebssystemfunktion. Hier wählen Sie Papiergröße, Ausrichtung und Skalierungsfaktor. Zu Beginn bzw. bereits zuvor sollte der richtige Drucker gewählt werden (z.B. über den Button Druckereinstellungen), da dieser das Spektrum an verfügbaren Papierformaten bestimmt.

Druckauftrag

Im *Druckauftrag* erfolgen wichtige Einstellungen für den eigentlichen Druck. Die richtigen Einstellungen sind abhängig davon, auf welcher Art von Drucker man ausgibt. Da Tintenstrahldrucker die meistgebrauche Art sein dürften, beschränken wir uns darauf.

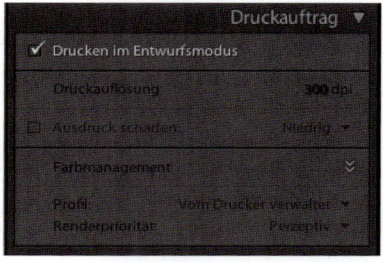

Abb. 6-6: Eigentliche Druckerparameter

Die optimale Druckauflösung liegt bei Tintenstrahldruckern zwischen 300–360 dpi und ist abhängig vom Drucker. Für Canon- und HP-Drucker gilt in der Regel 300 dpi, für Epson-Drucker hingegen 360 dpi. Bewegt man sich in dem genannten Bereich, ist der Qualitätseinfluss auch bei nicht optimal eingestellter Druckerauflösung jedoch nicht dramatisch.

Bei Thermosublimationsdruckern kann ein anderer dpi-Wert besser sein (z.B. 240 dpi). Hierzu sollten Sie einen Blick in das Druckerhandbuch werfen, um zu sehen, was die native Druckerauflösung ist.

Aktiviert man die Option *Drucken im Entwurfsmodus*, so schließt Lightroom die weiteren Optionen aus (siehe Abb. 6-6) und benutzt zur Ausgabe das Vorschaubild statt des eigentlichen Bildes, was die Ausgabe beschleunigen kann.

Die richtigen Einstellungen unter Farbmanagement sind abhängig davon, ob man einen Farb- oder einen Schwarzweißdruck erstellt (und ob man ein passendes Farbprofil beim Farbdruck besitzt). Wir gehen deshalb detailliert in Abschnitt 6.3 darauf ein.

Bedingt durch die immer noch etwas dürftige Kommunikation zwischen Applikationen und Betriebssystem – und dies ist nicht Lightroom-spezifisch – lässt sich leider keine Gesamteinstellung sichern, also die Einstellungen in der Applikation und die im Druckertreiber gemeinsam. Dies könnte helfen, Fehldrucke zu vermeiden. Schließlich müssen für einen perfekten Druck nicht nur die Ränder und Ähnliches stimmen, sondern ebenso die zusammenpassenden Einstellungen von Drucker, Druckertreibereinstellungen, Papier, Tinte und Farbmanagement. Insbesondere Letzteres erstreckt sich über die Wahl, wer das Farbmanagement durchführen soll (Lightroom oder der Druckertreiber), des richtigen Farbprofils sowie über bestimmte Einstellungen im Druckertreiber.

6.3   Farbeinstellungen zum Drucken

Einstellungen für den Farbdruck

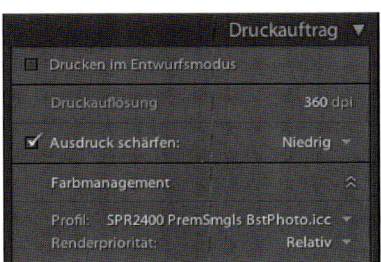

Abb. 6-7: Bei Farbdrucken überlässt man Lightroom die Farbumsetzung und wählt unter ›Profil‹ ein passendes Farbprofil.

Bei einem Farbdruck empfiehlt es sich, die Farbumsetzung Lightroom zu überlassen. Entsprechend sollte man unter *Profil* die Einstellung *Andere* aktivieren. Lightroom lässt Sie dann wählen, welche Farbprofile in der Pulldown-Liste angezeigt werden sollen. Dann wählen Sie das gewünschte Farbprofil in der Pulldown-Liste (Abb. 6-7). Dieses muss zu Drucker, Tinte, Papier und Druckertreibereinstellungen passen. Bei guten Fine-Art-Printern liefern inzwischen die Druckerhersteller qualitativ recht hochwertige Farbprofile mit – allerdings nur für ihre eigenen Tinten und ihre eigenen Papiere.

Der Parameter *Renderpriorität* legt fest, wie Farben im Bild umgesetzt werden sollen, die der Drucker (das Zielgerät bzw. der Zielfarbraum) nicht 1:1 wiedergeben kann. Beim Drucker sind dies zumeist gesättigte Rot- und Blautöne. Wir selbst benutzen in den meisten Fällen *Relativ farbmetrisch*. Dies führt zu den geringsten Farbveränderungen gegenüber der Monitordarstellung. Bei der Einstellung *Relativ farbmetrisch* werden 1:1 wiedergebbare Farben unverändert wiedergegeben (gedruckt) und alle anderen Farben auf die nächstmögliche (in der Regel etwas weniger gesättigte) Farbe abgebildet.

Ist der Farbumfang des Bildes jedoch deutlich größer als das, was der Drucker wiedergeben kann – d.h., hat das Bild viele gesättigte Farben –, so ergibt *Perzeptiv* wahrscheinlich bessere Ergebnisse (teilweise auch abhängig vom Hersteller und der Qualität des Farbprofils).

Leider bietet Lightroom bisher keine Möglichkeit eines Softproofs vor dem Druck. Dieser könnte die Auswirkungen bzw. das Aussehen des fertigen Drucks auf dem Papier bereits weitgehend in der Bildschirmvorschau simulieren (zeigen).

Beim Schärfen ist die richtige Schärfeeinstellung etwas abhängig davon, wie stark Sie bereits unter Entwickeln im Block *Details* geschärft haben – und natürlich vom Bildinhalt. Die Einstellung bezieht sich auf ein zusätzliches Ausgabeschärfen für den Druckprozess selbst. Lightroom bietet drei Stufen an: *Niedrig*, *Mittel* und *Hoch*. Es reicht in der Regel das bereits voreingestellte *Niedrig*.

Zum Schärfen gibt es unter Fotografen die Warnung: *Scharf, schärfer, kaputtgeschärft*.

Lässt man, wie zuvor für den Farbdruck empfohlen, Lightroom die Farbumsetzung durchführen, so muss man das Farbmanagement im Druckertreiber selbst deaktivieren. Dieser Vorgang ist vom Druckerhersteller bzw. vom Druckertreiber abhängig.

Als Beispiel soll uns hier nachfolgend der Treiber des Epson R2400 dienen. Der R2400 ist ein semiprofessioneller A3-Tintenstrahldrucker mit sehr lichtbeständigen Pigmenttinten.

Hat man unter Lightroom alle Parameter passend gesetzt und geht davon aus, dass man sie häufiger nutzen wird, so bietet es sich an, diese Einstellungen als neue Vorlage zu sichern. Dazu klickt man einfach links im Vorlagenpanel auf den Button Hinzufügen und gibt der Vorlage einen beschreibenden Namen.

Nun endlich kann man die weiteren Einstellungen im Druckdialog des Betriebssystems bzw. dessen Druckertreiber vornehmen. Die Dialogfolge dazu aktiviert der Button Drucken.

1. Dort wählt man zunächst den richtigen Zieldrucker aus, wie wir es auch von anderen Anwendungen her kennen.

2. Nun ist die Wahl (eventuell nochmals) des gewünschten Papierlayouts an der Reihe und danach die des Papierformats.

3. Schließlich gehört auch die Einstellung zum Papierhandling dazu (wie und von wo das Papier eingezogen wird).

4. Nun sind die Druckereinstellungen an der Reihe. Hier sei als Beispiel der Epson R2400 benutzt– zunächst unter Mac OS X:

Dort stellen wir zuerst unter Medium unser eingesetztes Papier ein (siehe Abb. 6-9). Die richtige Einstellung hier ist durchaus wesentlich, da damit implizit eine Reihe weiterer interner Parameter für den Druckertreiber gesetzt werden – etwa die Menge des Tintenauftrags. Die Einstellung des Papiers hat – zumindest beim Epson R2400 und ähnlichen Epson-Druckern – auch Einfluss auf die Einstellungen, die uns weiter unten unter *Qualität* angeboten werden.

Setzt man ein Fremdpapier ein, so wählt man ein Papier des Druckerherstellers, das dem Fremdpapier am nächsten kommt. Oft machen die Fremdpapierhersteller (z.B. Hahnemühle [41]) für ihre Papiere Angaben zu den passenden Einstellungen.

Im Menü Farbe wählt man nun den passenden Farbmodus aus – hier *Farbe*.

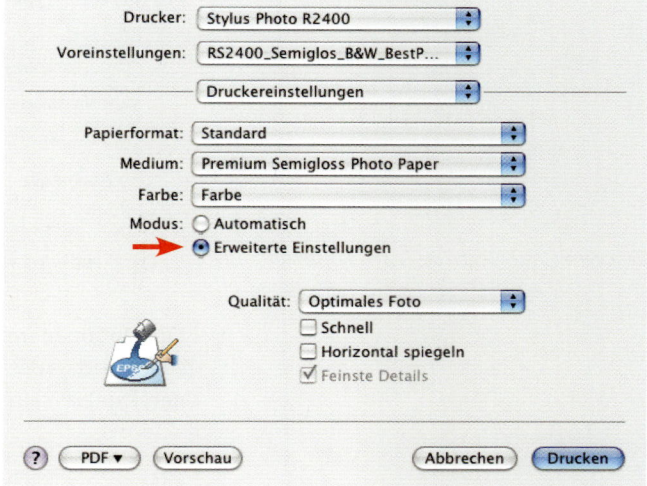

Abb. 6-8: Unsere ›Druckereinstellungen‹ beim Farbdruck mit einem Epson R2400 unter Mac OS X

Unter Modus aktivieren wir *Erweiterte Einstellungen* und wählen unter Qualität *Optimales Foto*, was etwas schneller und etwas tintensparender ist als die Einstellung *Photo RPM* und trotzdem optisch fast die gleiche Qualität liefert.

Zusätzlich deaktivieren wir die Option *Schnell*. Dies unterdrückt den bidirektionalen Druck und liefert so eine etwas bessere Druckqualität. Damit sind die Einstellungen unter Druckereinstellungen fertig.

5. Nun geht es an die Einstellung unter Farbmanagement (siehe Abb. 6-9).

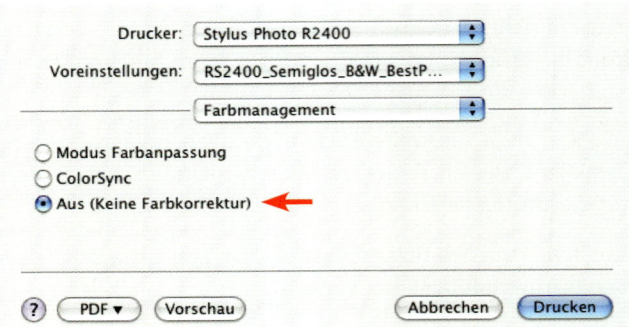

Abb. 6-9:
Beim Farbdruck deaktivieren wir das
Farbmanagement im Druckertreiber.

Da Lightroom die Farbumsetzung durchführt, müssen wir hier im Druckertreiber das Farbmanagement (und unter Mac OS auch das von ColorSync) deaktivieren (siehe Abb. 6-9).

6. Beim R2400 lässt sich zusätzlich unter Erweiterte Einstellungen angeben, dass es sich um ein dickeres Papier handelt – was nur bei wenigen Papieren notwendig ist.

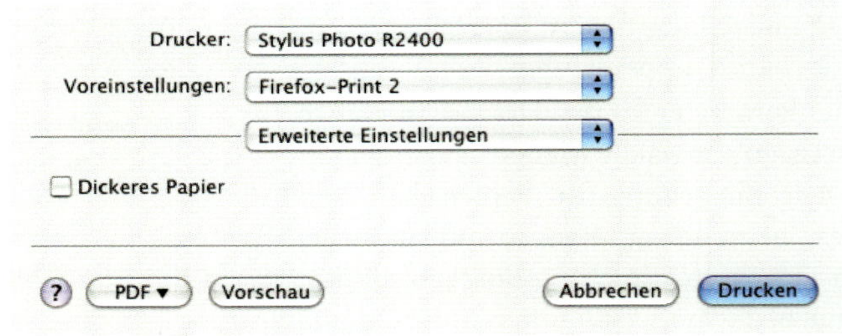

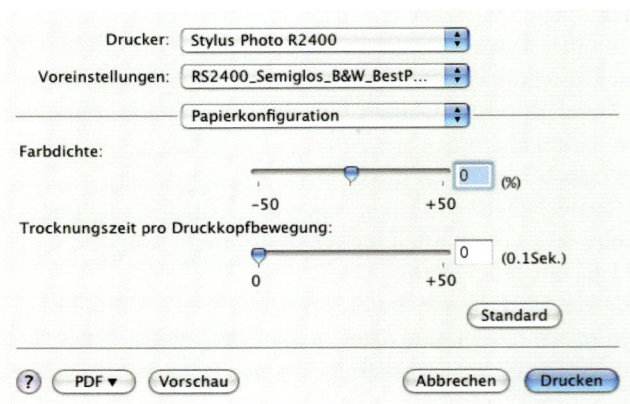

Abb. 6-10:
Erweiterte Einstellungen des R2400. Diese sind
spezifisch für das Druckermodell.

7. Die Optionen unter Papierkonfiguration (siehe Abb. 6-11) erlauben vorzugeben, dass der Tintenauftrag etwas reduziert werden soll, um bei dünnen Papieren ein Wellen des Papiers zu verhindern.

Abb. 6-11:
Hier lässt sich z. B. die Menge des
Tintenauftrags steuern.

Auch dieser Punkt ist druckermodellspezifisch. Bei uns ist dies bei-spielsweise notwendig, wenn wir auf den Epson-Druckern dieser Epson-Serie das Papier ›Epson Enhanced Matte‹ einsetzen. Wir redu-zieren dann den Auftrag um etwa 10 %.

Ein Teil der zuvor gezeigten Einstellungen und Dialoge sind abhän-gig von eingesetzten Druckertreiber, d.h. vom Hersteller und auch dem spezifischen Druckermodell.

Hat man alle Einstellungen im Druckertreiber vorgenommen, ist es sinn-voll, diese Gesamtheit von Einstellungen zu sichern (ein Menüpunkt im Menü unter *Voreinstellungen* von Abb. 6-12). Benutzen Sie dabei einen aus-reichend beschreibenden Namen. Damit wird beim nächsten Druck mit gleichen Bedingungen diese Einstellungen über das Menü Voreinstellungen abrufbar. Dies erspart manchen Fehldruck aufgrund unvollständiger bzw. falscher Einstellungen. Der Name sollte den Drucker, die Papierart und wei-tere Angaben enthalten. Dabei ist man leider in der Länge des Namens ein-geschränkt.

Farbdruckeinstellungen unter Windows

Hier folgen nun kurz zusammengefasst die entsprechenden Dialoge unter Windows XP – wieder für den Epson R2400. Die Dialoge für die aktuelle Epson K3-Tintenserie (also den R2400, R3800, Pro 4800, Pro7800 und Pro9800) sind fast identisch:

1. Zunächst wählen wir wieder den richtigen Zieldrucker aus – hier un-seren R2400.

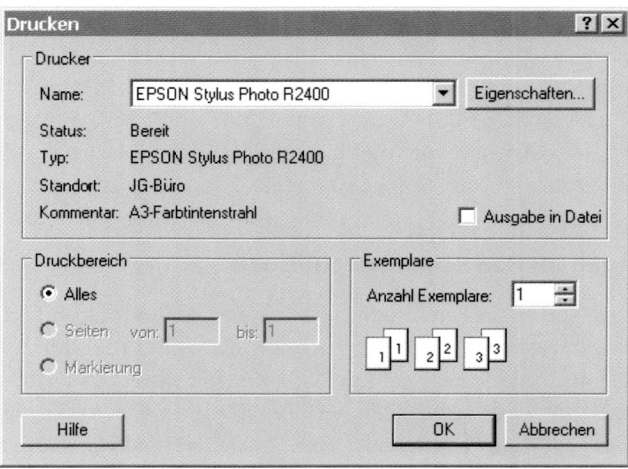

Abb. 6-12:

Wieder wählen wir zunächst den gewünschten Zieldrucker aus.

2. Durch einen Klick auf *Eigenschaften* kommen wir in den Dialog mit den für uns wichtigen Druckeinstellungen (Abb. 6-14). Dieser ist unter Win-dows etwas kompakter als unter Mac OS X – alle wichtigen Einstellungen liegen in einer Dialogbox.

Wir wählen das richtige Papier, als Qualitätsstufe *Optimales Foto*, deaktivieren unter *Druckoptionen* alle Optionen und setzen unter *Farbmanagement* die Option *ICM*.

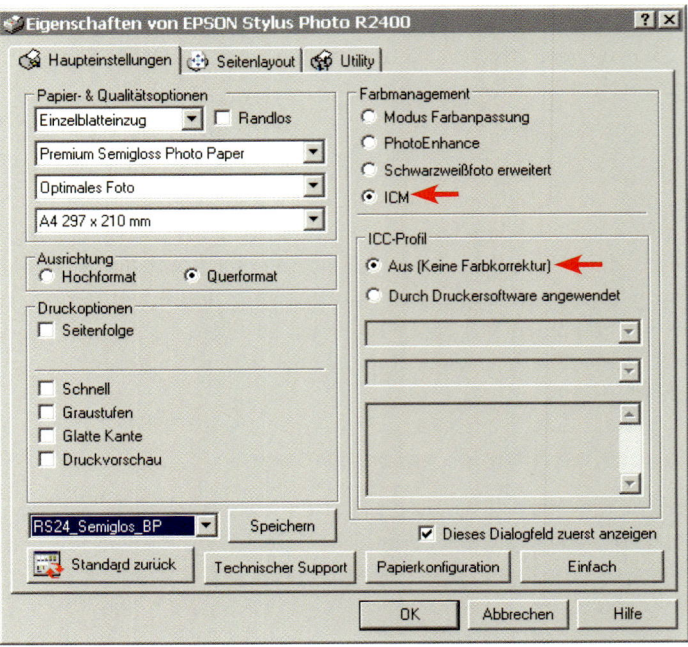

Abb. 6-13:
Unter Windows XP liegen alle wichtigen
Einstellungen in einer Dialogbox. Vergessen
Sie auch hier nicht, für einen Farbdruck die
markierten Einstellungen richtig zu setzen.

In der Rubrik *ICC-Profil* schließlich aktivieren wir die Option *Aus (keine Farbkorrektur)*. Die Kombination der letzten beiden Optionen stellt sicher, dass der Drucker selbst kein Farbmanagement durchführt – wir haben in Lightroom durch die Einstellung eines Farbprofils schließlich festgelegt (siehe Abb. 6-7 auf Seite 110), dass die Farbumsetzung durch Lightroom erfolgt. Es darf immer nur einer Farbmanagement betreiben – die Anwendung (hier Lightroom) oder der Drucker –, sonst gibt es unvorhersehbare, falsche Ergebnisse!

Einstellungen für den Schwarzweißdruck

Bietet der Druckertreiber einen speziellen Schwarzweißmodus und möchte man ein Schwarzweißbild ausgeben (auch wenn sich das Bild durch Aktivieren von *Graustufen* immer noch im RGB-Modus befindet), so sollte man die Farbumsetzung dem Druckertreiber überlassen. In Lightroom wählen wir dann unter *Profil* die Einstellung *Vom Drucker verwalten*. Die *Renderpriorität* ist dabei irrelevant (siehe Abb. 6-14).

Als Beispiel soll hier wieder der Epson-R2400-Treiber dienen. Dieser Drucker erlaubt mit seinen K3-Tinten und seinem speziellen Schwarzweiß-modus sehr gute, detailreiche Schwarzweißdrucke mit hoher Farbneutrali-tät (man kann im Treiber jedoch zusätzlich auch eine Tonung vorneh-

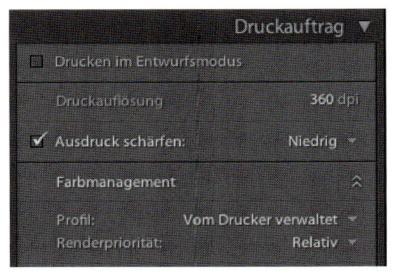

Abb. 6-14: Für den Schwarzweißdruck überlässt man die Farbumsetzung dem Drucker.

men). Die Einstellungen unter Windows XP sehen beispielweise wie nachfolgend dargestellt aus. Hat man unter Lightroom alle Parameter eingestellt, kommt man über den Knopf Drucken in den Druckertreiberdialog des Betriebssystems.

Dort (siehe Abb. 6-15) wählen wir zunächst den richten Drucker aus und gehen über den Button Eigenschaften in den eigentlichen Treiberdialog.

Nun stellen wir, wie zuvor beim Farbdruck, (hier unter dem Reiter Haupteinstellungen) zunächst das Papierformat ein, danach die richtige Papierart sowie die gewünschte Druckqualität. Auch diesmal verwenden wir in der Regel *Optimales Foto* oder bei anderen Druckern eine analoge Qualität.

Abb. 6-15: Auswahl des Zieldruckers

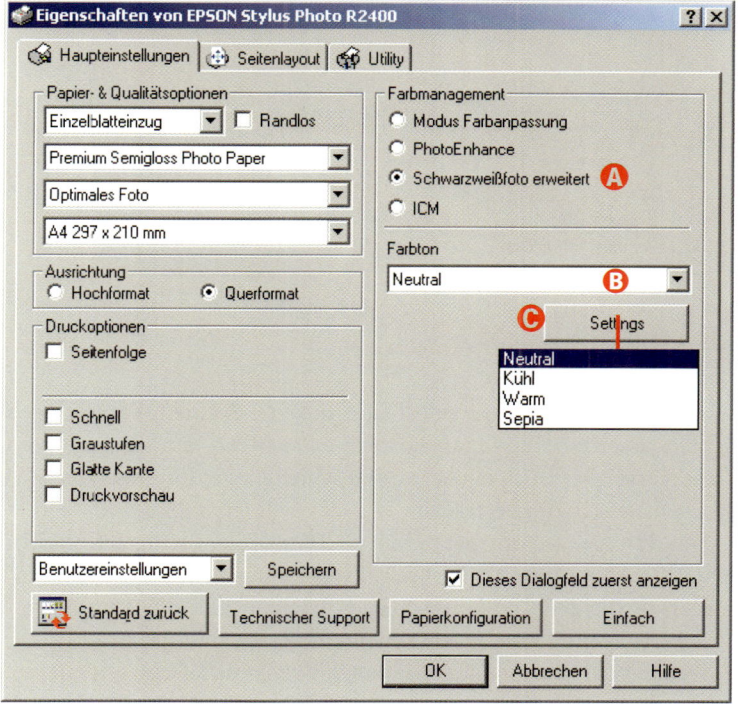

Abb. 6-16:

Einstellungen für einen Schwarzweißdruck mit dem speziellen Schwarzweißmodus des Epson R2400

Unten *Druckoptionen* deaktivieren wir alle Optionen (*Schnell, Graustufen,* …), wie in Abbildung 6-16 gezeigt.

Da wir hier beim R2400 den dort verfügbaren speziellen Schwarzweißdruckmodus nutzen möchten, aktivieren wir die Option *Schwarzweißfoto erweitert* (Abb. 6-16, Ⓐ) und als Farbton die Einstellung *Neutral* (Abb. 6-16, Ⓑ) – dies ist aber eine Frage des Geschmacks und des Motivs.

Einen Feinabgleich können Sie in einem Dialog vornehmen, den Sie über Settings aktivieren (siehe Abb. 6-16, Ⓒ) .

In der dann erscheinenden Dialogbox (hier nicht gezeigt) kann man den Farbton für die Tönung des Schwarzweißdrucks wählen.

PDF vom Druck

Was in Lightroom selbst fehlt, ist die Möglichkeit, den Kontaktbogen (oder
einen anderen Druck) als TIFF oder PDF abzulegen. Mac OS X erlaubt es,
PDF jedoch im Druckdialog des Betriebssystems selbst als Ausgabe anzugeben:

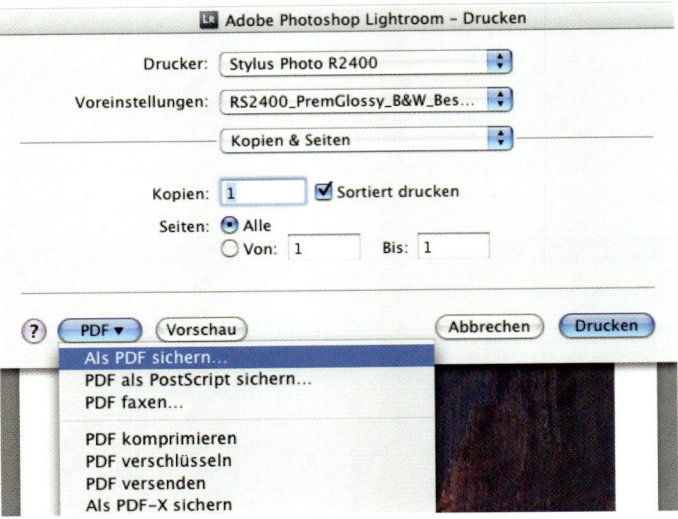

Abb. 6-17:
Unter Mac OS X lässt sich im
Druckertreiberdialog angeben, dass ein
PDF erzeugt werden soll.

6.4   Ausbelichten von Bildern

Möchte man Bilder, statt sie selbst zu drucken, bei einem Fotoservice ausbelichten lassen, so muss man sie dazu exportieren, um sie dann per CD,
Speicherkarte oder, noch einfacher und schneller, per Internet an einen solchen Dienstleister zu übertragen.

Das richtige Dateiformat ist hier JPEG mit einer geringen Komprimierung (siehe Abb. 6-18). Als Farbraum wählt man sRGB, da zumindest die
Fotodienste, die den Consumer-Markt bedienen, von sRGB ausgehen. Die
optimale Auflösung für das Ausbelichten beträgt 300 dpi.

Den Export führt man im Modus *Bibliothek* aus. Dazu selektieren wir
zunächst die gewünschten Bilder im Filmstreifen oder der Matrixdarstellung
und rufen den Exportdialog über den Button Exportieren (Navigationspanel links unten) auf. Für den Auftrag legen wir am besten einen eigenen
Auftragsordner an. Die Exportieren-Einstellungen sollten etwa so aussehen, wie Abbildung 6-18 zeigt.

Belichtungsstudios hingegen – solche für einen höheren Anspruch,
aber auch deutlich höheren Preisen – stellen auf ihrer Internetseite oft spezielle Farbprofile für ihre Ausgabegeräte zur Verfügung. Diese kann man
herunterladen, installieren und dann für Softproofs (z.B. in Photoshop)
verwenden. Man sollte zusätzlich beim Bildexport dieses Profil statt sRGB
verwenden, was bisher aber nicht geht. Bei diesen Anbietern finden Sie auf

der Internetseite zumeist genauere Anleitungen und eine Telefonnummer, bei der Sie bei Fragen anrufen können. Consumer-Dienste können sich dies der knapp kalkulierten Preise wegen nicht erlauben.

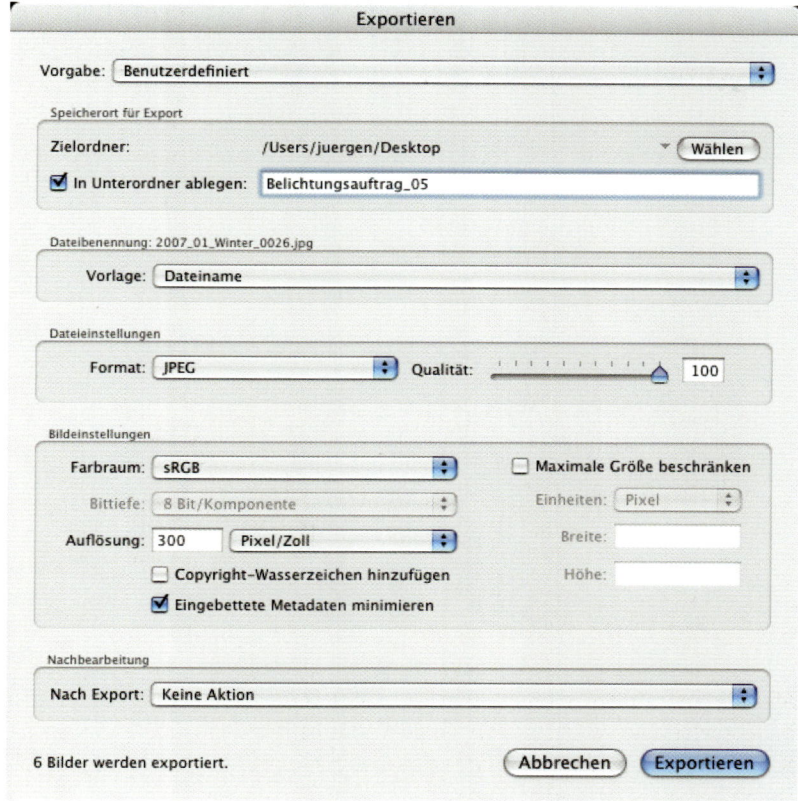

Abb. 6-18:

Export-Einstellungen für Bilder, die ausbelichtet werden sollen

11/13

Web-Galerien

7

Viele Fotografen möchten ihre Bilder im Web präsentieren. Dies ist immer noch eine der preiswertesten Arten der Werbung und eine gute Möglichkeit, andere auf die eigenen Arbeiten aufmerksam zu machen. Früher war dafür ein gutes Maß an HTML-Know-how erforderlich – oder man vergab den Auftrag dazu eben an einen Spezialisten. Aber auch dann war das Aktualisieren der Webseite mit neuen Bildern nicht trivial.

Inzwischen gehört die Erstellung einer Web-Galerie zum Standardrepertoire von besseren Bildbrowsern und Bildverwaltungssystemen. Die Erstellung besteht prinzipiell aus vier Schritten:

1. *Zusammenstellen der Bilder für die Galerie und Sortieren der Bilder*

2. *Umwandlung der Bilder in ein geeignetes Bildformat – bei Fotos ist dies zunächst JPEG – und das Skalieren auf eine geeignete Größe*

3. *Aufbau der Internetseiten. Sie bestehen in der Regel aus einer Einstiegsseite mit einer Bildiconmatrix und Links zu den Detailseiten, auf denen das einzelne Bild groß dargestellt ist.*

4. *Das Hochladen der fertigen Seiten auf den Web-Server. Zuvor sollte man natürlich die erstellte Galerie lokal testen.*

Für all diese Aufgaben stellt Lightroom die Werkzeuge zur Verfügung. Die Bildumwandlung und -skalierung (Schritt 2) erfolgen so transparent, dass der Anwender kaum etwas davon mitbekommt.

7.1 Bilder für die Galerie sammeln

Wie bei der Diashow übernimmt Lightroom alle Bilder der aktuellen Sicht in die generierte Web-Galerie. Es gilt deshalb zunächst, die Bilder für die Galerie in einer Sicht zusammenzustellen – eine Kollektion ist dafür wieder der einfachste Weg.

Legen Sie deshalb im Bibliotheksmodus eine Kollektion an – entweder eine neue, benannte Kollektion oder Sie benutzen die *Schnellkollektion*, in die Sie mit der Taste ⎡B⎤ Bilder einfügen (oder von dort wieder entfernen) können. Mit ⎡Ctrl⎤-⎡B⎤ (Mac: ⎡⌘⎤-⎡B⎤) oder Bild ▸ Schnellkollektion anzeigen wird die Schnellkollektion angezeigt (zur aktuellen Sicht). Falls Sie eine benannte Kollektion benutzen, so aktivieren Sie stattdessen diese im Navigatorpanel.

Nun gilt es, die Bilder (wie bei der Diashow) in die richtige Reihenfolge zu bringen. Dies geht am einfachsten in der Matrixdarstellung des Bibliotheksmodus. Stellen Sie bei vielen Bildern eine relativ kleine Icon-Darstellung ein und ziehen Sie nun die Bilder mit der Maus in die gewünschte Reihenfolge. Damit ist die Vorbereitung bereits abgeschlossen und wir wechseln in den Modus Web.

7.2 Gestaltung der Web-Galerie

Das Schema der meisten Galerien sieht so aus, dass es eine Einstiegsseite und weitere Einzelseiten gibt. Die Einstiegsseite enthält den Web-Seitentitel sowie weitere Angaben und die kleinen Vorschauicons der einzelnen Bilder. Klickt man auf eines der Icons wird der Betrachter zur Detailseite geführt, die das einzelne Bild in groß enthält.

Abb. 7-1: Die 7 Einstellungsblöcke im Web-Modus

Lightroom erstellt Web-Galerien entweder als HTML-Galerie oder als Flash-Galerie. Für die Basisform der Galerie sind wir zunächst auf eine der Vorlagen angewiesen. Stellen wir keine Vorlage ein, so wird eine (unbenannte) Standardgalerie verwendet oder auf die zuletzt eingestellte zurückgegriffen. In Lightroom Version 1 stehen uns nach der Installation bereits 17 Vorlagen zur Verfügung.

Wie bei den anderen Modi können wir durch Browsen im Vorlagenbrowser uns zunächst eine Übersicht verschaffen und sehen zumindest das Schema der Galerie im kleinen Vorschaufenster des Navigatorpanels. Detaileinstellungen finden wieder im Parameterpanel rechts statt.

Die Einstellungen gliedern sich in sieben Bereiche, die Abbildung 7-1 zeigt. Die oberste Einstellung – HTML- oder Flash-Galerie – wird dabei durch die gewählte Vorlage bestimmt oder man erhält hier, wenn keine Vorlage aktiviert ist, eine von zwei Standardgalerien.

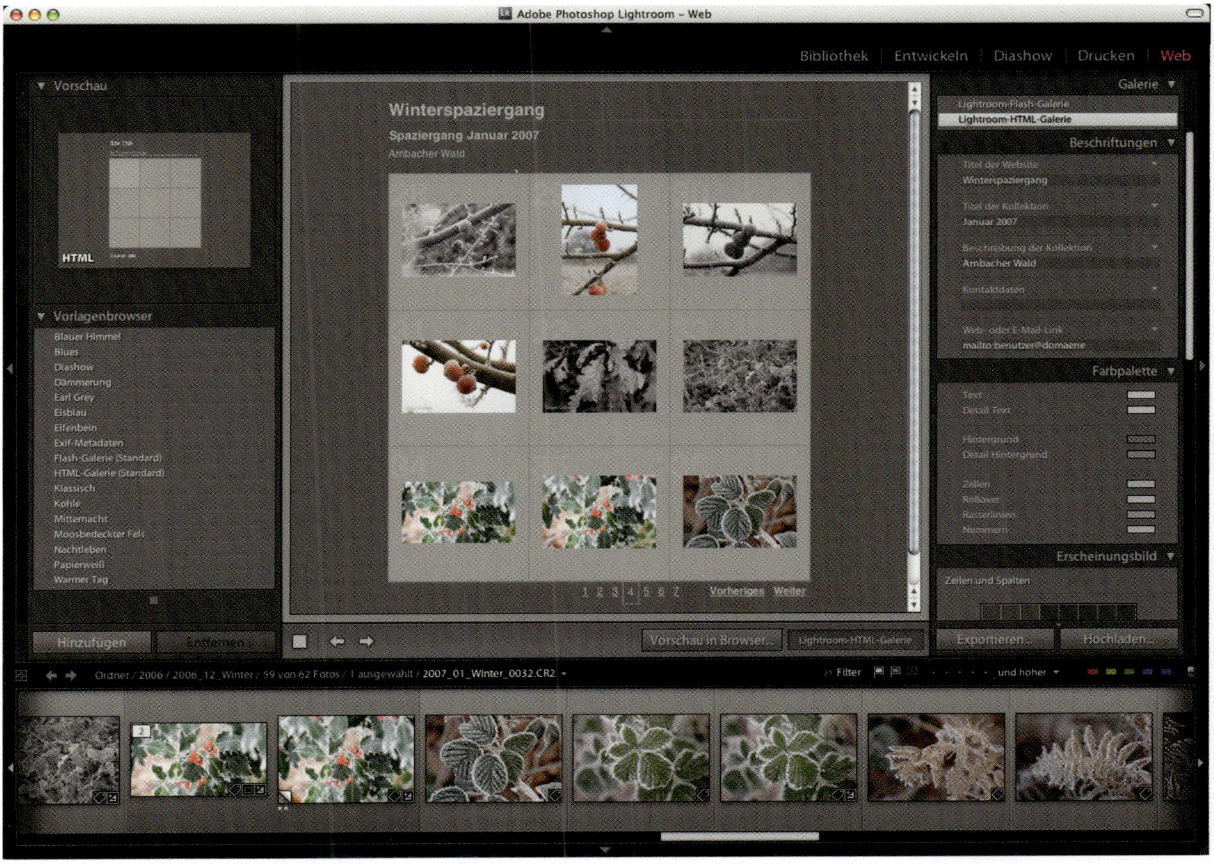

Abb. 7-2: Lightroom im Web-Modus. Hiermit lassen sich Web-Galerien anlegen.

Beschriftungen

Dies sind die Textfelder, deren Inhalt in der Galerie an verschiedenen Positionen erscheinen, angefangen mit dem Titel der Einstiegsseite der Galerie. Die Zuordnung von Parameterfeld hier und der Angabe in der Galerie ist einfach, da zunächst die Feldvorbelegungen mit den Texten in der Galerievorschau übereinstimmen. Der Text, den man hier eingibt, erscheint sofort im Vorschaufenster. Sie können natürlich einzelne Felder leer lassen (den Inhalt löschen), damit die entsprechende Komponente in der Galerie leer bleibt.

Sie können übrigens die Texte auch gleich im Vorschaufenster editieren – ein Doppelklick dort aktiviert den Editiermodus des Feldes.

Die Position einer Textkomponente wird durch die Vorlage bestimmt und ist nicht änderbar. Für einige Änderungen muss man die Vorlage (in der XML-Struktur der Vorlage) selbst ändern – und zwar mit einem Texteditor außerhalb von Lightroom (siehe dazu Kapitel 9.4).

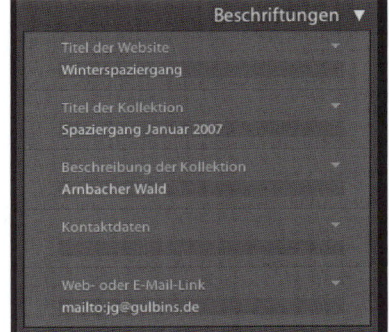

Abb. 7-3: Felder für die Beschriftungen in der Web-Galerie

Es ist anzunehmen, dass in Bälde weitere fertige Web-Vorlagen für Lightroom im Internet von Drittanbietern angeboten werden.

Farbpalette

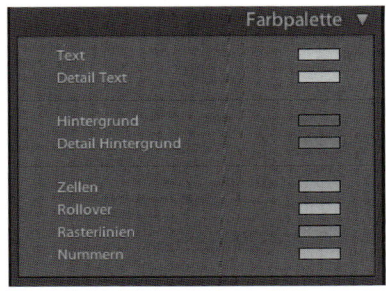

Abb. 7-4: Festlegung der Farben in der Galerie

Dieser Block ist selbsterklärend. Hier lassen sich die Farben aller Galerieelemente einstellen.

Ein Klick auf das betreffende Farbfeld ruft eine kleine Farbpalette auf, in der man die neue Farbe wählt (siehe Abb. 7-5). Im oberen Bereich der Dialogbox wählen Sie zunächst die Art des Farbgebers und im Farbgeber oder der Farbpalette dann die gewünschten Farben. Diese können Sie optional zusätzlich noch nach unten in die kleine (zunächst leere) Farbpalette ziehen, um sich so eine eigene Farbpalette aufzubauen:

Teilweise lässt sich auch noch ein Farbmodell auswählen (Graustufen, RGB, CMYK und HSV). Klickt man auf die Lupe 🔍 neben dem Farbfeld, so lässt sich damit die Farbe aus irgend einem Element auf dem Bildschirm abgreifen. Die neu gesetzte Farbe sieht man sogleich in der Vorschau – noch bevor man die Farbauswahl wieder schließt.

Die hier beschriebene Farbauswahl funktioniert in gleicher Art für die Farbauswahlen im Modus Diashow und Drucken.

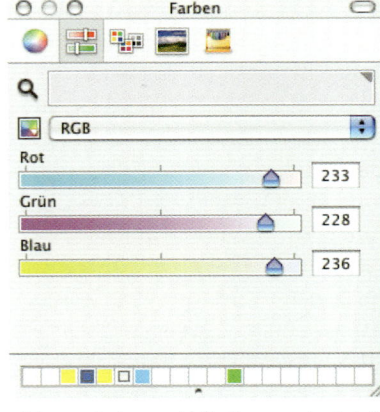

Abb. 7-5: Farbauswahl für Elemente der Galerie

Erscheinungsbild

Unter *Erscheinungsbild* legen Sie fest, wie groß die Icon-Matrix der Einstiegsseite sein soll sowie ob und welche Ihrer Erkennungstafeln mit aufgenommen werden. Ist *Erkennungstafel* aktiviert, so lässt sich die URL angeben, die angesprungen wird, falls der Besucher auf das Tafelelement klickt.

Um die Matrixgröße und damit die Anzahl der Bildicons in der Einstiegsseite festzulegen, ziehen Sie mit der Maus im Feld einen Matrixbereich auf. Die minimale Größe ergibt sich aus der Vorlage.

Ausgabeeinstellungen, Bildeinstellungen

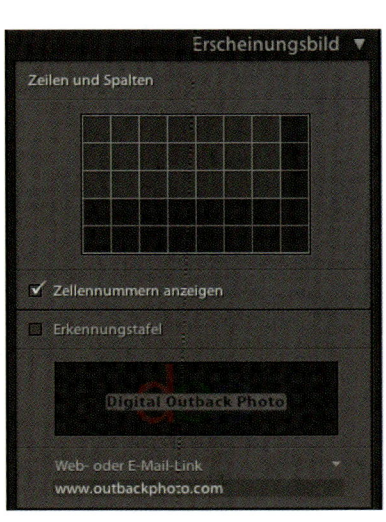

Abb. 7-6: Festlegungen zur Matrix der Einstiegsseite und zur Erkennungstafel

In diesem Block legen Sie fest, wie die Detailseiten aussehen sollen, d.h., wie groß das Einzelbild dargestellt wird und mit welcher JPEG-Komprimierung sowie (unter Bildeinstellungen) welche Zusatzinformationen zu den einzelnen Bildern angezeigt werden.

Wie zuvor bei der Gestaltung von Diashows und Drucken finden Sie unter ▼ jeweils hinter *Titel* und *Bildbeschreibung* wieder ein Pulldown-Menü. Darin können Sie unter *Bearbeiten* wieder einen Vorlageneditor aufrufen, in dem Sie die Metadaten festlegen, die zu jedem Bild ausgegeben werden. Deren Position und Größe lässt sich jedoch hier im Vorschaufenster nicht ändern, sondern nur in den Vorlagen selbst (siehe dazu Kapitel 9.4).

→ *Bilder, exportiert, werden automatisch mit dem Farbraum sRGB versehen.*

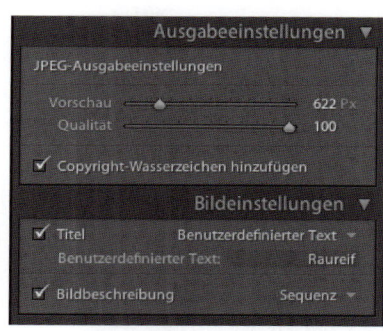

Abb. 7-7: Einstellungen zu den Einzelseiten

Ausgabe

Hier schließlich legen Sie fest, wohin – nach einem gründlichen Test – Ihre fertige Web-Galerie hochgeladen werden soll und in welchen Unterordner.

Die Einstellungen zum FTP-Server (siehe Abb. 7-9) erreichen Sie über das Pulldown-Menü *FTP-Server* im Menüpunkt *Bearbeiten*.

Das Hochladen selbst geschieht durch Klick auf den Button Hochladen. Sie werden dabei nochmals nach dem Kennwort des Serverzugangs gefragt, falls Sie im Dialog von Abbildung 7-8 kein Passwort eingetragen haben. Dies könnte empfehlenswert sein, da Lightroom das Passwort intern im Klartext hinterlegt (und darauf hinweist).

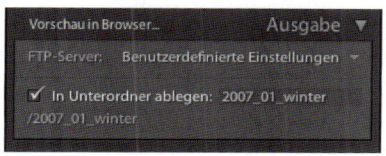

Abb. 7-8: Festlegung, wohin die neue Galerie geladen werden soll

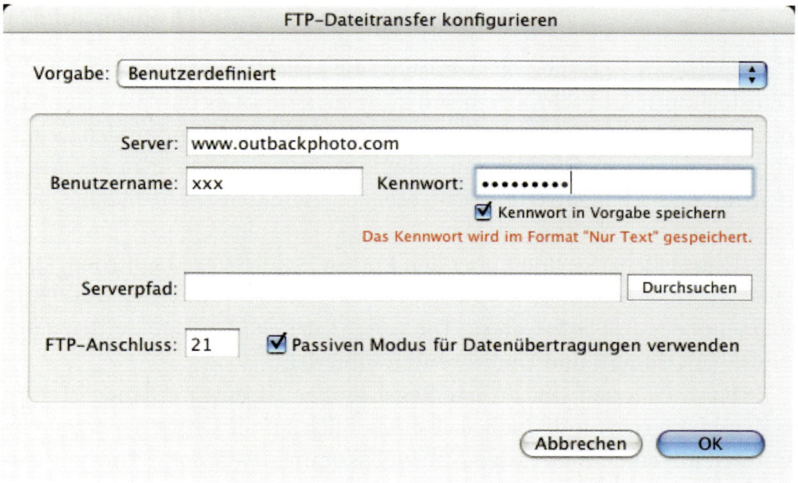

Abb. 7-9:
Angaben zum FTP-Server, auf den die fertige
Web-Galerie geladen werden soll

7.3   Web-Galerie testen

Bevor man die Galerie ins öffentliche Web stellt, sollte man sie natürlich testen. Dies geht in zwei Stufen:

a)   Man testet sie am einfachsten direkt im Vorschaufenster von Lightroom. Die Anzeige dort agiert bereits interaktiv. Blenden Sie zum Test am besten alle anderen Panele aus.

b)   Sie klicken auf den Button Vorschau im Browser unterhalb des Vorschaufensters. Lightroom generiert dadurch die Galerie, was aber etwas Zeit dauern kann. Der Fortschritt wird dabei wie beim Import links oben im Statuspanel angezeigt. Lightroom legt die Galerie in einem temporären Ordner ab und ruft nach Fertigstellung Ihren Standard-Webbrowser mit der Galerie auf.
        Die Struktur des erzeugten Web- oder Flashcodes ist unserer Erfahrung nach sehr sauber und gut strukturiert.

Die zweite Art ist etwas gründlicher und erlaubt auch die im Browser angezeigte URL in verschiedene Webbrowser zu übernehmen, um so den Test auch mit verschiedenen Browsern durchführen zu können.

7.4   Web-Galerie exportieren

Da Lightroom es bisher nicht erlaubt, die Galerie als Lightroom-Objekt (Einstellungen und Bildreferenzen) zu speichern, ist es durchaus sinnvoll, die Galerie ganz normal abzulegen, sei es, um sie so z.B. an Kunden weiterzugeben oder um eine Sicherungskopie zu haben, wenn man sie erneut braucht und in Lightroom nicht erneut zusammenstellen möchte oder kann.
        Dieses Sichern erfolgt über den Button Exportieren. Lightroom speichert die Galerie dann in dem angegebenen Ordner – entweder als HTML-Element oder als Flash-Galerie. Die verschiedenen Elemente werden dabei sauber in Ordnern und Unterordnern hinterlegt.
        Flash-Galerien sind in der Regel größer als entsprechende HTML-Galerien. Werfen Sie deshalb auch einen Blick auf die Größe der erzeugten Ordner, um einen Eindruck davon zu bekommen, was der Betrachter später herunterladen wird. Ist das Ergebnis zu groß, sollten Sie die Qualitätsstufe der JPEG-Bilder reduzieren (siehe dazu Abb. 7-7 auf Seite 123). Unserer Erfahrung nach kann man hier durchaus auf etwa 50% herunter gehen, ohne allzu große Qualitätsverluste zu erleiden (dies gilt natürlich ebenso für HTML-Galerien).
        Flash-Galerien haben den Vorteil, dass der Betrachter beim Besuch ein automatisches Abspielen aktivieren kann, während er sich bei einer HTML-Galerie durch die einzelnen Bilder durchklicken muss.

Gut gestaltete Web-Galerien können auch ein adäquates Mittel sein, um bei Shootings im Kundenauftrag dem Kunden die Bilder zu präsentieren, die man zur weiteren Nutzung ausgesucht hat. Versieht man die Bilder in der Galerie dabei mit Namen oder Nummern, ist auch ein einfacher Bezug für eine spätere Diskussion geschaffen.

Wie bei den anderen Ausgabemodi können Sie sich auch hier das Schema vorhandener Vorlagen im kleinen Vorschaufenster des Navigationspanels links anzeigen lassen, die vorhandenen Vorlagen nutzen, verändern, löschen und durch eigene ergänzen. Man hat bereits damit einen sehr großen Gestaltungsspielraum.

Für wirklich größere Eingriffe müssen Sie die Vorlagen selbst editieren, die als XML-Dokumente hinterlegt sind.[*] Dazu muss man sich jedoch mit deren Struktur vertraut machen. Wir gehen davon aus, dass es bald auch detaillierte Beschreibungen dazu von Adobe geben wird.

Siehe hierzu Kapitel 9.4.

Eine ganze Reihe von Tipps zur zusätzlichen Gestaltung von Web-Flash-Galerien findet man im Blog bei Bluefire [46].

Rechtschreibprüfung

Bevor man etwas publiziert, empfiehlt es sich – natürlich ebenso bei Diashows –, den Inhalt nicht nur darauf zu überprüfen, ob er optisch ansprechend ist, sondern auch auf die korrekte Rechtschreibung der Texte – Fehler sind hier peinlich. Lightroom bietet deshalb eine Rechtschreibprüfung an. Details dazu finden Sie im Kapitel 9.6.

Exportieren und extern editieren

8

Es sei hier nochmals betont: Das ganze Editieren in Lightroom erfolgt nicht-destruktiv. Die Korrekturen werden lediglich als Einstellungssatz zum Bild hinterlegt – und zwar in der Lightroom-Bibliothek. Optional schreibt Lightroom diese Metadaten zusätzlich in eine XMP-Struktur – die bei TIFF, JPEG, PSD, DNG ins Bild selbst eingebettet wird und bei Raw-Dateien in einem Filialdokument liegen. Diese Korrektureinstellungen werden dann in der Lightroom-Anzeige berücksichtigt.

Fast alle externen Anwendungen (mit Ausnahme von ACR ab Version 3.7) werden diese Angaben ignorieren. Damit auch andere Anwendungen darauf zugreifen können bzw. die editierte Version sehen, gibt es drei Möglichkeiten:

a) *Sie können ein Bild selektieren und danach mit einer der beiden in den Lightroom-Grundeinstellungen vorkonfigurierten Anwendungen bearbeiten lassen. Wir gehen gleich näher darauf ein.*

b) *Ziehen Sie einfach – und dies ist bisher leider nur unter Mac OS X möglich – das Bild per Drag&Drop auf eine externe Anwendung. Dies kann bei Raw-Dateien beispielsweise ein anderer Raw-Konverter sein. Hierdurch wird die Originaldatei an diese Anwendung übergeben und kann dort bearbeitet werden.*

c) *Sie exportieren Bilder explizit (im Modus Bibliothek) über den Button ›Exportieren‹ (links unter dem Navigationspanel).*

Gründe, Bilder zu exportieren, gibt es viele – etwa wenn man optimierte Bilder oder auch nur Raw-konvertierte Bilder weitergeben möchte. Es ist ein Weg, damit externe Anwendungen, die auf den Bildordner selbst zugreifen sollen oder gleich auf mehrere Bilder parallel, an die Bilder herankommen. Dies ist beispielsweise notwendig, wenn man mit Photoshop oder einem speziellen Stitching-Programm Panoramen aus mehreren Einzelbildern zusammensetzen will.

Auch die Einzelbilder für die Erstellung von HDR-Bildern (*High Dynamic Range Images*) sind Kandidaten für den Export. Dabei setzt ein Programm den Tonwertumfang des Bildes aus mehreren Einzelbildern zusammen, die mit unterschiedlichen Belichtungen erstellt wurden. Auch wenn man eine Diapräsentation mit speziellen Programmen erstellen möchte, muss man die Bilder dafür exportieren. Solche Programme erlauben beispielsweise feiner gesteuerte Bildübergänge als Lightroom. Sie bieten oft auch eine differenziertere Audiounterlegung.

Ein Bildexport ist selbst dann nötig, wenn die Bilder bereits in einer externen Ordnerstruktur liegen, denn schließlich soll in der Diashow auf die Bilder in bereits korrigierter Form zurückgegriffen werden.

8.1   Externe Editoren

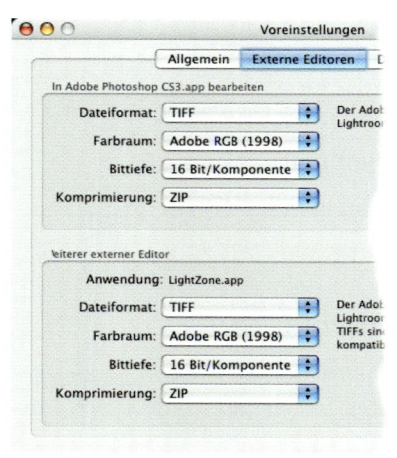

Abb. 8-1: In den Lightroom-Voreinstellungen können Sie zwei Editoren konfigurieren.

Lightroom erlaubt die Übergabe eines selektierten Bildes an einen externen Editor. Dazu gibt es zwei Einträge in den Lightroom-Voreinstellungen unter *Externe Editoren* (siehe Abb. 8-1). Den ersten Eintrag wählt Lightroom dabei selbst – offensichtlich Photoshop oder ein anderer Adobe-Editor; den zweiten Eintrag kann der Anwender in den Voreinstellungen festlegen:

Dies kann man dazu nutzen, entweder zwei unterschiedliche Editoren zu konfigurieren (bisher ist aber nur einer frei konfigurierbar) oder denselben Editor mit zwei unterschiedlichen Übergabeformaten. Wir haben dort Photoshop CS3 und LightZone eingetragen und übergeben 16-Bit-TIFF-Bilder (wenn möglich).

Der Aufruf des externen Editors erfolgt entweder über Foto ▸ Edit in xx, im Dropdown-Menü unter der rechten Maustaste oder per ⌸Strg⌸-⌸E⌸ (Mac: ⌘-⌸E⌸) bzw. für den zweiten Editor per ⌸Strg⌸-⌸Alt⌸-⌸E⌸ (Mac: ⌥-⌘-⌸E⌸).

Es erscheint dazu eine kleine Dialogbox (siehe Abb. 8-2), in der Sie auswählen, was Lightroom an die Anwendung übergibt:

Abhängig von der Art des in Lightroom selektierten Bildes kann es sein, dass einige der Optionen ausgegraut sind. Die Erklärung finden Sie in der Dialogbox. Wird eine Kopie bearbeitet, so legt Lightroom zunächst die Kopie neu an. Sie erhält in der deutschen Lightroom-Version das Kürzel ›-Bearbeiten‹ an den Dateinamen angehängt. Lightroom übergibt dem externen Editor den Namen dieser Kopie zur Bearbeitung. Editieren Sie nun extern das Bild und sichern es (**nicht** per ›Sichern als‹), so wird die Vorschau zu dem von der externen Anwendung in der Kopie hinterlassenen

Bild nach kurzer Zeit von Lightroom aktualisiert. lisiert. Sichert man das Bild per Sichern als unter einem anderen Namen, kennt Lightroom das neue Bild erst nach einem expliziten Import!

8.2 Drag & Drop

Wie bereits Adobe Bridge (der Bildbrowser seit Photoshop CS1) erlaubt Lightroom unter Mac OS X Bilder aus dem Filmstreifen oder der Matrixdarstellung heraus auf andere Mac-Anwendungen zu ziehen, um das Bild damit zu öffnen. Unter Windows funktioniert dies bei Lightroom Version 1 leider nicht.

Bearbeitet man das Bild in der Anwendung und sichert das geänderte Bild (per Sichern) unter dem gleichen Namen und am gleichen Ort, so übernimmt Lightroom die Änderung und aktualisiert nach kurzer Zeit auch seine Vorschau. Sichert man das Bild jedoch unter einem anderen Namen – selbst im gleichen Ordner –, so kennt Lightroom das (neue Bild) erst, nachdem man es anschließend explizit importiert hat.

Wir nutzen diese Drag&Drop-Funktion unter Mac OS häufig, um Bilder in LightZone selektiv – d.h. beschränkt auf bestimmte Bildbereiche – zu korrigieren und tun dies dann zumeist an TIFF-Bildern.

Zieht man ein Bild aus dem Lightroom-Filmstreifen oder der Matrixdarstellung in ein DTP-Dokument, so wird es dort platziert. Dies setzt aber voraus, dass die DTP-Anwendung das Bildformat beherrscht, was aber bei 8-Bit-TIFF und 8-Bit-JPEG inzwischen für die meisten Anwendungen gilt. Bei Bildern mit 16 Bit Farbtiefe kommt es auf die DTP-Anwendung an, ob sie damit fertig wird. So verkraftet beispielsweise InDesign solche Bilder, FrameMaker oder MS-Word hingegen nicht.

Bei TIFF-Dateien kann auch die Art der Komprimierung relevant sein. Während fast alle DTP-Anwendungen unkomprimiertes TIFF verarbeiten können, sollte man es bei ZIP- und LZW-Komprimierung vorher ausprobieren. Raw-Dateien hingegen kann bisher keine DTP-Anwendung direkt importieren.

Abb. 8-2: Wählen sie aus, was übergeben werden soll.

Abb. 8-3: Bilder, wie hier die Eule, lassen sich aus Lightroom heraus auch per Drag&Drop in DTP-Dokumente platzieren.

Dabei wird bei den meisten DTP-Anwendungen nicht das Bild selbst eingebettet, sondern nur ein Verweis auf das Bild. Ändert man danach das Bild in Lightroom oder einer anderen Anwendung, so ändert sich damit auch das referenzierte Bild im DTP-Dokument.

8.3 Bilder exportieren

Die Funktion Export kann man als Stapelverarbeitung bzw. Stapelkonvertierung von Lightroom betrachten. Beim Export – und dieser wird als Funktion nur im Modus *Bibliothek* angeboten – rendert Lightroom die selektierten Bilder, d.h., es rechnet alle durchgeführten Korrekturen in die exportierten Bilder ein und konvertiert sie entsprechend den Einstellungen im Exportdialog (siehe Abb. 8-4), um sie schließlich im eingestellten Zielordner abzulegen.

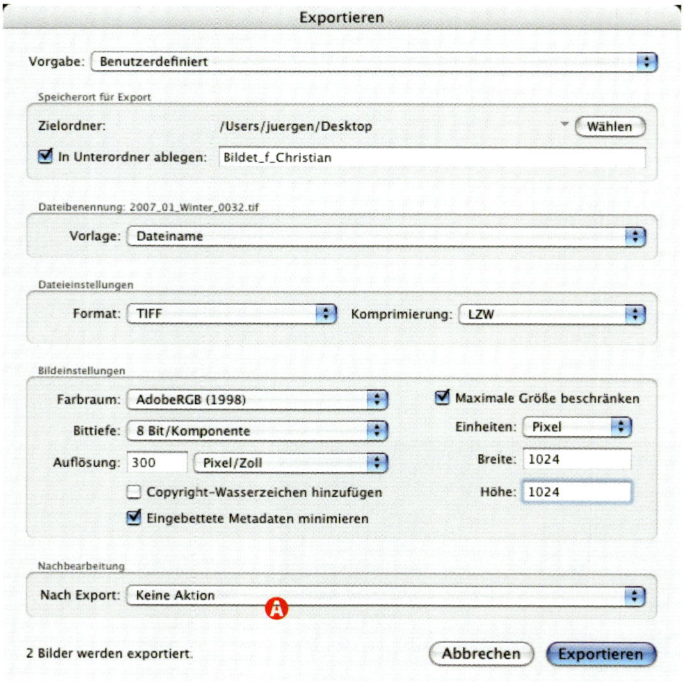

Abb. 8-4: Der Exportdialog erlaubt neben dem Bildformat auch die Farbtiefe, den Farbraum sowie – optional – die Bildgröße anzugeben.

Beim Export lässt sich gleich eine Namenskonvertierung vornehmen – etwa um mit dem eigenen Namenskürzel die Herkunft der Bilder anzugeben. Dazu kann man eine Vorlage für die Dateinamen verwenden, wie wir sie bereits vom Import her kennen.

Als Exportformate stehen JPEG, TIFF, PSD und DNG zur Verfügung. Bei JPEG lässt sich eine Qualitätsstufe und damit die Stärke der Komprimierung einstellen, bei TIFF zusätzlich die Art der Komprimierung. Die höchste Kompatibilität mit anderen Programmen erreicht man bei TIFF mit *Keine*, die beste Komprimierung – und diese ist verlustfrei – mit ZIP, was aber von vielen anderen Programmen nicht verarbeitet werden kann.

In einigen Fällen ist es auch sinnvoll, die Metadaten in den exportierten Bildern zu reduzieren. Man kann optional zusätzlich ein Copyright-Wasserzeichen einfügen.

Export-Farbraum

Lightroom arbeitet intern mit einem an *Pro Photo RGB* angelehnten Farbraum (der Lightroom-Farbraum hat zunächst ein Gamma von 1,0). Beim Export muss man einen Farbraum wählen – entweder *sRGB*, *Adobe RGB* oder *Pro Photo RGB*. Am unproblematischsten erweist sich für den Empfänger *sRGB*, insbesondere dann, wenn er keine große Erfahrung mit Farbräumen hat und zur Darstellung unter Umständen Applikationen ohne Farbmanagement einsetzt. So ist unter Windows sRGB der Standardfarbraum. sRGB ist jedoch zugleich auch der kleinste der drei Farbräume, und exportiert man Raw-Bilder, so geht bei Bildern mit kräftigen Farben einiges vom Farbumfang verloren, den eine gute Kamera aufzeichnen kann. *Verloren* soll hier heißen, dass diese Farben auf weniger satte Farben reduziert werden. Dafür sind solche sRGB-Bilder dann recht unproblematisch und ohne allzu große Farbveränderungen mit Standardbildschirmen darstellbar, belichtbar und ausdruckbar.

Auch wenn Sie Bilder zum Ausbelichten bei einem Consumer-Fotoservice konvertieren, sollten Sie – wie bereits im Kapitel 6.4 erwähnt – sRGB als Zielfarbraum einsetzen.

Möchten Sie Raw-Bilder oder JPEG-Bilder, die sich bereits im Adobe-RGB-Farbraum befinden, mit möglichst vollständigem Farbumfang weitergeben und kann Ihr Empfänger (oder Sie selbst als Nutzer) damit richtig umgehen, so ist *Adobe RGB* die bessere Farbraumeinstellung.

Der größte hier angebotene Farbraum ist Pro Photo RGB. Er erlaubt den vollen Farbumfang von Raw-Bildern aufzunehmen und ist, wie bereits erwähnt, der in Lightroom intern benutzte Farbraum. Beim Export sollte man ihn jedoch nur dann einsetzen, wenn man Bilder als PSD oder 16-Bit-TIFF exportiert und sicher ist, dass der Empfänger richtig damit umgehen kann.

Leider lassen sich bisher keine weiteren Farbräume für den Export einstellen. Braucht man einen anderen Farbraum, muss man deshalb mit einer externen Anwendung die Konvertierung vornehmen – etwa in Photoshop. Dies ist beispielsweise dann sinnvoll, wenn man Bilder hochwertig bei einem Belichtungsstudio ausbelichten lassen möchte und dieses dafür speziell das Farbprofil seines Ausgabegeräts bereitstellt. Eine solche nachträgliche Farbraumkonvertierung lässt sich in eine Photoshop-Aktion einbetten, die man als Nachbearbeitungsaktion in den Export-Einstellungen angibt.[*] Die Konvertierung übernehmen diese Studios jedoch auch für Sie, falls Sie sie darum bitten.

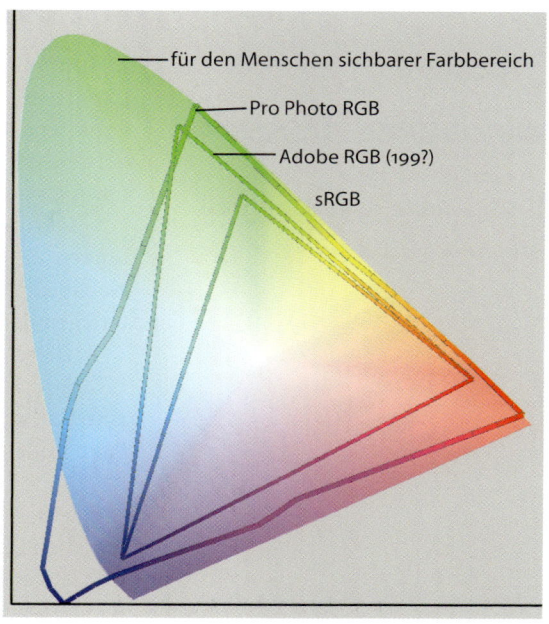

Abb. 8-5: Die drei Farbräume im Vergleich

→ *Bilder, die man im Web-Modus oder im Modus ›Diashow‹ mit den dortigen Export-Funktionen exportiert, werden automatisch in den Farbraum sRGB konvertiert.*

* *in Abb. 8-4 Ⓐ, unter Nachbearbeitung*

Möchte man nur ein einzelnes Bild exportieren, so selektiert man es und klickt auf den Export-Button im Bibliotheksmodus. Soll es hingegen ein ganzer Ordner sein, so selektiert man in Lightroom diesen Ordner, wählt alle Bilder aus (etwa per Strg/⌘-A) und klickt auf Export.

Lightroom gestattet, die Exporteinstellungen als Vorgabe zu hinterlegen und beim nächsten Export wieder abzurufen. Wir empfehlen dies, da es hilft, Fehler zu vermeiden. Geben Sie dabei der Vorgabe einen Namen, der beschreibt, wozu diese Exporteinstellung dienen soll.

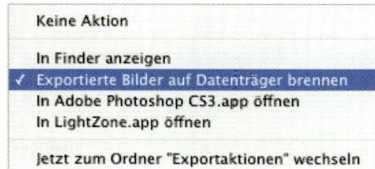

Abb. 8-6: Mögliche Aktionen nach dem Export

Export-Nachbearbeitung

Lightroom bietet bereits einige einfache Schritte an, die man nach dem Export initiieren kann – etwa den exportierten Ordner im Finder bzw. Explorer des Betriebssystems anzuzeigen oder die exportierten Bilder gleich auf eine CD oder DVD zu brennen. Man findet die in Abbildung 8-6 gezeigten Aktionen im Pulldown-Menü des Exportdialogs (siehe Abb. 8-4 Ⓐ).

Darunter finden Sie auch den Aufruf der beiden in den Voreinstellungen eingestellten externen Anwendungen. Automatisch aufgerufene Nachbearbeitungsaktionen sollten Sie in dem Ordner *Export-Actions* hinterlegen. Diesen Ordner (und wo man ihn findet) zeigt Kapitel 9.4.

Diese Aktion muss entsprechend den Lightroom-Regeln eine ausführbare Datei sein. Möchte man hier deshalb eine Photoshop-Aktion automatisch ausführen, so muss dies ein Photoshop-Droplet sein. Details dazu finden Sie im Photoshop-Handbuch.

Unter Mac OS X besteht für eine solche automatische Nachbearbeitung eine Möglichkeit darin, im Exportdialog auf diese Aktion zu verzichten, die Bilder aber in einen Ordner zu exportieren, dem eine Ordner-Aktion zugeordnet ist. Für Details dazu sei hier auf die Macintosh-Dokumentation verwiesen.

8.4   Von Lightroom zu Lightroom

Zuweilen möchte man Daten zwischen Lightroom-Bibliotheken austauschen – beispielsweise wenn man Fotos bereits unterwegs mit dem Laptop einliest, um sie zu inspizieren. Die Arbeit der Bewertung und Attributierung sowie gewisse bereits durchgeführte Korrekturen möchte man dabei natürlich nicht verlieren, wenn man anschließend die Bilder auf seinen regulären Arbeitsplatz-PC bringt.

In der einfachen Version ist dies kein Problem, solange man in den Lightroom-Voreinstellungen festgelegt hat, dass Lightroom die Metadaten im XMP-Format schreibt.[*]

* *Siehe dazu die Einstellungen in Abb. 2-11 Ⓑ auf Seite 33.*

Man montiert dann zu Hause einfach den entsprechenden Ordner des Laptops als Netzwerklaufwerk und importiert (und kopiert) von dort die Bilder auf den Arbeitsplatzrechner. Dabei werden aber Kollektionen, Stapel und virtuelle Kopien nicht mit importiert. Achten Sie darauf, dass Sie die Bilder beim Import nicht erneut umbenennen, wenn Sie sie bereits beim ersten Import umbenannt haben.

Für weiter gehende Operationen hatte die letzte öffentliche Lightroom-Betatestversion das Konzept von *Photo-Binders* eingeführt. Dieses Konstrukt wurde aber nicht in die finale Version übernommen – offensichtlich war es noch nicht ganz stabil und wurde aus Zeitmangel fallengelassen. Wir gehen jedoch davon aus, dass wir im nächsten Lightroom-Update eine gleichwertige Lösung bekommen werden.

8.5 Workflow-Beispiel mit LightZone

Das nachfolgende Beispiel zeigt, wie gut Lightroom mit anderen Editoren zusammenarbeitet – hier am Beispiel von LightZone – und wie wir Funktionen anderer Editoren nutzen, die in Lightroom noch fehlen. In diesem Beispiel geht es um selektive Korrekturen. Für solche Korrekturen verwenden wir bisher entweder Photoshop mit seinen Einstellungsebenen und Ebenenmasken oder wie hier LightZone [30]. Eine kurze Vorstellung von LightZone, hier oft mit LZ abgekürzt, finden Sie in FotoEspresso 3-2006 unter [11].

Vorarbeiten in Lightroom

In Lightroom, wo wir unser Ausgangsbild aus Abbildung 8-7 importiert haben und verwalten, legen wir ein weiches Bild an; in den Lichtern darf es keinerlei Beschnitt haben und in den Tiefen keinen oder nur sehr wenig. Da der Himmel sehr dunstig war, aber einige wenige Wolken hatte, die in Kalifornien recht selten sind, sollte das Blau des Himmels verbessert werden, um eine bessere Ausgangsbasis für unsere spätere Schwarzweißarbeit zu erhalten. Die Korrekturen dazu wurden im HSL-Block ausgeführt. Hätten wir die Farbsättigung des Himmels weiter erhöht, wäre dort Rauschen sichtbar geworden.

Nachdem wir das Bild nach unseren Vorstellungen noch beschnitten haben, sind die Vorarbeiten in Lightroom auch schon fertig. Bevor wir

Abb. 8-7: Ausgangsbild, wie es aus Lightroom in LightZone kommt

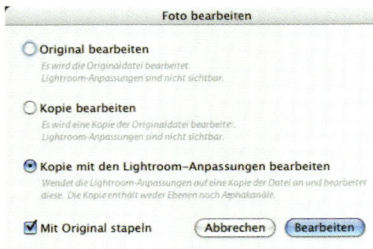

Abb. 8-8: Übergabe des Bildes an LightZone

LightZone aufrufen, stellen wir die Schärfe in Lightroom unter Detail noch auf Null.

Um neben Photoshop auch LightZone aus Lightroom direkt aufrufen zu können, haben wir Lightroom so konfiguriert, wie Abbildung 8-1 es zeigt. Hier wünscht man sich, dass weitere Editoren konfigurierbar wären. Bei selektiertem Bild wird nun per ⇧-Strg-E (Mac: ⇧-⌘-E) Light-Zone (als zweiter externer Editor) aufgerufen. Ihm lassen wir das Bild mit den eingerechneten Lightroom-Korrekturen übergeben, wie es die Dialogbox von Abbildung 8-8 zeigt.

Die Arbeit in LightZone

Abbildung 8-9 zeigt den LightZone-Stack mit allen dort ausgeführten Korrekturen. Es sieht nach viel Arbeit aus, benötigt aber relativ wenig Zeit. Wir wollen dabei hier nicht auf alle einzelnen Schritte eingehen, aber auf einige der uns wichtigen Korrekturen.

Unser Ziel war es, ein getöntes Bild zu bekommen – ein Schwarzweißbild, bei dem die Farbversion leicht durchscheint. Dies geht nur mit Ebenen.

Das Originalbild enthielt leider zahlreiche kleine Staubflecken – danach war es höchste Zeit, den Sensor wieder einmal zu reinigen. In Abbildung 8-10 sind noch die Korrekturmarkierungen zu sehen. Es sind die Bereiche (bzw. die Flecken), die wir mit dem LightZone-Patch-Tool korrigiert haben. Häufig verwenden wir zum Erkennen feiner Staubflecken eine Hilfskontrastebene.

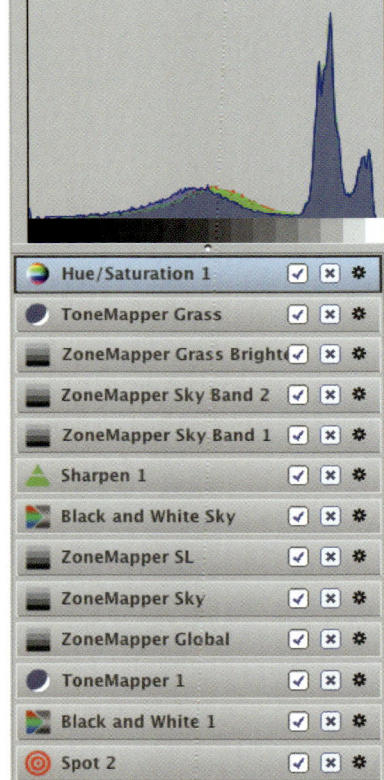

Abb. 8-9: Hier unser kompletter Korrektur-Stack in LightZone mit den verschiedenen Korrekturebenen

Abb. 8-10: Das Bild enthielt leider viele Staubflecken.

1. Der erste Schritt ist deshalb das Entfernen dieser Stellen mit dem LightZone Spot-Werkzeug ◎.

2. Der nächste Schritt ist nun die Schwarzweißkonvertierung. Wie bei Photoshop-Ebenen bietet LightZone einen Deckkraftregler. Ihn nutzen

wir in der Schwarzweißebene, um das Farbbild leicht durchscheinen zu lassen (Abb. 8-11 Ⓐ) und so die gewünschte Tönung zu erzielen.

3. Den Gesamtkontrast des Bildes optimieren wir nun mit dem LightZone ZoneMapper und anschließend mit dessen ToneMapper.

4. Nun gilt es, den Himmel zu bearbeiten – und zwar selektiv, ohne den Rest des Bildes zu verändern. Im Himmel möchten wir die Wolken besser zur Geltung bringen, deshalb arbeiten wir mit einer LightZone-Region. Sie funktioniert ähnlich wie eine Photoshop-Ebenenmaske und schützt alle Bildbereiche außerhalb der Region vor Veränderungen. Statt Pixelmasken wie in Photoshop sind LightZone-Regionen jedoch Vektorbereiche. Die Regionsgrenze ist in Abbildung 8-12 zu sehen.

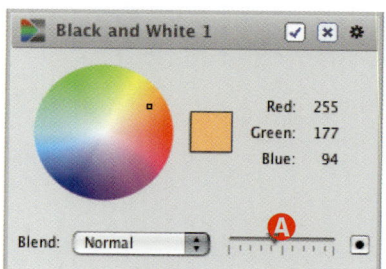

Abb. 8-11: Über den Deckkraftregler – hier auf etwa 48 % – lassen wir unter der Schwarzweiß- ebene das Farbbild noch durchleuchten.

Abb. 8-12: Mit dem LZ-ZoneMapper bearbeiten wir den Himmel. Den Rest schützen wir mit einer LightZone-Maske (dort ›Region‹ genannt). Die Maske hat einen erkennbaren Übergangsbereich.

5. Da der Himmel nicht getönt sein soll, sondern rein schwarzweiß (dies ist natürlich eine Frage des Geschmacks), setzen wir eine zweite Schwarz-weißkorrekturebene ein, wieder unter Verwendung einer LightZone-Region für den Himmel. Abbildung 8-13 zeigt das Ergebnis (die Maskengrenzen sind noch schwach zu erkennen).

6. Schließlich wird ein bisschen geschärft. Wir bevorzugen hier das Schärfen in LightZone gegenüber dem von Lightroom, da LightZone

Abb. 8-13: Mit einerzweiten Schwarzweißkonvertierung und wieder unter Verwendung einer Region entfärben wir den Himmel.

Abb. 8-14: Hier verwenden wir nochmals eine Region, um den Wolkenbereich mittels zweier ZoneMapper-Ebenen feiner zu tunen.

einen Schwellwertregler (*Threshold*) hat und für unseren Geschmack etwas bessere Schärfeergebnisse liefert.

7. Die Wolken korrigieren wir nochmals, und zwar in zwei Ebenen und beschränken auch diese Korrekturen mittels Regionen mit weichem Übergang (siehe Abb. 8-14).

8. Die nächsten beiden Korrekturebenen hellen das Gras etwas auf und erhöhen dort den Kontrast. Der Bildschirmausschnitt von Abbildung 8-15 zeigt die Maske dazu und den Bildeffekt.

Abb. 8-15: Nun arbeiten wir am Schilfgürtel, der aufgehellt wird und mehr Kontrast erhält.

9. Die letzte Korrekturebene erhöht etwas die Farbsättigung. Abbildung 8-16 (auf der nächsten Seite) zeigt damit das Endergebnis in Light-Zone.

10. Damit sind wir in LightZone fertig und können das Bild wieder sichern.

LightZone führt dabei einige Tricks aus. Das TIFF, das LightZone sichert, besteht nämlich aus drei Teilen:

a) der TIFF-Datei, so wie sie war, als LightZone sie öffnete,
b) der LightZone-Version des Bildes und
c) allen LightZone-Korrekturanweisungen (sehr ähnlich den Lightroom-Anweisungen).

Abb. 8-16: Das fertige Bild so, wie es von LightZone zurück an Lightroom übergeben bzw. in der zuvor von Lightroom erstellten Kopie hinterlassen wird

Abb. 8-17: Erneuter LZ-Aufruf, nun aber mit dem letzten Bild als Original statt als Kopie

Das Bild enthält so alle Informationen, damit LightZone später weitere Korrekturen durchführen kann. Die bereits durchgeführten Korrekturen lassen sich so in LightZone später wieder ändern und ergänzen. Das Konzept sollte uns von Lightroom her bekannt vorkommen. Will man dies später aus LightZone heraus tun, so öffnet man das Bild beim nächsten Aufruf wie es Abbildung 9-17 zeigt.

Zurück in Lightroom lässt sich auch feststellen, welche TIFF-Datei von LightZone geändert wurde, und zwar unter den Metadaten (siehe Abb. 8-18).

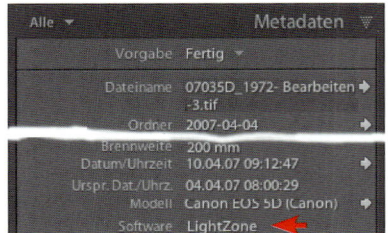

Abb. 8-18: In den Metadaten sieht man, dass das Bild mit LightZone bearbeitet wurde.

Ein Trick für Fortgeschrittene

Nehmen wir an, Sie haben ein Bild in LightZone bearbeitet, stellen jedoch fest, dass das ursprünglich aus Lightroom entnommene Bild nicht ganz ideal war und man eigentlich in Lightroom noch einige Korrekturen hätte machen sollen. Natürlich reicht es dann nicht, das ursprüngliche Bild zu korrigieren. LightZone bietet dafür aber eine Lösung:

1. Öffnen Sie das LightZone-Ergebnis nochmals wie gerade beschrieben in LightZone.

2. Sichern Sie nun alle Korrekturebenen in LightZone als LightZone-Vorlage (*Template*). Diese Templates sind sehr mächtig und können einem viel Zeit sparen:

Abb. 8-19: Sichern Sie Ihre Korrekturen in LightZone als LZ-Template.

3. Nun gehen Sie zurück nach Lightroom, ändern dort im Entwicklungsmodus das Ausgangsbild (wahrscheinlich ein Raw-Bild) und rufen nun LightZone mit dem geänderten Bild erneut auf. Lightroom erzeugt dazu eine TIFF-Kopie, die es an LightZone übergibt.

4. In LightZone können Sie nun das zuvor erstellte Template (die LightZone-Vorlage) auf dieses Bild anwenden. Eventuell müssen Sie dazu nochmals kurz durch die verschiedenen Korrekturebenen gehen, um ein Fine-Tuning vorzunehmen.

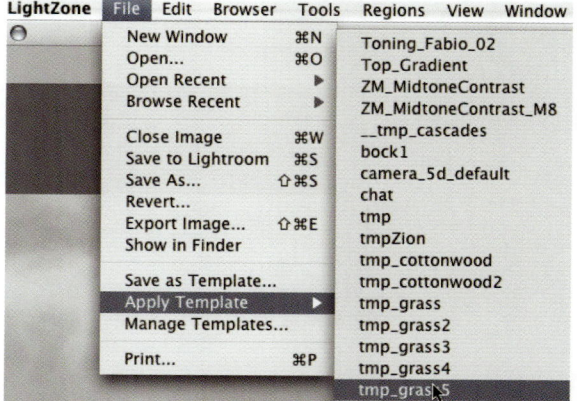

Abb. 8-20: Wenden Sie in LightZone das Template auf Ihr geöffnetes Bild an.

Man sieht also, Lightroom und LightZone arbeiten gut Hand in Hand.

Was wir mit LightZone gezeigt haben, funktioniert sehr ähnlich mit Photoshop. Dort lassen sich für nicht-destruktive Korrekturen Einstellungsebenen und seit Photoshop CS3 auch *Smart-Objects* einsetzen. Sind diese in dem abgespeicherten Bild noch vorhanden und ruft man später nochmals Photoshop in der in Abbildung 8-17 gezeigten Art auf, so sind diese Korrekturen auch dort noch vorhanden und können erneut geändert werden. Man sollte bei solchen Bildern danach jedoch in Lightroom selbst keine Korrekturen mehr vornehmen, da sonst die Photoshop-Ebenen zerstört werden und damit nachträgliche Korrekturen darauf nicht mehr möglich sind.

Weitere Lightroom-Funktionen

9

Hier behandeln wir Funktionen und Punkte, die wir ansprechen wollen – etwa wo die Lightroom-Bibliothek liegt und was man alles sichern sollte –, die sich aber nicht so richtig in den vorhergehenden Kapiteln unterbringen ließen. Auch einige kleine Tipps haben wir hier gesammelt und gehen zusätzlich auf den Aufbau von Vorlagen (oder Vorgaben) ein.

9.1   Auswahl, Sichten, Suchen

Im Bibliotheksmodus legt man die aktuelle Sicht fest – die Bilder, die gerade angezeigt werden. Die Sicht definiert sich darüber, welche Elemente im Navigatorpanel ausgewählt sind:

1.   Element in der Liste Bibliothek
2.   Ordner unter Ordner
3.   Kollektion unter Kollektionen
4.   Stichwort unter Stichwort-Tags
5.   Objekt unter dem Metadaten-Browser
6.   Einträge unter Suche

Die ersten fünf Punkte schließen sich jeweils wechselseitig aus, während die Suche zusätzlich als Filter auf die zuvor gewählte Bildmenge wirkt.

   Hat man beispielsweise unter Ordner den Ordner *Grand Canyon* angeklickt und unter Suchen *Stichwörter* gewählt sowie dahinter ›Navajo Point‹ eingetragen, so werden nur die Bilder angezeigt – und bilden damit die *aktuelle Sicht* –, die im Ordner *Grand Canyon* (oder seinen Unterordnern) liegen und bei denen zusätzlich im IPTC-Stichwortfeld der Begriff *Navajo Point* vorkommt.

Die dann angezeigte Liste lässt sich über den Filter (oberhalb des Filmstreifens) als siebte Auswahl weiter auf Bilder einschränken, die eine vorgegebene Sternewertung, Farbmarkierung oder Flagge haben. Der Schalter ■ rechts des Filters aktiviert und deaktiviert die Filterfunktion. Stattdessen lässt sich auch das Tastaturkürzel Strg-L (Mac: ⌘-L) zum Deaktivieren und Reaktivieren des Filters nutzen.

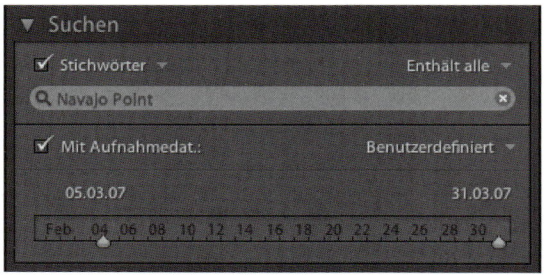

Die Suchmaske, zuvor unter Punkt 6 aufgeführt, ist in Lightroom 1.0 noch recht übersichtlich (siehe Abb. 9-1a) und enthält maximal zwei Elemente: einen Zeitraum sowie eine zusätzliche Bedingung, die aus der Kombination von Element und Relation besteht.

Abb. 9-1a: Die Suchmaske von Lightroom – hier mit zwei aktiven Suchmerkmalen

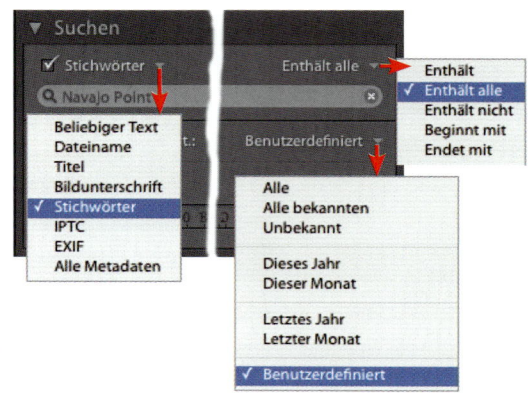

Abb. 9.1b:
Die Suchmaske mit ihren
verschiedenen Menüs

Diese Suchmaske bietet in Zusammenspiel mit den zuvor aufgeführten Auswahlen und Eingrenzern bereits ein recht mächtiges Werkzeug für eine Suche bzw. zur Bildung einer Sicht.

Die aktuelle Sicht lässt sich in einer Kollektion einfrieren. Dazu wählt man alle Bilder der Sicht aus – z.B. per ⌈Strg⌉-⌈A⌉ (Mac: ⌈⌘⌉-⌈A⌉) – und legt nun damit die Kollektion an (siehe Kapitel 3.2, Seite 48).

Solche Kollektionen sind speichertechnisch relativ billig, sodass man sich viele solcher Kollektionen halten kann.

Bei der Suche wünscht man sich mittelfristig von Lightroom sicher etwas mehr, dass beispielsweise erlaubt ist, mehrere Suchkriterien mit UND und ODER zu kombinieren.

9.2 Lightroom-Bibliothek

Lightroom setzt auf ein Repository auf – hier *Bibliothek* genannt. Dort landen alle Metadaten sowie virtuellen Verwaltungsinformationen, wie etwa die Kollektionen. Die Vorschaubilder, die Lightroom beim Import oder später beim Navigieren im Bildbestand generiert, liegen in einem Ordner, der parallel zur Bibliothek angelegt wird (siehe Abb. 9-2). Weitere Verwaltungselemente wie etwa die Vorgaben liegen nochmals separat im Benutzerverzeichnis, wie wir im Abschnitt 9.4 zeigen werden.

Abb. 9-2:
Der Ordner mit der
Lightroom-Bibliothek
enthält mehrere
Komponenten.

Die Bibliothek liegt mit den Standardeinstellungen in folgenden Ordnern:

Mac OS X:[*] ~/Bilder/Lightroom/

Windows XP und Vista: c:\Dokumente und Einstellungen*benutzername*\
Eigene Dateien\Eigene Bilder\Lightroom\

* ~ *ist das Kürzel für Ihr Home-Directory.*

Soll die bereits vorhandene Bibliothek auf eine andere Platte mit mehr freiem Platz wandern, so kopiert man den entsprechenden Bibliotheksordner dorthin und löscht die alte Bibliothek – natürlich erst nach einem erfolgreichen Test mit der Bibliothek am neuen Ablageort. Beim nächsten Lightroom-Start drückt man die ⌈Alt⌉- oder ⌈⌥⌉-Taste und verweist im Dialog (siehe Abb. 9-3) Lightroom auf die neue Ablage.

Zum Anlegen einer neuen Bibliothek – z.B. in einem anderen Ordner – startet man Lightroom wieder bei gedrückter ⌈Alt⌉- oder ⌈⌥⌉-Taste. In der dann erscheinenden Dialogbox wird der Ablageort und Name festgelegt (siehe Abb. 9-3). Lightroom legt dort nicht nur die Bibliothek selbst hin, sondern auch den Ordner mit den Vorschaubildern (*Lightroom Library. thumbs*) sowie im Standardfall einen Ordner mit den Sicherungskopien der Bibliothek (siehe Abb. 9-2).

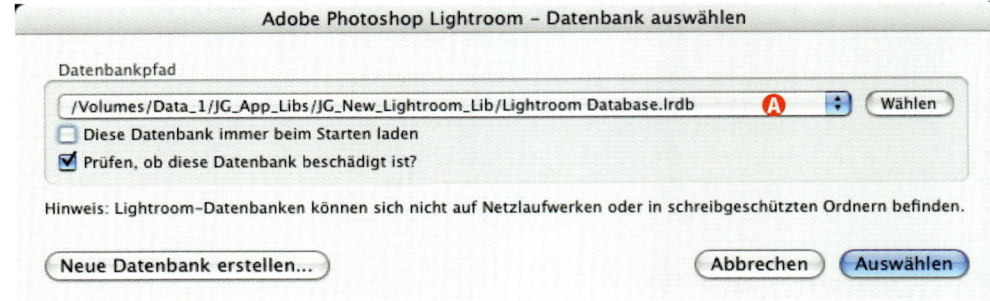

Abb. 9-3:
Startet man Lightroom
mit gedrückter
Alt / ⌥ *-Taste, so*
erscheint dieser Dialog.

Die Bibliothek (und damit die Lightroom-Datenbank) ist das Verwaltungsherz von Lightroom und ihre Verfügbarkeit und Datenkonsistenz sind wesentlich für das Funktionieren. Es empfiehlt sich deshalb, die Konsistenz regelmäßig zu überprüfen und zusätzliche Sicherungskopien zu erstellen.

→ *In Lightroom 1.0 darf die aktive Bibliothek nicht auf Netzwerklaufwerken liegen und der Datenträger muss beschreibbar sein!*

Obwohl Lightroom anbietet, bei jedem Start die Prüfung vorzunehmen und eine Kopie zu erstellen, reicht es nicht aus, denn die Sicherungskopie erfolgt mit der Standardeinstellung auf der gleichen Platte und im gleichen Ordner, wo die Bibliothek selbst liegt (siehe Abb. 9-2). Deshalb sollte man in nicht zu langen Abständen Kopien der Bibliothek auf einem anderen Datenträger erstellen – entweder auf einem entfernbaren Medium wie einer DVD oder auf einer externen, entfernbaren Platte. Dies kann auch Lightroom durchführen, wenn man es so konfiguriert, dass die Sicherungskopie auf einer getrennten Platte erfolgt. Dazu wählt man (z.B. wenn Lightroom nachfragt, ob geprüft und kopiert werden soll) im Dialog einen Ablageort für die Kopie, der auf einem anderen Datenträger als aktuell die Bibliothek liegt.

Ältere Kopien sollte man von Zeit zu Zeit löschen, da sie viel Speicherplatz kosten. Man kann aber auch Platz sparen, indem man diese Sicherung komprimiert – etwa mit *ZIP* oder *Stuffit*. Setzt man unter Mac OS X für diesen Ablageordner eine Ordner-Aktion ein, die Backups komprimiert, so kann die Komprimierung automatisch erfolgen. Unter [21] findet man (leider nur für den Mac) einen von Daniel Neeley erstellten Ordner-Automator (mit Anleitung), der die Komprimierung automatisch ausführt und damit etwa 85% an Speicherplatz spart.[*]

* Noch eleganter wäre eine Lösung, die nur die n letzten Kopien hält.

Hat man die Sicherungskopie komprimiert, so muss man sie natürlich dekomprimieren, wenn man im Fall eines Problems statt auf die aktuelle Version der Bibliothek auf die ältere zurückgreifen muss.

Wiederverknüpfung

Wurden Bilder, die bei Lightroom außerhalb der Bibliothek liegen und per Verweis referenziert werden, einmal absichtlich oder versehentlich gelöscht, umbenannt oder verschoben, so stellt Lightroom dies fest und markiert die Bildicons mit 🔲. Man kann diese Bilder dann nicht mehr editieren oder anderweitig nutzen. Hat man sie nur verschoben oder umbenannt, kann man Lightroom relativ einfach an den neuen Ablageort verweisen. Dazu wählt man in Lightroom den betroffenen Ordner aus und ruft über die rechte Maustaste *Nach fehlenden Bildern und Ordnern suchen* auf. Oben links im Moduspanel sieht man dabei die Fortschrittsanzeige.

Wird festgestellt, dass Bilder fehlen, so kennzeichnet Lightroom deren Vorschauicons mit dem Fragezeichen 🔲.

Klickt man nun auf das 🔲-Icon, bietet Lightroom an, nach diesem Bild oder Ordner zu suchen. Bestätigt man dies, so zeigt Lightroom einen Browserdialog an. In ihm gibt man den neuen Speicherort ein und Lightroom aktualisiert seinen Verweis – legt dafür aber unter Umständen einen neuen Lightroom-Ordner an.

Man kann natürlich auch, wie in Kapitel 3.2 beschrieben, das Bild oder den ganzen Bildordner aus der Lightroom-Bibliothek löschen.

9.3 Datensicherung

Stellen die eigenen Bilder und die eigene Zeit einen Wert dar – privat oder beruflich –, so sollte man die Datensicherung ernst nehmen und sich dazu Gedanken machen. Hier zunächst einmal, was alles (potenziell) zu sichern ist:

1. Bilddateien selbst – sowohl die Originale als auch die davon abgeleiteten Dateien. (Als *abgeleitete Dateien* seien hier Bilder verstanden, die zunächst extern editiert und danach wieder als neue Datei gesichert wurden.)

2. Bilddatenbank (bei Lightroom die Bibliothek)

3. Selbst erstellte sowie aus dem Internet heruntergeladene (und eventuell gekaufte) Vorlagen. Diese muss man natürlich nicht separat sichern, sondern kann sie, da sie in Ihrem Benutzerverzeichnis liegen (abhängig vom Betriebssystem), zusammen mit diesem gesamten Verzeichnis mit den üblichen Backup-Werkzeugen sichern.

Die Erstellung einer ersten Sicherungskopie für die importierten Bilder haben wir bereits in Kapitel 3.1 gesehen, wo Lightroom beim Import von der Speicherkarte erlaubt, eine weitere Kopie der Bilder auf einen zweiten Ablageort zu erstellen.* Dies ist sinnvollerweise eine zweite Speicherplatte.

Eine Sicherungskopie der Bilddatenbank kann Lightroom, wenn entsprechend konfiguriert, bei jedem Lightroom-Start selbst automatisch er-

siehe dazu die Beschreibung auf Seite 3-7

stellen. Auch diese Sicherung sollte aus Sicherheitsgründen auf einer anderen Platte erfolgen als derjenigen, auf der derjenigen Bibliothek selbst liegt.

Dazu muss man auch diesen Vorgang etwas anders als den Lightroom-Standard konfigurieren, da bei diesem die Kopie in einen Ordner direkt neben der LR-Bibliothek abgelegt wird. Die Basiskonfiguration für die automatische Sicherung der Bibliothek beim Lightroom-Start haben wir in Kapitel 2.8 beschrieben.

Wir selbst setzen zur Sicherung der Betriebssystemplatte (und damit auch der Anwendungen wie Lightroom) unter Mac OS X *SuperDuper!* [34] ein. Das Programm erlaubt die Erstellung einer Kopie, von der gebootet werden kann. Hierfür wäre auch *Carbon Copy Cloner* [36] geeignet.

Für die Sicherung der Benutzer- und der Bilddaten benutzen wir *CronoSync* [35] und sichern jeweils auf externe Festplatten – zweifach: eine Kopie, die online bleibt, und eine Kopie, die auf einer entfernbaren Wechselplatte liegt und außer Haus gelagert wird. Beide Werkzeuge arbeiten unter Mac OS X sehr zuverlässig, sind relativ preiswert und können zeitgesteuert die Sicherung automatisch durchführen.

Unter Windows lässt sich beispielsweise *Acronis True Image* für das Backup der Betriebssystemplatte einsetzen – was im laufenden Betrieb möglich ist. *FileBack PC* [37] setzen wir unter Windows ein für die Sicherung der Benutzerdaten bzw. zur Synchronisation des Datenbestandes auf der lokalen Platte mit dem Bestand auf einer externen über LAN angebundenen Platte, die uns ausschließlich zu Backup-Zwecken dient.

Es gibt natürlich viele andere brauchbare Lösungen. Wichtig ist lediglich, dass die Backups regelmäßig erfolgen – am besten automatisiert – und man auch einmal prüft, ob sie lesbar und vollständig sind und sich auch wirklich problemlos wiedereinspielen lassen.

→ Das Ganze mag übertrieben klingen, aber beide Autoren kommen aus der EDV und haben aus leidvoller Erfahrung gelernt.

Eine weitere Sicherungskopie – hier jedoch nur der Raw-Bilder – haben wir auf DVDs. Sie erstellen wir über die in Kapitel 3.1 beschriebenen DVD-Container.

9.4   Vorlagen (Vorgaben)

Das Grundkonzept der Vorlagen wurde bereits in Kapitel 2.6 beschrieben (einige Vorlagen werden in der deutschen Lightroom-Version auch – etwas uneinheitlich als *Vorgaben* bezeichnet). Solche Vorlagen gibt es zum Einen für die verschiedenen Modi (Entwickeln, Diashow, Drucken und Web).

Daneben sind weitere Vorlagen möglich, etwa für eigene Exporteinstellungen, für Namensschemata, wie sie beim Import und Export verwendet werden können, oder für Metadaten, die beim Drucken, in Diashows oder Web-Galerien mit angezeigt werden. Die verschiedenen Vorlagen sind in einzelnen Dateien hinterlegt, die man hier findet:

Windows XP: * c:\Dokumente und Einstellungen*benutzername*\Application Data\Adobe\Lightroom\

Windows Vista: C:\Users*benutzername*\Application Data\Adobe\Lightroom\

→ *Den Teil ›benutzername‹ im Pfad müssen Sie dabei durch Ihren Windows-Benutzernamen ersetzen.*

Unter Windows sind dies versteckte Ordner, die man nur sieht, wenn man die entsprechenden Optionen im Explorer unter *Ordneroptionen* deaktiviert (siehe Abb. 9-4).

Mac OS: ~/Library/Application Support/Adobe/ Lightroom/
(~ ist die Abkürzung für Ihr Benutzerverzeichnis.)

Man kann sich den Ablageort auch einfach dadurch anzeigen lassen, indem man in den Modus *Entwickeln* geht, dort das Navigatorpanel einblendet, mit der Maus eine Vorlage auswählt und unter der rechten Maustaste die Funktion *Im Finder anzeigen* aufruft. Lightroom öffnet dann den entsprechenden Ordner im Browserfenster des Betriebssystems:

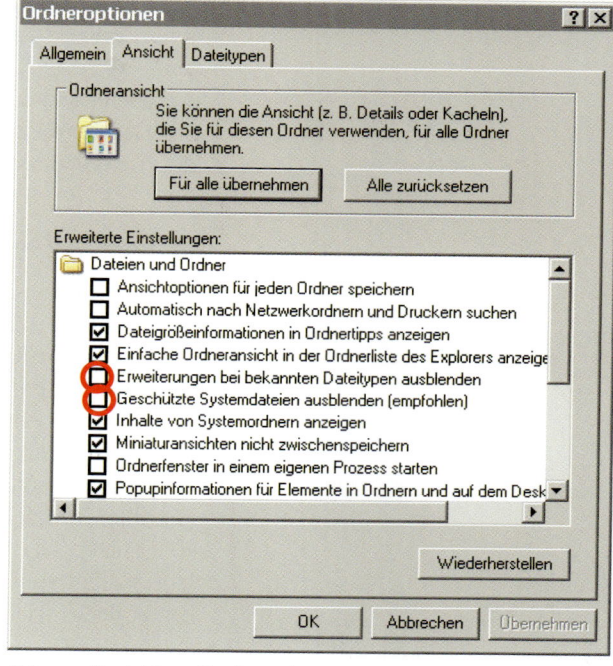

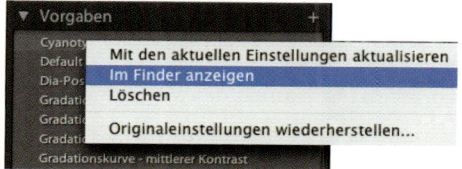

Abb. 9-5: Die Funktion im Menü unter der rechten Maustaste zeigt die Vorlagenordner.

Abb. 9-4: Deaktivieren Sie die markierten Optionen, damit die versteckten Ordner im Explorer angezeigt werden.

Dort liegen jeweils Unterverzeichnisse für die verschiedenen Gruppen von Vorgaben, z.B. ›Develop Presets‹ für die Vorgaben des Modus *Entwickeln*. Abbildung 9-6 zeigt die anderen Verzeichnisse.

In diese Ordner fügt man auch eigene Vorlagen ein oder solche, die man zunehmend im Internet findet – zum Teil sogar kostenlos. Als Beispiel seien hier [16], [17] und [19] genannt.

Die Vorlagen sind lesbare und editierbare XML-Dateien. Bearbeiten kann man sie mit jedem normalen Texteditor, der UTF-8-Code beherrscht – beispielsweise unter Mac OS X mit *TextEdit* oder *Bedit* und unter Windows mit *Wordpad* (nicht jedoch mit *Notepad*).

Die Vorlagen haben alle die Endung ›.lrtemplate‹. Man kann sie deshalb in der Regel nicht per Doppelklick öffnen, sondern muss sie im Editor explizit öffnen.

Achten Sie beim Sichern einer Vorlage darauf, dass diese als UTF8-Textdatei und nicht als RTF oder ein anderes Format gesichert wird und die Namensendung ›.lrtemplate‹ trägt, sonst erkennt Lightroom sie nicht!

Verändert man solche Vorlagen, muss man ihren Aufbau kennen und sich an die XML-Syntax halten. Ihr Aufbau ist in Teilen unter [19] beschrie-

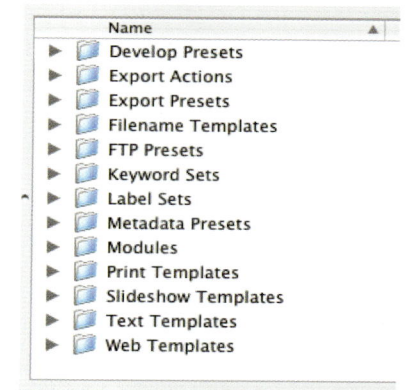

Abb. 9-6: Die verschiedenen Lightroom-Ordner mit unterschiedlichen Vorlagen – sortiert nach Modulen und Funktionen

ben. Bevor Sie eine Vorlage selbst mit einem Editor bearbeiten, sollten Sie auf jeden Fall eine Kopie davon anlegen und diese Kopie (nach einer Umbenennung) bearbeiten.

Mit ein paar Englischkenntnissen und etwas Intuition findet man sich relativ schnell in den Vorlagen zurecht. Abbildung 9-7 zeigt das Beispiel einer Entwicklungsvorgabe und die zugeordneten Lightroom-Einstellungen.

Deutlich komplexer wird es, wenn man in eine fertig erzeugte Web-Galerie eingreifen möchte. Dafür sei ein Blick auf die Blog-Seiten von Bluefire [46] empfohlen.

Vorlagenaufbau

Wir gehen davon aus, dass Adobe in absehbarer Zeit eine eigene Beschreibung der Vorlagenstruktur liefern wird. Betrachten wir hier deshalb, stark vereinfacht und ohne in die Tiefe zu gehen, den Aufbau einer einfachen Vorlage (Vorgabe) für das Modul *Entwickeln* am Beispiel von Abbildung 9-7. Es ist eine Kopie der mit Version 1 mitgelieferten Entwicklungsvorlage *Cyanotype*. In ihr haben wir gegenüber dem Original die Reihenfolge einiger Punkte etwas umgestellt, damit wir die Zuordnungspfeile etwas übersichtlicher anordnen konnten. Diese Änderung der Reihenfolge schadet hier nicht.

Die Vorlage beginnt mit einem Titel, der als Teil den Dateinamen enthält, gefolgt vom in Lightroom angezeigten Namen der Vorlage (der Teil hinter dem =-Zeichen):

title = ZSRT "*...dateiname=angezeigter-name*"

Danach steht der interne Name in der Art:

internalName = "*LR-interer-name*"

gefolgt von der Art der Vorlage unter

type = "*vorlagenart*"

Hier ist *Develop* beispielsweise für eine Vorlage für das Entwicklungsmodul angegeben.

Dem folgen hier die eigentlichen Einstellungen, als Paare in der Form:

Name = Wert

Name ist hier der Lightroom-interne Name der jeweiligen Einstellung. Dabei ist intern festgelegt, welche Variable welchen Wertetyp haben darf; man sieht es aber der Einstellung in Lightroom in fast allen Fällen an. Beispiele für Wertearten sind:

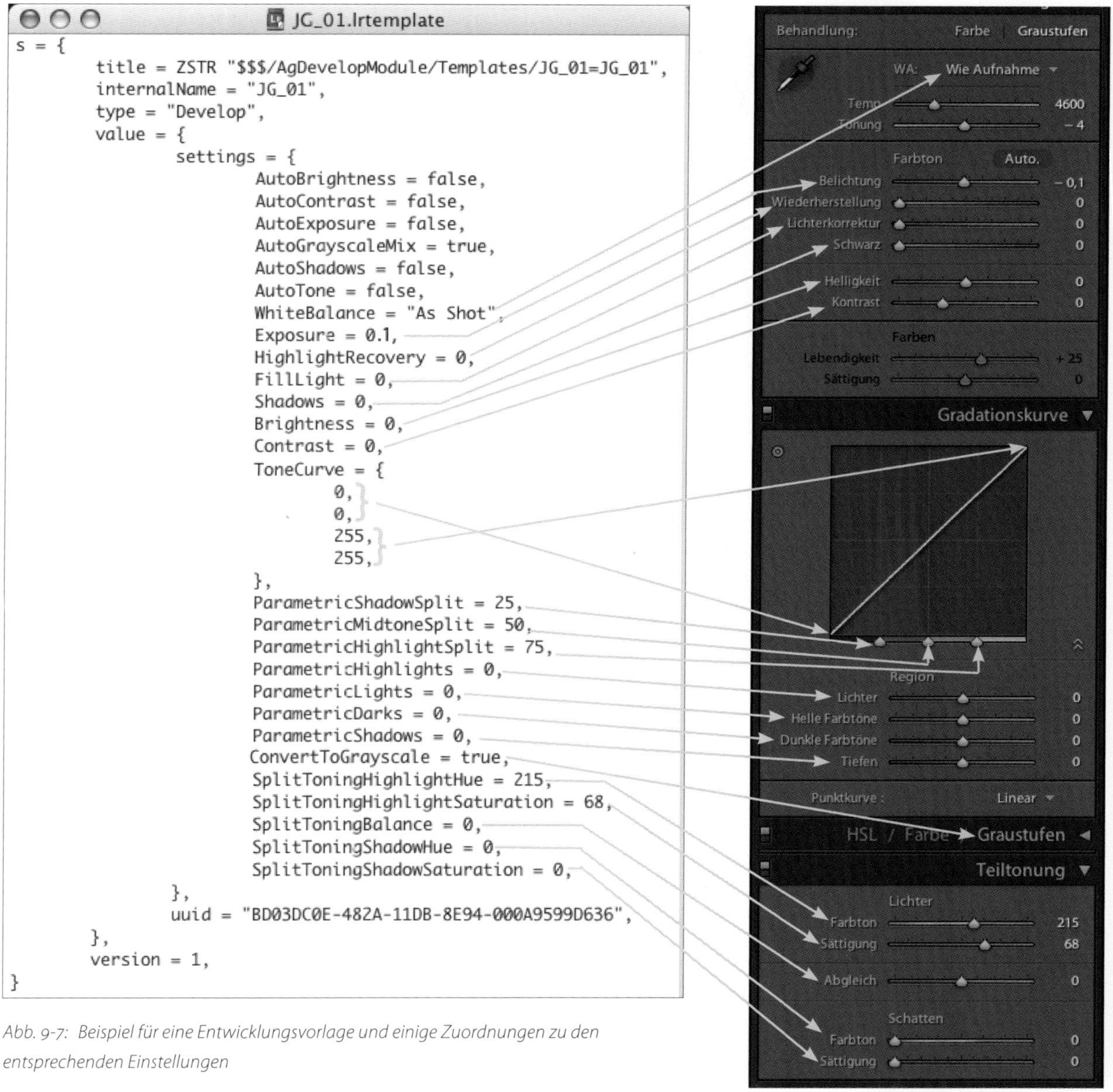

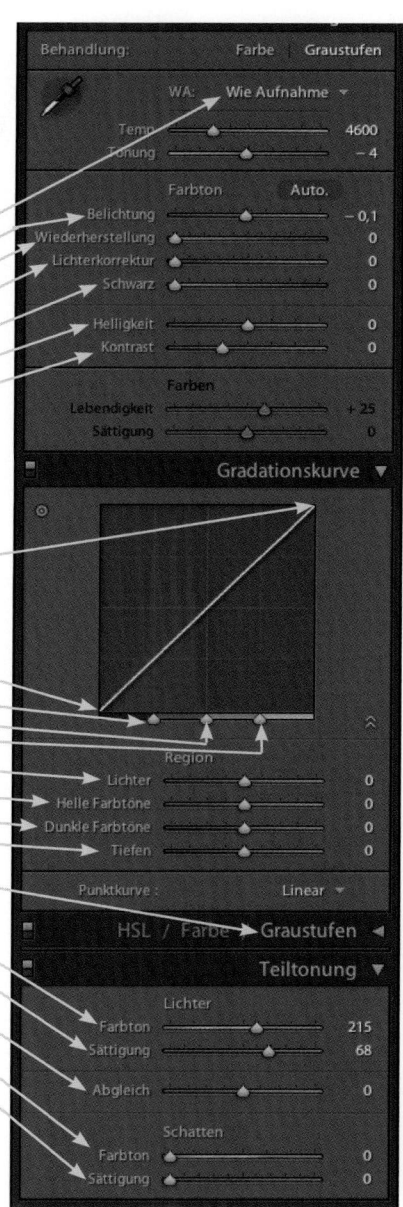

JG_01.lrtemplate
s = {
title = ZSTR "$$$/AgDevelopModule/Templates/JG_01=JG_01",
internalName = "JG_01",
type = "Develop",
value = {
settings = {
AutoBrightness = false,
AutoContrast = false,
AutoExposure = false,
AutoGrayscaleMix = true,
AutoShadows = false,
AutoTone = false,
WhiteBalance = "As Shot",
Exposure = 0.1,
HighlightRecovery = 0,
FillLight = 0,
Shadows = 0,
Brightness = 0,
Contrast = 0,
ToneCurve = {
0,
0,
255,
255,
},
ParametricShadowSplit = 25,
ParametricMidtoneSplit = 50,
ParametricHighlightSplit = 75,
ParametricHighlights = 0,
ParametricLights = 0,
ParametricDarks = 0,
ParametricShadows = 0,
ConvertToGrayscale = true,
SplitToningHighlightHue = 215,
SplitToningHighlightSaturation = 68,
SplitToningBalance = 0,
SplitToningShadowHue = 0,
SplitToningShadowSaturation = 0,
},
uuid = "BD03DC0E-482A-11DB-8E94-000A9599D636",
},
version = 1,
}
Behandlung: Farbe Graustufen
WA: Wie Aufnahme
Temp 4600
Tönung −4
Farbton Auto.
Belichtung −0,1
Wiederherstellung 0
Lichterkorrektur 0
Schwarz 0
Helligkeit 0
Kontrast 0
Farben
Lebendigkeit +25
Sättigung 0
Gradationskurve
Region
Lichter 0
Helle Farbtöne 0
Dunkle Farbtöne 0
Tiefen 0
Punktkurve: Linear
HSL / Farbe / Graustufen
Teiltonung
Lichter
Farbton 215
Sättigung 68
Abgleich 0
Schatten
Farbton 0
Sättigung 0

Abb. 9-7: Beispiel für eine Entwicklungsvorlage und einige Zuordnungen zu den entsprechenden Einstellungen

- Nummerisch (z.B. 75). Gleitkommawerte (z.B. ›Exposure = 0.1‹) werden mit einem Dezimalpunkt gesetzt – also in der englischen Schreibweise.
- Logisch (›true‹ für *an* oder *aktiv* oder ›false‹ für *aus* bzw. *deaktiviert*)
- Zeichenkette, die dann in "…" gesetzt wird

Einzelne Werte werden jeweils durch Kommata getrennt. Einrückungen (ebenso wie Zeilenumbrüche) dienen der Übersichtlichkeit, haben aber keine syntaktische Bedeutung.

Der Werteliste folgt eine nachfolgend erklärte UUID. Zusätzlich verwendet Adobe in seinen Vorlagen Versionsnummern. Bei eigenen Vorlagen sollte man dies ebenso tun. Bei den Einträgen ist auf die saubere, symmetrische {…}-Klammerung zu achten.

UUIDs

Entwicklungsvorlagen haben intern einen UUID – einen *Universal Unique Identifier*. Dies ist eine Identifikationsnummer, die unter allen Vorlagen nur genau 1 Mal vorkommen sollte (genauer: sogar weltweit nur 1 Mal). Über diese UUID merkt sich Lightroom, was die zuletzt zugewiesene Vorlage war.

Legen Sie eigene Entwicklungsvorlagen aus Lightroom heraus an, so erzeugt Lightroom automatisch eine neue UUID für Sie. Erstellen Sie eine Vorlage vollständig neu oder erstellen Sie eine neue Entwicklungsvorlage, indem Sie eine vorhandene Vorlage kopieren, so sollten Sie dieser wieder eine neue (bisher nicht verwendete) UUID geben. Sie finden den UUID-Eintrag am Ende des Vorlagendokuments. Dies sieht etwa so aus:

```
uuid = "BD03DC0E-482A-11DB-8E94-000A9599D634"
```

Unter Mac OS X gibt es ein kleines Hilfsprogramm, das solche UUIDs generieren kann. Man ruft es im Programm *Terminal* wie folgt auf:

```
uuidgen
```

Das Ergebnis überträgt man dann per Copy&Paste in das Editorfenster.

Möchte man eigene Vorlagen erstellen, ist es das Beste Testeinstellungen in Lightroom vorzunehmen, diese als neue Vorlage abzuspeichern und sich mit einem entsprechenden Editor diese Vorlagen anzuschauen.

Insbesondere bei Metadaten- und Namensvorlagen, die man bisher weder ändern noch löschen kann, ist ein manueller Eingriff zuweilen sinnvoll.

Lightroom erkennt auch Vorlagen, die man in einen Unterordner der in Abbildung 9-6 aufgeführten Vorlagenordner legt. Wir empfehlen deshalb, die eigenen Vorlagen in einen solchen separaten Unterordner zu legen. Die dort liegenden Vorlagen erscheinen linear (alphabetisch sortiert) in Ihrer Vorlagenliste – jedoch erst nach dem nächsten Start von Lightroom.

Es empfiehlt sich im Übrigen, nicht benötigte Vorlagen aus den Ordnern zu entfernen und in einem außerhalb liegenden Ordner zu sichern, damit die Vorlagenliste kleiner und damit übersichtlicher wird. Da die Liste alphabetisch sortiert angezeigt wird, können Sie über die Namensgebung festlegen, wo in der Liste der Name erscheint.

9.5 Kompatibilität

Lightroom erweist sich als recht offen und arbeitet sehr flüssig mit den Adobe-Anwendungen Photoshop CS2 und CS3 zusammen, mit Adobe Camera Raw sowie mit Bridge von CS2 und CS3. Sie sollten sich aber für Photoshop CS2 zumindest ACR 3.7 besorgen, da dies bereits den Korrektursatz von Lightroom versteht – auch wenn es nicht alle Oberflächenelemente dafür bietet. ACR 4.0, das Teil von Photoshop CS3 ist, wird die meisten der Lightroom-Korrekturen ebenso anbieten. Ausnahmen sind folgende Funktionen:

▸ Schnappschüsse
▸ Protokoll
▸ Stapel

Lightroom importiert auch problemlos Bilder aus Adobe Album und Adobe Elements bzw. deren Bibliotheken.

Um eine möglichst hohe Kompatibilität mit ACR und Bridge zu erzielen, sollte man wie auf Seite 33, Abbildung 2-11-Ⓑ gezeigt, in den Voreinstellungen die Option *Änderungen automatisch in XMP speichern* aktivieren. Damit werden die Metadaten und Raw-Einstellungen in XMP-Filialdokumenten zu den Bilddateien hinterlegt. Die Metadaten werden so auch für andere Anwendungen sichtbar, die Metadaten aus den XMP-Dateien lesen (etwa iView Media Pro oder Extensis Portfolio), und in Teilen in Apple Aperture.

Hat man versäumt diese Option zu setzen oder einen bestimmten Grund dafür, so lassen sich die Metadaten auch nachträglich noch exportieren – d.h. in die Bilddateien einbetten oder bei Raw-Dateien als .xmp-Filialdokument hinterlegen. Dazu wählt man im Bibliotheksmodus die betreffenden Bilder aus und geht dann über Metadaten ▸ XMP ▸ XMP-Metadaten in Datei exportieren.

Wie bereits erwähnt, erlaubt Lightroom Bilder auch mit anderen Raw-Konvertern zu bearbeiten, solange man sich an einige Regeln hält. Diese fremden Raw-Konverter – mit Ausnahme von ACR 3.7, 4.0 und höher – ignorieren jedoch die Korrekturen, die man mit Lightroom an den Raw-Dateien vorgenommen hat. Wir selbst setzen häufig LightZone ein, um darin selektive Korrekturen (die bisher in Lightroom fehlen) durchzuführen (oft jedoch statt auf Raw auf einem TIFF-Bild).

Insgesamt ist die Integration zwischen Lightroom, Photoshop und der nächsten ACR-Version recht gut, was professionelle Fotografen freuen dürfte, die weiterhin ab und zu auf Photoshop zurückgreifen müssen.

Auch LightZone hat inzwischen Erweiterungen, um die Zusammenarbeit mit Lightroom zu vereinfachen. Weitere Anwendungen werden wohl ebenso nachziehen.

9.6 Rechtschreibprüfung

Tippfehler sind übliche Fehler bei der Arbeit mit dem Computer. Rechtschreibfunktionen helfen, einen Teil dieser Fehler zu finden. Deshalb ist es nützlich, vor einer Publikation die Dokumente mithilfe der Lightroom-Rechtschreibfunktion auf solche Fehler zu durchforsten – insbesondere bei Diashows und Web-Galerien mit etwas mehr Text. Die Lightroom-Rechtschreibprüfung lässt sich aber ebenso auf Stichwörter und andere Metadaten ansetzen. Die Funktion finden Sie unter Bearbeiten ▸ Rechtschreibung:

Die Funktionen dort im Untermenü können jedoch nur dann aktiviert werden, wenn sich der Mauscursor in einem Eingabefeld befindet – es ist also leider nicht möglich, nach der Komposition einer Diashow oder Web-Galerie die Rechtschreibung auf die gesamte Show oder Galerie anzusetzen, sondern immer nur auf einzelne Einträge bzw. Felder. Wir empfehlen deshalb, gleich beim ersten Feld die Funktion *Rechtschreibung bei der Eingabe prüfen* zu aktivieren. Dann reklamiert Lightroom gleich bei der Eingabe Wörter an, die falsch geschrieben sind oder Lightroom nicht kennt. Es unterstreicht dazu das unbekannte oder falsch geschriebene Wort mit roter Schlangenlinie – allerdings muss man diese Funktion jeweils für jedes der Eingabefelder explizit aktivieren – sehr unpraktisch!

Wie inzwischen bei Rechtschreibprüfungen üblich, lassen sich die in Lightroom nicht bekannten Wörter in das Benutzerwörterbuch übernehmen mit der Angabe des Sprachwörterbuches. Lightroom macht bei Falschschreibung oft auch Korrekturvorschläge für eine Korrektur, die man dann entweder übernehmen oder ignorieren kann:

In der Praxis erweist sich die Rechtschreibprüfung durch die Beschränkung auf einzelne Einträge als wenig nützlich, was hier aber in der Natur der Sache liegen mag.

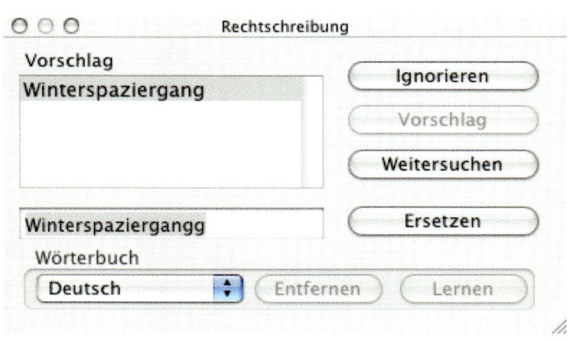

Abb. 9-8: Korrekturdialog bei der Lightroom-Rechtschreibprüfung

9.7 Kleine Tipps und Tricks

Hier wollen wir kleine Tricks zusammenfassen, die wir in unserer täglichen Arbeit gelernt oder von anderen erfahren haben. Täglich findet man im Internet und in verschiedenen Lightroom-Foren natürlich weitere neue. Es lohnt sich deshalb, einigen dieser Internetseiten von Zeit zu Zeit einen Besuch abzustatten. Die meisten davon sind jedoch englischsprachig. Als gute Quellen für Tipps haben wir die unter [15] bis [21] sowie [46] bis [48] aufgeführten Seiten gefunden.

Hintergrundbild ein- und ausblenden

Lightroom erlaubt bei Diashows ein Hintergrundbild zu unterlegen. Dieses muss aber ein Lightroom-Bild sein und von der Logik her zur Kollektion für die Diashow gehören, soll jedoch zumeist selbst nicht direkt als Bild in der Diashow erscheinen. Wir legen deshalb dafür eine virtuelle Kopie des gewünschten Bildes an und fügen diese Kopie unsere Show-Kollektion bei. Im Diashow-Modus wählen wir es dann im Block *Hintergrund* als Hintergrundbild.* Nun markieren wir alle Bilder mit einer Flagge: [Strg]/[⌘]-[A] selektiert alle Bilder der Sicht und ein Klick auf ⚑ in der Werkzeugleiste versieht sie mit der *Ausgewählt*-Flagge. Nun versehen wir das Hintergrundbild mit einer *Abgelehnt*-Flagge (durch die [X]-Taste), aktivieren dann den Filter und setzen ihn so, dass die als *Abgelehnt* geflaggten Bilder ausgeblendet werden.** Damit erscheint dieses Bild zwar als Hintergrundbild, jedoch nicht in der Diashow selbst als eigenständiges Bild.

* *wie auf Seite 5-5 beschrieben*

** *durch einen Klick auf linke Flagge im Filter*

Hintergrundbild für Web-Galerien

Im Blog der Firma Bluefire [46] findet man viele nützliche Tipps zur Bearbeitung von Web-Flash-Galerien – etwa wie man sie mit einem Hintergrundbild versieht, wie man in eine Webseite Flash-Galerien mit fester Größe einbauen kann, wie man Videoclips in Galerien einbaut oder Hintergrundmusik hinzufügt. Es ist also dafür wirklich eine reichhaltige Quelle.

Druckbilder in speziellen Formaten sichern

Zuweilen möchte man, statt einen Kontaktbogen wirklich zu drucken, diesen als Bild sichern. Unter Mac OS X ist dies relativ einfach. Man startet dazu per [⌘]-[P] den Druck. Im Druckertreiberdialog aktiviert man dort dann statt *Drucken* die Option *Vorschau*. Das Betriebssystem erzeugt dann nach kurzer Zeit eine Druckvorschau und zeigt sie im Mac-Programm *Vorschau* an. Aus diesem heraus kann man das Bild dann in verschiedenen Formaten sichern:

Abb. 9-9: Unter Mac OS X lässt sich im Druckerdialog ›Vorschau‹ aktivieren.

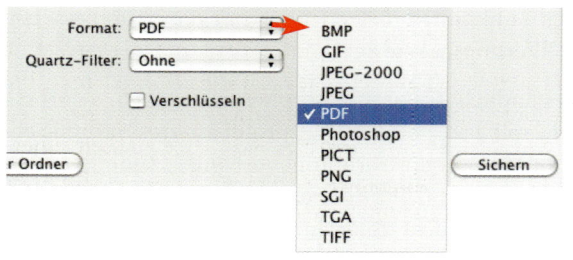

Abb. 9-10:
Unter Mac OS X erlaubt die Vorschau die Druckdatei in verschiedenen Formaten zu sichern.

Bei Bedarf (und einem von Lightroom unterstützten Format) kann man dann die gesicherte Vorschau-Ablage wieder in Lightroom importieren.

9.8   Bildschirmkalibrierung

Für die Bewertung und Korrektur von Bildern ist eine korrekte Farbwiedergabe auf dem Bildschirm eine zentrale Voraussetzung – wie soll man Bilder bewerten und Farben und Tonwerte korrigieren können, wenn man nicht sicher ist, dass Tonwerte und Bilder richtig auf dem Bildschirm dargestellt werden?

So, wie Bildschirme ausgeliefert werden, ist die Bilddarstellung zwar in der Regel knackig und ansprechend – oft aber nicht unbedingt korrekt. Sehr schnell korrigiert man deshalb Bilder in eine falsche Richtung. Aus diesem Grund sollte man den Bildschirm kalibrieren und möglichst dicht an eine standardisierte Darstellung bringen. Dazu gibt es zwei grundsätzliche Vorgehensweisen:

a)   Man kalibriert den Monitor rein visuell und benutzt dazu das Auge als Messgerät.

b)   Man setzt für das Kalibrieren und die Profilierung ein spezielles Messgerät ein.

→ *Für Farbarbeiten muss in allen Fällen natürlich zunächst die Bildschirmkarte auf minimal 24 Bit Farbtiefe eingestellt werden. Vor dem Kalibrieren und der Profilierung sollte der Bildschirm bereits ca. 30 Minuten aufgewärmt sein!*

Die erste Art ist preiswert, aber leider recht ungenau. Die zweite Art ist etwas teurer, aber liefert in aller Regel deutlich bessere Ergebnisse.

Eigentlich besteht im Idealfall das, was wir hier vereinfacht als *Kalibrieren* bezeichnet haben, aus zwei Schritten:

1.   Dem eigentlichen *Kalibrieren*. Hierbei wird der Bildschirm – unter Verwendung der Einstellräder des Bildschirms oder über das spezielle Hardwaremenü des Bildschirms – in einen standardisierten Zustand gebracht. Dies ist dann die Ausgangsbasis der späteren Profilerstellung.

2.   Erstellung eines Farbprofils für den Bildschirm – des sogenannten *Monitorprofils*. Hierbei wird ermittelt (vermessen), wie der Bildschirm bestimmte bekannte Farbwerte darstellt. Daraus wird eine Art Farbumsetzungstabelle berechnet. Sie gibt (vereinfacht gesagt) an, mit welchem RGB-Farbwert der Monitor angesteuert werden muss, damit ein bestimmter Farbwert vom Monitor angezeigt wird.

Diese beiden getrennten Funktionen bieten jedoch nur die etwas besseren – sprich teureren – Profilierungspakete an.

Lightroom ist selbstverständlich ›*Color Management aware*‹, d.h., es arbeitet, wo immer möglich, mit Farbprofilen und profilbasierter Farbumsetzung. Ist deshalb für den Monitor ein Farbprofil vorhanden (und dem Betriebssystem bekannt), so arbeitet Lightroom damit und benutzt es bei der Farbdarstellung der Bilder auf dem Bildschirm. Es setzt dabei auf die Voreinstellung des Betriebssystems.

Softwarebasierte Profilerstellung

Sowohl die aktuellen Windows-Versionen (XP, …) als auch Mac OS X bieten ein einfaches Kalibrieren des Monitors ohne spezielle Hardwarezusatzgeräte unter Verwendung von Testbildern und einem Assistenten-Programm.

Adobe Gamma unter Windows

Bei Windows findet man diese Funktion entweder unter Systemeinstellungen ▸ Adobe Gamma – allerdings nur, wenn Sie zuvor eines der Adobe-Produkte mit Farbmanagement-Unterstützung installiert haben! Dabei werden zwei Modi angeboten: schrittweise über einen Assistenten oder direkter über die Systemsteuerung.

Die Version *Systemsteuerung* vereint in einer Dialogbox alle wesentlichen Einstellungen (Abb. 9-11), dabei lässt sich auch von dort aus der Gamma-Assistent aufrufen:

▸ **Phosphor-Farben** (bzw. bei LCD-Bildschirmen ein anderer Leuchttyp)

▸ **Gammawert** (siehe die Beschreibung auf Seite 156): Deaktiviert man hier das Feld *Nur einzelnes Gamma anzeigen*, so lassen sich die Gammawerte für Rot, Grün und Blau individuell einstellen. Über den Schieberegler stellt man hier den Gammawert so ein, dass das mittlere und das äußere Feld verschwimmen. Dabei hilft es, die Augen bei der Betrachtung der Farbfelder ein wenig zusammenzukneifen.

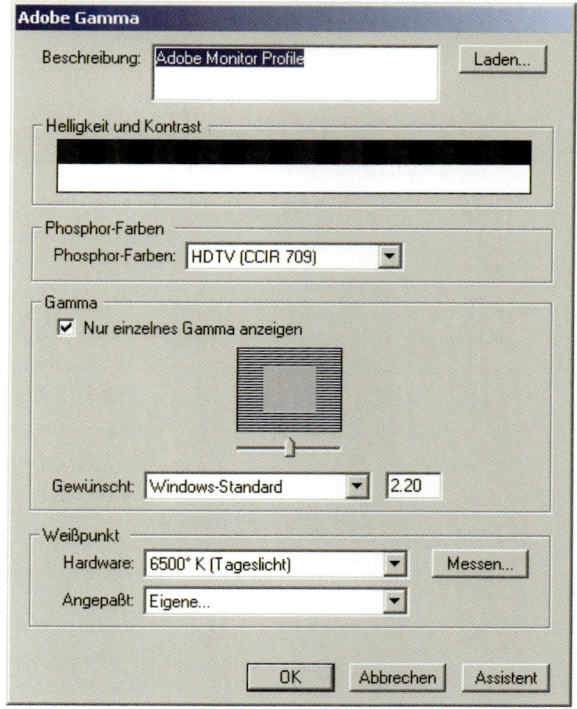

Abb. 9-11: Kalibrierungs-Assistent unter Windows XP

▸ **Weißpunkt**: Hier sollte man den Weißpunkt des Farbraums einstellen, mit dem man überwiegend arbeitet. Bei sRGB und Adobe RGB ist dies 6500 K.

Die so erstellten Monitorprofile lassen sich abspeichern und später wieder laden – entweder über Adobe-Gamma oder in der Bildschirmeinstellung des Systems unter Einstellungen ▸ Anzeige ▸ Einstellungen ▸ Erweitert ▸ Farbverwaltung.

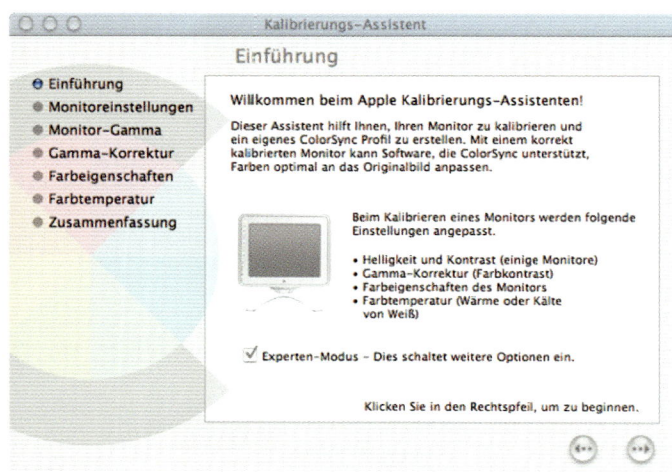

Abb. 9-12: Kalibrierungs-Assistent unter Mac OS X

Kalibrierungs-Assisten unter Mac OS X

Bei Mac OS X steht für das Kalibrieren eines Monitors ein *Kalibrierungs-Assistent* zur Verfügung. Ihn findet man im Ordner *Dienstprogramme* (Unterordner von Ordner *Programme*). Er führt den Benutzer durch die Erstellung eines Monitor-ICC-Profils (siehe Abb. 9-12).

Man sollte hierbei durchaus den Expertenmodus aktivieren, da auch dieser nicht zu kompliziert ist. Dabei entsteht ein Monitor-ICC-Profil für das unter Mac OS X übliche Color-Management-System *ColorSync*. Unter Mac OS lassen sich auf problemlos zwei (oder mehr) Monitore kalibrieren.

→ Man findet im Internet eine ganze Reihe weiterer kostenloser Hilfen zum Kalibrieren des Bildschirms, etwa bei SimpelFilter (www.simplefilter.de) ePaperPress (http://epaperpress.com/monitorcal/), werbeFOTO.at (www.werbefoto.at/d_base/calibration.htm), sowie den Monitor Calibration Wizard unter: www.softpeaia.com/get/Tweak/Video-Tweak/Monitor-Calibration-Wizard.shtml

Weitere Einstellverfahren

Für Windows, und eingeschränkt auch für andere Systeme, gibt es eine Reihe weiterer einfacher Methoden zur Bildschirmeinstellung. Hierzu zählt z.B. das DQ-Tool, das insbesondere auf digitale Fotos ausgerichtet ist (unter Windows-Systemen). Teil des Kits sind zwei ausbelichtete Referenzbilder, die man im Fotohandel zusammen mit der digitalen Referenzdatei auf CD kauft (ca. 5 Euro) oder im Internet bestellt (z.B. bei der fotocommunity). Dazu lädt man sich aus dem Internet die digitalen Referenzdateien. Bringt man sie auf den Bildschirm, dann lässt sich der Bildschirm im Bildschirm-Hardware-Menü manuell so einstellen, dass das Bild möglichst dem daneben gehaltenen Papierbild entspricht. Eine genaue Anleitung wird mitgeliefert.

Bildschirm-Gammas

Bei Bildschirmen gibt es einen nicht linearen Zusammenhang zwischen Eingangsspannung und Helligkeit. So benötigt 100 % Helligkeit (oder Farbintensität) mehr als die doppelte Ansteuerspannung als 50 % Helligkeit. Der Gammawert für Bildschirme gibt hierzu einen Korrekturfaktor an. Er ist auch davon abhängig, wo der Weißpunkt liegen soll.

Leider wird unter Windows mit dem Standard-Gammawert von 2,2 ein anderer Wert verwendet als unter Mac OS, wo der Standardwert bei 1,8 liegt. Dies hat zur Folge, dass das gleiche Bild unter Mac OS insgesamt heller und ein wenig kontrastärmer wirkt als unter Windows.

Möchte man unter beiden Systemen das gleiche Bild erhalten, ist einer der beiden Werte zu ändern. Dabei passt der Windows-Wert von 2,2 besser zum sRGB- und Adobe-RGB-Farbraum, während der Mac-Wert von 1,8 besser zum ECI-RGB sowie für die Verarbeitung von CMYK-Bildern passt (die Lightroom aber nicht beherrscht). Im Allgemeinen ist ein Gamma von

2,2 vorzuziehen – wir empfehlen es explizit. Natürlich lassen sich auch andere Gammawerte einstellen – sinnvollerweise sollte man aber nicht mehr als 2,2 wählen.

Für eine feine Farbdifferenzierung in der Bildschirmanzeige, insbesondere im Graustufenbereich, sind niedrigere Gammawerte (bei etwa 1,4–1,8) besser geeignet als höhere. Dies verträgt sich leider nicht optimal mit den Windows-Standardeinstellungen und den dort angenommenen Gammawerten von digitalen Fotos – solchen ohne eingebettete Farbprofile.

Eine einfache Überprüfung, ob die aktuelle Gamma-Einstellung des Bildschirms für die Bildbearbeitung geeignet ist, erlauben Graukeile, die man im Internet findet – etwa bei Ralph Altmann.[*] Kann man alle dort anzutreffenden Graustufen sauber auf dem Bildschirm unterscheiden, so hat man zumindest hier eine brauchbare Einstellung.

> → *Bei der Monitorgrundeinstellung sollte gelten: Der Kontrast wird auf das Maximum eingestellt und danach die Helligkeit langsam von unten nach oben geregelt, bis eine ausreichende Farbabstufung sichtbar ist (z.B. im Graukeil).*

* Ralph Altmann:
www.simpelfilter.de/farbmanagement/

Messgerätbasierte Profilerstellung für Monitore

Beim Bildschirm sollte man ernsthaft überlegen, für seine Kalibrierung und Profilierung Messgeräte einzusetzen. Davon gibt es inzwischen mehrere erschwingliche Lösungen auf dem Markt, von einfachen und relativ preiswerten Geräten, die bei etwa 90 Euro beginnen, bis zu teuren Geräten, deren Software mehr Freiheitsgrade und Einstellungen erlauben – teilweise auch über mehrere Monitore hinweg.

Seit es die Monitor-Profilierungskits ab 90 Euro gibt, hat man – bei etwas Anspruch an die Farbverarbeitung – eigentlich keine Ausrede mehr, nicht hardwarebasiert zu profilieren. Da der Bildschirm unser Auge auf das Bild darstellt, ist diese Funktion wichtiger zu erachten als spezielle Filter oder andere Erweiterungen – selbst wenn man kein Bildbearbeitungsprofi ist. Hier beginnt die ernsthafte Bildbearbeitung.

Beispiele für Pakete zur Monitorprofilierung:

Die Pakete ›Eye-One Display 2‹ (ca. 270 €) und ›Eye-One Display LT (light)‹ (ca. 170 €) der Firma Gretag Macbeth/X.rite [44], die Pakete ›SpyderPro‹ (ca. 280 €) und ›Spyder2express‹ (ca. 85 €) der Firma Color Vision, das Paket ›display SQUID‹ (ca. 296 €) der Firma basICColor sowie das hier vorgestellte Paket ›huey‹ von Pantone (oder Gretag Macbeth) für ca. 100 Euro. Die Preise sind jeweils Circa-Preise inklusive Mehrwertsteuer.

Monitor-Profilierung per huey-Colorimeter

Wir möchten hier anhand des extrem einfach zu bedienenden huey-Colorimeter-Pakets der Firma Pantone das Vorgehen demonstrieren (ein *Colorimeter* ist ein Farbmessgerät für Monitore). Es läuft sowohl unter Mac OS X als auch unter Windows und erlaubt (wie die meisten Pakete) das Profilieren sowohl für CRT-Bildschirme als auch für LCDs (Flachbildschirme) und Laptops.

Das Gerät ist recht klein und handlich und kommt mit einem kleinen Ständer, in den man es für die Messung des Umgebungslichts stellen und sonst neben dem Monitor aufbewahren kann. Die Verbindung mit dem Rechner erfolgt über USB. Das Colorimeter hat nach vorne einen Lichtsensor sowie Leuchtdioden, die den Betriebszustand anzeigen.

Die Installation des huey-Kits ist einfach und über ein selbsterklärendes Installationsskript gesteuert. Danach findet man sowohl auf dem Desktop als auch in der Windows-Taskleiste ein Symbol, um den Profilierungsprozess zu initiieren.

Abb. 9-12: huey von Pantone

➜ *Als Zielwerte für Monitore empfehlen wir (unabhängig davon ob Windows oder Mac OS) folgende Werte:*

Gamma: 2,2
Farbtemperatur: 6 500 K (D65)
Luminanz: 100 cd/m² für CRTs und
             120 bis 140 cd/m² für LCDs

Eine Unschönheit des uns vorliegenden Kits ist das vollkommene Fehlen eines brauchbaren Handbuchs – es gibt leider auch keine Online-Version.

1. Nach dem Start des Programms wird zunächst festgelegt, welche Art von Monitor man profilieren möchte – LCD/Laptop oder einen Röhrenmonitor (CRT). Zum jeweils nächsten Schritt kommt man bei der Software mit einem Klick auf den üblichen Weiter-Knopf.

2. Im zweiten Schritt wird das Umgebungslicht gemessen. Dabei sollte man das huey so ausrichten, dass es vor dem Monitor steht und vom Monitor weg mit dem Gesicht zu Ihnen hin schaut. Es sollte dabei etwa die gleiche Neigung wie Ihr Monitor haben.

3. Nun platziert man das huey mit den Saugfüßen an der vom Programm angezeigten Stelle auf den Monitor – sowohl bei CRTs als auch bei LCDs. Letzteres gefällt uns nicht sehr – und funktioniert zumindest bei uns nur bedingt. Wir selbst ziehen es hier vor, den LCD leicht nach hinten zu neigen, das huey einfach aufzulegen und mit einem kleinen Gegengewicht hinten am Kabel zu fixieren.

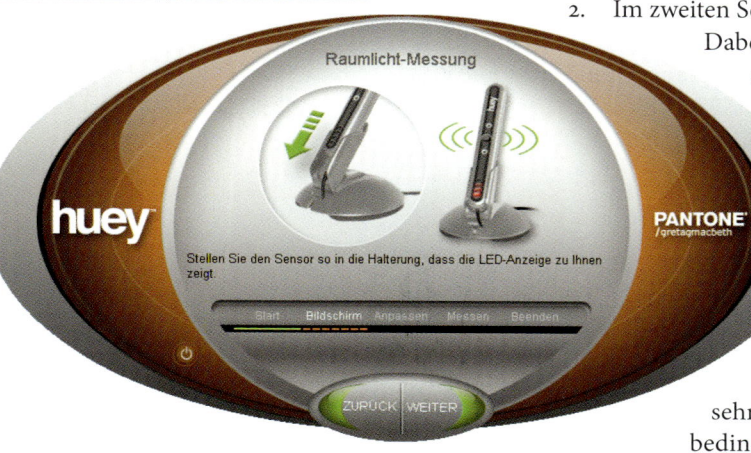

Abb. 9-14: Im 2. Schritt wird das Umgebungslicht gemessen.

Die Lösung mit einem am Kabel befestigten Gegengewicht, das man hinter den Monitor hängt, ist die Standardlösung für LCDs bei fast allen anderen Paketen. Hier hat man beim huey eindeutig zu viel gespart. Alternativ kann man das Colorimeter während der paar Minuten des Vermessens auch mit ganz leichtem Druck per Hand auf die Monitoroberfläche halten. Mit Weiter geht es zum Schritt 4.

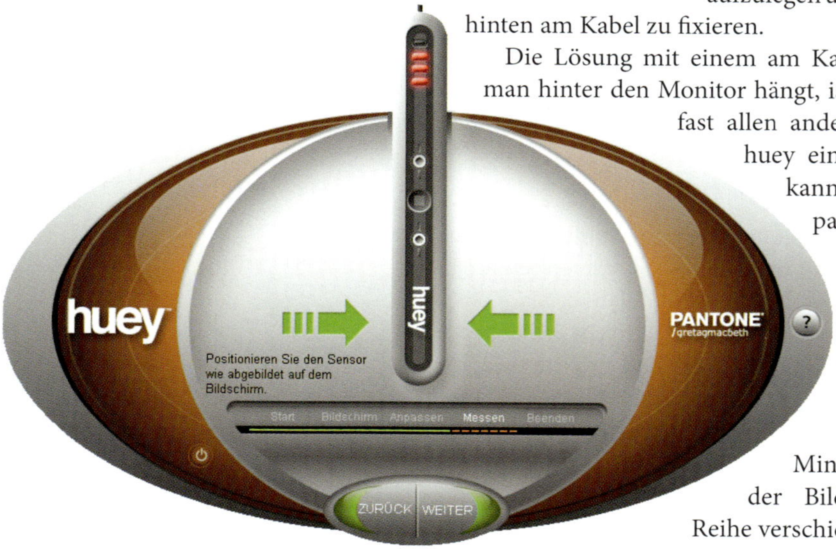

4. Im nächsten Schritt erfolgen die Messungen für die Profilberechnung. Dies dauert nur etwa 3 Minuten. Dabei zeigt das Programm in der Bildschirmmitte nacheinander eine Reihe verschiedener, dem System bekannter Farben an und das Colorimeter misst, wie der Bildschirm diese Farbwerte darstellt (siehe Abb. 9-16). Dies ist anschließend die Basis für die Profilberechnung und die Korrekturen für die Bildschirmansteuerung.

Abb. 9-15: Platzieren Sie das huye wie gezeigt auf dem Bildschirm – mit den Saugnäpfen auf dem Montor.

5. Das Profil ist jetzt berechnet – dies geht sehr schnell. Hier ist nochmals eine Vorher-Nachher-Anzeige möglich. Sie erlaubt, die Verbesserung – anhand der Abbildung des ColorCheckers von Gretag MacBeth (heute X.rite) sowie eines Porträts – zu begutachten.

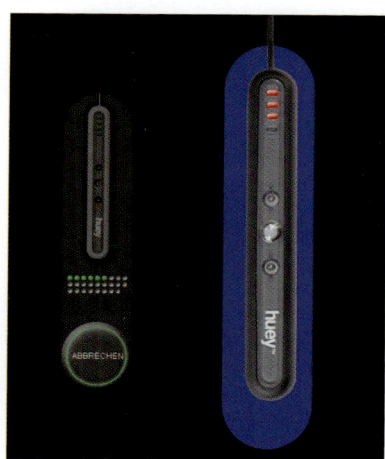

Abb. 9-16: Im Schritt 4 erfolgt das Vermessen der Bildschirmschirmfarbverhaltens.

Abb. 9-17: Nach dem 5. Schritt erlaubt der Dialog einen Vorher-Nachher-Vergleich

6. Im nächsten Schritt muss man festlegen, welche Profileinstellung man möchte. Die hier aufgeführten Bezeichnungen sind leider recht nichtssagend und geben keinen brauchbaren Rückschluss darauf, für welche Werte das Profil erstellt wird.

Für Fotos ist die richtige Einstellung *Internetsuche und Fotobearbeitung*. Sie hat einen Weißpunkt von 6500 Kelvin und ein Gamma von 2,2 – die Werte, die wir auch bei allen anderen Kits als Target-Werte empfehlen. Die Online-Hilfe – aktivierbar jeweils über den ⑦-Knopf rechts im Fenster – sagt leider nichts darüber aus.

Target-Werte für verschiedene huey-Einstellungen (jeweils Weißpunkt und Gamma):	
Computerspiele:	D65, G 1,8
Internetsuche und Foto:	D65, G 2,2
Grafikdesign und Video:	D65, G 2,5
Warm, niedriger Kontrast:	D50, G 1,8
Warm, mittlerer Kontrast:	D50, G 2,2
Warm, hoher Kontrast:	D50, G 2,5
Kalt, niedriger Kontrast:	D75, G 1,8
Kalt, mittlerer Kontrast:	D75, G 2,2
Kalt, hoher Kontrast:	D75, G 2,5
D50 entspricht 5 000 Kelvin.	
D65 entspricht 6 500 Kelvin.	
D75 entspricht 7 500 Kelvin.	

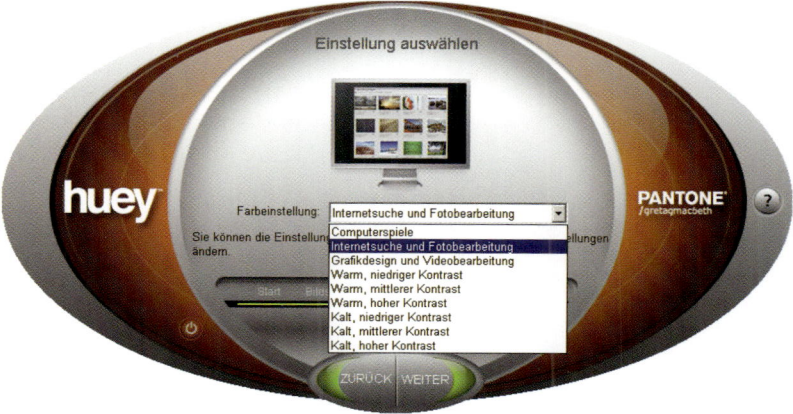

Abb. 9-18: Im letzten Schritt geben Sie hier an, auf welche Farbtemperatur profiliert werden soll.

Damit ist man fertig. Das Paket installiert das neue Profil und aktiviert es sogleich.

7.   In den huey-Voreinstellungen – zu erreichen über das huey-Icon in der Windows-Taskleiste oder im Mac-Dock – kann man festlegen, ob man an das erneute Profilieren nach angemessener Zeit automatisch erinnert werden soll (leider fehlt die Angabe eines Zeitraums) und ob eine automatische Raumlichtkompensation erfolgen soll – was wir deaktivieren.

Die beiden billigsten Lösungen mit Colorimeter haben aber gegenüber den teureren Lösungen auch Nachteile. Sie erlauben beispielsweise nicht oder nur sehr indirekt, die Zielwerte für die Profilierung einzustellen.

Die huey-Lösung verzichtet vollständig auf ein Kalibrieren des Monitors vor dem Vermessen für die Profilerstellung. Bei diesem Vorgang versucht man über die Regler am Monitor, den Monitor in eine möglichst gute Ausgangsstellung zu bringen – möglichst dicht an den Zielwerten für den Weißpunkt, das Zielgamma und die Ziel-Luminanz:

Der Verzicht auf den Kalibrierungsschritt hat Nachteile, wenn die Monitorbasiseinstellung weit weg von den genannten Werten liegt, da nun das vom huey erstellte Profil all dies ausbügeln muss.

Wir empfehlen deshalb, bei den LCD-Monitoren, die solche Einstellungen in ihren Menüs erlauben, die zuvor eingestellten Werte zu wählen, bevor man überhaupt mit der Profilerstellung beginnt. Dies dürfte zu spürbar besseren Ergebnissen führen.

Auch wenn die gesamte Beschreibung hier etwas kompliziert erscheint, so ist die Monitorprofilierung doch mit den beschriebenen Werkzeugen in wenigen Minuten erledigt. Sie sollte etwa alle vier Wochen wiederholt werden und gewährleistet eine recht farbgetreue Bildschirmdarstellung – in dem Rahmen, in dem der verwendete Bildschirm dies erlaubt.

9.9 Tastaturkürzel

Tastaturkürzel unter Mac OS X

Lightroom bietet für fast alle wichtigen Funktionen Tastaturkürzel. Die Arbeit mit ihnen beschleunigt den Workflow erheblich. Hier sind deshalb nochmals die wichtigsten Tastaturkürzel zusammengefasst (teilweise mit dem mnemotechnischen Begriff in englisch dahinter):

Kürzel (Mac OS)	Modus	Funktion
Moduswechsel		
⌥-⌘-1	Alle	Modus Bibliothek
⌥-⌘-2	Alle	Modus Entwickeln
⌥-⌘-3	Alle	Modus Diashow
⌥-⌘-4	Alle	Modus Drucken
⌥-⌘-5	Alle	Modus Web
G	Alle	Modus Bibliothek, Matrixdarst.
Zoomen + Lupe		
⌘-0	B, E	Einzoomen
⌘--	B, E	Auszoomen
Leertaste	B, E	Hand zum Verschieben
⇧-⌘-Tab	B, E	Vollschirm + alle Panele aus
⏎ (Eingabe)	B	Lupe oder 1:1
Sterne, Farben, Flaggen		
1 … 5	B, E	1–5 Sternewertung
. (Punkt)	B, E	1 Stern mehr
, (Komma)	B, E	1 Stern weniger
0	B, E	keine Sterne
6 … 9	B, E	Rot, Gelb, Grün, Blau
P	B, E	Markiert (**P**ick)
U	B, E	**U**nmarkiert
X	B, E	Abgelehnt
⌘-↑	B, E	Bewertung auf ›markiert‹ setzen
⌘-↓	B, E	Bewertung auf ›neutral‹ setzen
Bildorganisation		
B	B, E	Bild zur/aus Schnellkollektion
⌘-B	B, E	Schnellkollektion anzeigen
⇧-⌘-B	B	Schnellkollektion löschen
⌘-F	B	Suchen
⌘-L	B	Filter aktivieren/deaktivieren

Kürzel (Mac OS)	Modus	Funktion
Panele ein-/ausblenden		
Tab	Alle	seitliche Panele aus-/einblenden
⇧-⌘	Alle	alle Panele ausblenden
F5	Alle	Moduspanel (oben)
F6	Alle	Filmstreifen ein-/ausblenden
F7	Alle	linkes Panel ein-/ausblenden
F8	Alle	rechtes Parameterpanel ein-/aus
Bildschirm + Licht		
⇧-⌘-F	Alle	Vollschirm, Panele aus
F	Alle	nächster Bildschirmmodus
L	Alle	nächster Bildschirmmodus
⌥-⌘-F	Alle	normale Darstellung
⇧-⌘-L	Alle	Modus ›Abgedunkeltes Lichts‹
Inspektionsphase		
G	B	Rasteransicht aktivieren (**G**rid)
C	B	Vergleichsansicht (**C**ompare)
E, D	B, E	Lupenansicht (**E**valuate)
#	B	Raster/Lupe umschalten
⏎	B	Wechsel: Einpassen, 1:1, Raster
←	B	einzelnes Bild löschen
⌘-←	B	abgelehnte Fotos löschen
⌘-.	B, E	Drehen nach links
⌘-.	B, E	Drehen nach rechts
⌘-G	B	Bilder zu Stapel **g**ruppieren
S	B	Stapel ein-/ausfalten
⇧-⌘-G	B	Stapel auflösen
F2	B	Bild/Ordner umbenennen
Bild ↓, Bild ↑	B	in Rasteransicht blättern
⇧-⌥-⌘-C	B	Metadaten kopieren (in Z.ablage)
⇧-⌥-⌘-V	B	Metadaten einfügen (aus Z.ablage)

Kürzel	Modus	Funktion	Kürzel	Modus	Funktion
Bild editieren			**Diashow**		
`R`	E	Freistellmodus	`⌘`-`↵`	Alle	Ad-hoc-Diashow
`N`	E	Reparatur aktivieren	`↵`	D	Diashow wiedergeben
`D`	E	Lupenansicht	`Esc`	Alle	Diashow beenden
`Y`	E	Vorher-Nachher-Darstellung (L/R)	`Leertaste`	D	Diashow anhalten
`⇧`-`Y`	E	Vorher/Nachher im Bildschnitt	`⌘`-`J`	D	Diashow exportieren
`J`	E	Beschnitt anzeigen	**Drucken**		
`⌘`-`E`	B, E	Bild in Anwendung 1 editieren	`⌘`-`P`	Alle	Drucken (Modus **P**rint)
`⇧`-`⌘`-`E`	B, E	Bild in Anwendung 2 editieren	`⇧`-`⌘`-`P`	D	Seite einrichten
`⇧`-`⌘`-`C`	B, E	Entw.-Einstellungen kopieren	`⌥`-`⌘`-`P`	D	Eine Kopie drucken
`⇧`-`⌘`-`V`	B, E	Entw.-Einstellungen einfügen	**Sonstiges**		
`⌘`-`N`	E	Neuer Schnappschuss	`T`	Alle	Werkzeugleiste ein-/ausblenden
`⇧`-`⌘`-`N`	E–W	neue Vorgabe	`⌘`-`<`	Alle	zeige Tasten des aktuellen Modus

Tastaturkürzel unter Windows

Die Kürzel unter Windows entsprechen denen von Mac OS X sehr konsequent, wobei hier lediglich die `⌘`-Taste von Mac OS unter Windows durch `Strg` ersetzt wird und die Mac-Taste `⌥` unter Windows durch `Alt`:

Kürzel (Windows)	Modus	Funktion	Kürzel (Windows)	Modus	Funktion
Moduswechsel			**Panele ein-/ausblenden**		
`Strg`-`Alt`-`1`	Al e	Modus Bibliothek	`Tab`	Alle	seitliche Panele aus-/einblenden
`Strg`-`Alt`-`2`	Alle	Modus Entwickeln	`⇧`-`Strg`	Alle	alle Panele ausblenden
`Strg`-`Alt`-`3`	Alle	Modus Diashow	`F5`	Alle	Moduspanel (oben)
`Strg`-`Alt`-`4`	Alle	Modus Drucken	`F6`	Alle	Filmstreifen ein-/ausblenden
`Strg`-`Alt`-`5`	Alle	Modus Web	`F7`	Alle	linkes Panel ein-/ausblenden
`5`	A le	Modus Bibliothek (Matrixdarst.)	`F8`	Alle	rechtes Parameterpanel ein-/aus
Zoomen + Lupe			**Bildschirm + Licht**		
`Strg`-`0`	B. E	Einzoomen	`⇧`-`Strg`-`F`	Alle	Vollschirm, Panele aus
`Strg`-`–`	B. E	Auszoomen	`F`	Alle	nächster Bildschirmmodus
`Leertaste`	B. E	Hand zum Verschieben	`L`	Alle	Lichtmodi (aus, halb, ganz)
`⇧`-`Strg`-`Tab`	B. E	Vollschirm + alle Panele aus	`⌥`-`Strg`-`F`	Alle	normale Darstellung
`↵` (Eingabe)	E	Lupe oder 1:1	`⇧`-`Strg`-`L`	Alle	Modus ›Abgedunkeltes Licht‹

Kürzel Windows	Modus	Funktion
Sterne, Farben, Flaggen		
`1` … `5`	B, E	1–5 Sternewertung
`.` (Punkt)	B, E	1 Stern mehr
`,` (Komma)	B, E	1 Stern weniger
`0`	B, E	keine Sterne
`6` … `9`	B, E	Rot, Gelb, Grün, Blau
`P`	B, E	Markiert (**P**ick)
`U`	B, E	**U**nmarkiert
`X`	B, E	Abgelehnt
`Strg`-`↑`	B, E	Bewertung auf ›markiert‹ setzen
`Strg`-`↓`	B, E	Bewertung auf neutral setzen
Bildorganisation		
`B`	B, E	Bild zur/aus Schnellkollektion
`Strg`-`B`	Alle	Schnellkollektion anzeigen
`⇧`-`Strg`-`B`	Alle	Schnellkollektion löschen
`Strg`-`F`	B	Suchen
`Strg`-`L`	Alle	Filter aktivieren/deaktivieren
Bild editieren		
`R`	E	Freistellmodus
`N`	E	Reparatur aktivieren
`D`	E	Lupenansicht
`Y`	E	Vorher-Nachher-Darstellung (L/R)
`⇧`-`Y`	E	Vorher-Nachher-D. im Bildschnitt
`J`	E	Beschnitt anzeigen
`Strg`-`E`	B, E	Bild in Anwendung 1 **e**ditieren
`⇧`-`Strg`-`E`	B, E	Bild in Anwendung 2 editieren
`⇧`-`Strg`-`C`	B, E	Entw.-Einstellungen kopieren
`⇧`-`Strg`-`V`	B, E	Entw.-Einstellungen einfügen
`Strg`-`N`	E	Neuer Schnappschuss
`⇧`-`Strg`-`N`	E–W	neue Vorgabe

Kürzel Windows	Modus	Funktion
Inspektionsphase		
`G`	B	Rasteransicht aktivieren (**G**rid)
`C`	B	Vergleichsansicht (**C**ompare)
`E`, `D`	B, E	Lupenansicht (**E**valuate)
`#`	B	Raster/Lupe umschalten
`↵`	B	Wechsel: Einpassen, 1:1, Raster
`←`	B	einzelnes Bild löschen
`Strg`-`←`	B	abgelehnte Fotos löschen
`Strg`-`,`		Drehen nach links
`Strg`-`.`		Drehen nach rechts
`Strg`-`G`		Bilder zu Stapel **g**ruppieren
`S`		Stapel ein-/ausfalten
`⇧`-`Strg`-`G`		Stapel auflösen
`F2`		Bild/Ordner umbenennen
Bild `↓`, Bild `↑`		in Rasteransicht blättern
`⇧`-`Strg`-`Alt`-`C`		Metadaten kopieren (in Z.ablage)
`⇧`-`Strg``Alt`--`V`		Metadaten einfügen (aus Z.ablage)
Diashow		
`Strg`-`↵`	Alle	Ad-hoc-Diashow
`↵`	D	Diashow wiedergeben
`Esc`	Alle	Diashow beenden
`Leertaste`	D	Diashow anhalten
`Strg`-`J`	D	Diashow exportieren
Drucken		
`Strg`-`P`	Alle	Drucken (Modus **P**rint)
`⇧`-`Strg`-`P`	D	Seite einrichten
`Strg`-`Alt`-`P`	D	Eine Kopie drucken
Sonstige		
`T`	Alle	Werkzeugleiste ein-/ausblenden
`Strg`-`<`	Alle	zeige Tasten des aktuellen Modus

Literatur und Internet-Links

A Bitte berücksichtigen Sie, dass Internetseiten zuweilen ganz aufgelöst oder einzelne Artikel gelöscht werden oder unter einer anderen URL erscheinen. Für Hinweise sind wir aber dankbar, damit wir in Neuauflagen dies korrigieren können.  markiert englischsprachige Seiten und Literatur.

A.1 Bücher und E-Books

[01] Bettina & Uwe Steinmüller:
Die digitale Dunkelkammer. Vom Kamera-File zum perfekten Print: Arbeitsschritte, Techniken, Werkzeuge.
dpunkt.verlag, Heidelberg, 2007.
ISBN 3-89864-340-9

[02] Uwe Steinmüller, Jürgen Gulbins: *Die Kunst der RAW-Konvertierung. RAW-Files bearbeiten mit führenden RAW-Konvertern.*
dpunkt.verlag, Heidelberg, 2006.
ISBN 3-89864-389-1

[03] Uwe Steinmüller, Jürgen Gulbins:
Fine Art Printing für Fotografen. Hochwertige Fotodrucke mit Inkjet-Druckern.
dpunkt.verlag, Heidelberg, 2006.
ISBN 3-89864-377-8

[04] Peter Krogh: *Professionelle Bildverwaltung für Fotografen. Werkzeuge, Organisation, Abläufe.*
dpunkt.verlag, Heidelberg, 2007.
ISBN 978-3-89864-441-9

[05] Sascha Steinhoff: *Digitalisieren von Dias und Negativen.*
dpunkt.verlag, Heidelberg, 2007.
ISBN 978-3-89864-414-3

[06] Tim Grey: *Farbmanagement für Fotografen. Ein Praxishandbuch für den digitalen Foto-Workflow*
dpunkt.verlag, Heidelberg, 2005.
ISBN 3-89864-329-8

[07] Jürgen Gulbins: *Grundkurs Digital Fotografieren. Kameratechnik, Bildkomposition, Bildbearbeitung, Bildverwaltung.*
dpunkt.verlag, Heidelberg, 2007.
ISBN 978-3-89864-422-8

Weitere Informationen zu diesen Büchern finden Sie unter: www.dpunkt.de

A.2 Ressourcen im Internet

[08] *Outbackphoto.com*: Dies ist Uwe Steinmüllers Internetseite: Sie widmet sich ausschließlich dem Thema ›Digitale Fotografie‹ (). Hier finden Sie viele Artikel zu fast allen Bereichen dieses Themenfelds – darunter natürlich auch zu Lightroom:
www.outbackphoto.com

[09] *Outbackprint.com* ist eine Ableger von Outbackphoto und widmet sich ausschließlich dem Thema *Fine Art Printing* ():
www.outbackprint.com

[10] Uwes FAQ zu Lightroom (🇺🇸) ist zugleich eine kleines Benutzerforum:
www.outbackphoto.com/artofraw/raw_31/lightroom_faq.html

[11] *FotoEspresso* ist unser kostenloser Foto-Letter mit recht ausführlichen Artikeln zu verschiedenen Fotothemen. Sie können FE kostenlos abonnieren und werden dann per E-Mail informiert, wenn eine neue Ausgabe erschienen ist (in PDF):
www.fotoespresso.de
Die englische Ausgabe finden Sie unter:
www.fotoespresso.com

[12] Adobe: *Lightroom-Produktseite*. Hier können Sie auch eine 30 Tage laufende Testversion von Lightroom herunterladen:
www.adobe.com/de/products/photoshoplightroom/

[13] Adobes Lightroom User Forum (🇺🇸):
www.adobeforums.com/cgi-bin/webx/.3bc2cfoa/

[14] *Lightroom News* ist eine Adobe-Seite mit Nachrichten rund um Lightroom. Hier finden Sie auch Tips zu Lightroom (🇺🇸):
www.lightroom-News.com

[15] *Lightroom Killertips* ist eine Seite mit Tipps zu Lightroom (mit Werbung, 🇺🇸):
www.lightroomkillertips.com

[16] *Lightroom-Presets* ist eine Seite mit kostenlosen Vorlagen für Lightroom (🇺🇸):
http://lightroompresets.com/

[17] *Lightroom Extra* ist eine informative Internetseite zu Lightroom mit einer recht übersichtlichen und detaillierten FAQ-Liste (🇺🇸):
www.lightroomextra.com

[18] *The Image-Space* ist eine Internetseite von Joe Barret mit verschiedenen Fotothemen, darunter auch eine Sektion zu Lightroom (🇺🇸):
www.image-space.com

[19] *inside lightroom* ist eine Internetseite zu Lightroom (🇺🇸). Hier findet man auch eine Reihe von fertigen Vorlagen:
http://inside-lightroom.com
Empfehlenswert ist auch das Papier *The Anatomy of a Lightroom Develop Preset* zum Aufbau solcher Vorlagen:
http://inside-lightroom.com/docs/develop_presets.pdf

[20] *Luminous Landscape* ist die Internetseite von Michael Reichmann mit sehr guten Informationen zu einem breiten Spektrum an Fotothemen – darunter auch zu Lightroom: (🇺🇸):
www.luminous-landscape.com/tutorials/lightroom-illuminated.shtml

[21] *Oaktree Imaging* ist die Internetseite eines Dienstleisters, der auch eine Reihe guter Tipps zu Lightroom liefert (🇺🇸):
www.oaktree-imaging.com/knowledge/lightroom-tips/
Hier findet man auch für Mac OS X eine Ordner-Aktion, die es erlaubt, die Sicherungskopien der Bibliothek automatisch zu komprimieren:
http://www.oaktree-imaging.com/blog/archives/2007/03/25/107/

[22] Internetseite der IPTC – des *International Press and Telecommunication Council*: Hier finden Sie Details zu den IPTC-Metadaten (🇺🇸):
www.iptc.org

[23] IPTC: *IPTC4XMPCore User Guide* (🇺🇸) ist eine Beschreibung der ›IPTC Core data‹, wie sie in den Adobe XMP-Dateien verwendet werden:
www.iptc.org/IPTC4XMP/

[24] *IPTC New Codes* zeigt die Codes zur Angabe der verschiedenen Themenbereiche in IPTC-Feldern (🇺🇸). Es gibt hier auch eine Tabelle der deutschen Begriffe/Codes:
www.iptc.org/NewsCodes/

[25] *ISO 3166*: Codes zur Länderangabe nach ISO 3166:
www.iso.org/iso/en/prods-services/iso3166ma/02iso-3166-code-lists/list-en1.html

[26] *Controlled vocabulary*: Auf dieser Internetseite von David Riecks finden Sie eine ganze Reihe von Informationen zu IPTC-Daten, der Vergabe von Stichwörtern und dem dabei empfohlenen Vokabular sowie weiterführende Links (🇺🇸): www.controlledvocabulary.com

[27] *Caption and Keywording Guidlines* ist eine Anleitung zur Vergabe von Bildtiteln und Stichwörtern zu Fotos (🇺🇸): www.controlledvocabulary.com/metalogging/ ck_guidelines.html

[28] *ExifTool* ist ein kleines Tool, das EXIF-, GPS-, IPTC- und XMP-Metadaten lesen und auch ändern kann und für Window, Mac OS und Linux zur Verfügung steht (⊞,): www.sno.phy.queensu.ca/~phil/exiftool/

[29] HDRSoft: *Photomatix* ist ein Werkzeug, um aus mehreren unterschiedlich belichteten Einzelaufnahmen ein High-Dynamic-Range-Bild aufzubauen. Das Programm ist mächtiger als die entsprechende Funktion in Photoshop CS2 (⊞,): www.hdrsoft.com

[30] Lightcrafts: *LightZone* – ein Fotoeditor, der wie Lightroom sowohl Raw-Dateien als auch TIFF-, JPEG- und PSD-Dateien bearbeiten kann. LightZone arbeitet wie Lightroom nicht-destruktiv, erlaubt aber zusätzlich selektive, auf bestimmte Bildbereiche beschränkte Korrekturen (ebenfalls nicht-destruktiv) und bietet ein sehr feines *Tone-Mapping* (⊞,): www.lightcrafts.com

[31] Uwe Steinmüller: *The Art of RAW Conversion #30 – LightZone 2.0.* Artikel über LightZone (🇺🇸): www.outbackphoto.com/artofraw/raw_30/ essay.html#20070319

[32] *Magix* ist ein Programm zur Erstellung von digitalen Diashows (⊞): http://site.magix.net/deutsch/

[33] AquaSoft: *Diashow XP* – ein spezielles Diashow-Programm, das Diashows für PCs und DVD-Players erstellt (⊞): www.aquasoft.de

[34] Shirt Pocket Software: *SuperDuper!* ist ein Sicherungsprogramm, das boot-fähige Kopien der Systemplatte erstellt (): www.shirt-pocket.com

[35] econ: *CronoSync* ist ein Programm zur Datensicherung und zum Datenabgleich (): www.econtechnologies.com

[36] *Carbon Copy Cloner* ist ein Mac-Programm zur Erstellung von Sicherungskopien der Betriebssystemplatte (): www.bombich.com/software/ccc.html

[37] *FileBack PC* ist ein recht komfortables Programm zur Datensicherung bzw. zum Datenabgleich, das auch zeitgesteuert arbeitet (⊞): www.maxoutput.com/FileBack/

[38] *PTLens* ist ein Photoshop-Plug-in zur profilbasierten Korrektur von Objektivfehlern (⊞): http://epaperpress.com/ptlens/

[39] *LensFix* ist ein Photoshop-Plug-in zur profilbasierten Korrektur von Objektivfehlern (): www.kekus.com

[40] PowerRetouche: *LensCorrector* (⊞,). Die Firma bietet eine ganze Reihe von Photoshop-Plug-ins an, fokussiert auf die Fotobearbeitung, darunter Black&White Studio‹, ›Lens Distortion Correction‹ oder das ›Dynamic Range Compression Plugin‹: www.powerretouche.com

[41] *Hahnemühle* ist ein sehr renommierter deutscher Hersteller von hochwertigen Fine-Art-Papieren für Tintenstrahldrucker. Die Distribution erfolgt über Händler. Bei Hahnemühle findet man zu einigen der Hahnemühle Fine-Art-Papiere fertige Farbprofile für verschiedene Drucker sowie Anweisungen, welche Druckertreibereinstellungen empfehlenswert sind: www.hahnemuehle.de

[42] *Rauch Papiere* ist ein Händler für Fine-Art-Papiere verschiedener Hersteller. Hier kann man Fine-Art-Papiere direkt bestellen und findet für einige der Papiere Farbprofile für bestimmte Epson-Drucker:
www.rauch-papier.de

[43] *Monochrom* ist ein Onlineshop für Fotobedarf – angefangen von Papieren über Tinten bis hin zu Passpartous und Rahmen:
www.monochrom.de

[44] *X.rite* mit der inzwischen von ihr übernommenen *Gretag MacBeth* bietet professionelle Werkzeuge für Farbmanagement an, darunter Colorimeter zur Monitorprofilierung, Fotospektrometer zur Druckerprofilierung und Farbreferenztafeln wie den ColorChecker:
www.xrite.de   sowie
www.gretagmacbeth.com

[45] Akvis: *Enhancer* ist ein Photoshop-Plug-in, das in beeindruckender Weise es erlaubt, den Mikrokontrast im Bild zu verbessern. Er ist ein Grund, warum wir häufiger ein Bild aus Lightroom heraus mit Photoshop nachbearbeiten:
www.akvis.com

[46] *Bluefire* ist ein Dienstleister, der in seinem Blog einige gute Tipps zu Lightroom hat, darunter zur Bearbeitung von Flash-Galerien:
www.bluefire.tv

[47] *Jeffrey Fiedl's Blog* ist ein guter Blog zu Lightroom mit einem Metadata-Viewer und einem *Lightroom Configuration Manager* (🇺🇸):
http://regex.info/blog/2007-02-20/386

[48] *Adobe Photoshop Lightroom Support Center*: Hier finden Sie von Adobe veröffentlichte Angaben zu Lightroom-Fehlern und Problemen und möglichen Behebungen (🇺🇸):
www.adobe.com/support/
photoshoplightroom/

[49] *DSLR-Forum*: Hier finden Sie recht gute Testberichte zu Objektiven:
www.dslr-forum.de

Index

Brad Hinkel · Steve Laskevitch

Das Photoshop CS3 Handbuch für Fotografen

Ein Wegweiser für den fotografischen Workflow

Gerade Fotografen fühlen sich von der Komplexität von Photoshop oft erschlagen. Was der Fotograf für die Bearbeitung seiner Bilder jedoch tatsächlich braucht ist nur ein kleiner Teil dessen was Photoshop insgesamt bietet -- aber diesen Teil sollte er beherrschen. Das genau ist der Ansatz, den die Autoren mit diesem Buch verfolgen: Die wesentlichen Bearbeitungsschritte eines Bildes vom Import in Photoshop bis zum Druck detailliert zu beschreiben und alles Unwesentliche dabei auszublenden. Der Leser profitiert von der Erfahrung der beiden Autoren als Berufsfotografen und Dozenten und lernt, wie man sich mit Photoshop CS3 (und Lightroom, das in einem Kapitel des Buches behandelt wird) einen einfachen und dennoch professsionellen Workflow für das Arbeiten mit digitalen Fotografien aufbaut. Das Buch richtet sich gleichermaßen an Einsteiger und an Fotografen, die bereits Vorkenntnisse in der Bildbearbeitung mit Photoshop mitbringen.

3. Quartal 2007, ca. 220 Seiten, durchgehend 4-farbig, gebunden ca. € 34,00 (D) ISBN 978-3-89864-480-8

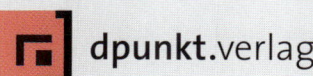

dpunkt.verlag

Ringstraße 19 · 69115 Heidelberg
fon 0 62 21/14 83 40
fax 0 62 21/14 83 99
e-mail hallo@dpunkt.de
http://www.dpunkt.de

2., überarbeitete und aktualisierte Auflage, 2007, 466 Seiten, durchgehend 4-farbig, gebunden
€ 48,00 (D)
ISBN 978-3-89864-340-5

Stimmen zur 1. Auflage:

»Das Buch ist für ambitionierte Amateur- und Profifotografen sehr zu empfehlen, denen das Publizieren und das Vermarkten von digital erzeugten Fotos ein Anliegen ist.«
(www.digitalkamera.de, 18.10.2004)

»Das Buch hebt sich wohltuend von den ›In fünf Minuten zum perfekten Bild‹-Ratgebern ab, die nur besonders spektakuläre Effekte beschreiben, aber nicht zeigen, wie bei systematischem Vorgehen Schritt für Schritt jede Aufnahme per Nachbearbeitung noch an Qualität gewinnen kann.«
(www.digital-world.de, 02.11.04)

»Es ist ein didaktisch gut aufbereitetes Buch und sehr empfehlenswert. Von daher ist die Vergabe des Fotobuchpreises 2004 an dieses Buch eigentlich selbstverständlich gewesen.«
(www.eureriopress.net, 23.11.2004)

Bettina Steinmüller
Uwe Steinmüller

Die digitale Dunkelkammer

Vom Kamera-File zum perfekten Print – Arbeitsschritte, Techniken, Werkzeuge

2., überarbeitete und aktualisierte Auflage

Das Buch bietet eine Einführung in die Verarbeitung von digitalen Fotos. Es beschreibt die Arbeitsabfolge zur Bildverarbeitung – den digitalen Foto-Workflow – und geht insbesondere auf die Verarbeitung von Raw-Dateien ein.

Dabei werden Themen wie Ebenen in Photoshop, Retuschetechniken und die Erzeugung von Schwarzweiß- aus Farbbildern behandelt. Kapitel zur Datensicherung und Bildverwaltung sowie die Vorstellung nützlicher Photoshop-Plugins runden den Text ab. In der 2. Auflage werden neue Werkzeuge wie Adobe Lightroom und Apple Aperture ausführlich vorgestellt.

Vom Kamera-File über die Bearbeitungsschritte bis hin zur Profilierung von Ausgabegeräten zeigt dieses Buch praktisch, ohne Umwege und unnötigen Ballast, den Weg zum perfekten, ausstellungsreifen Print.

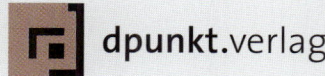 dpunkt.verlag

Ringstraße 19 · 69115 Heidelberg
fon 0 62 21/14 83 40
fax 0 62 21/14 83 99
e-mail hallo@dpunkt.de
http://www.dpunkt.de

2006, 264 Seiten, durchgehend 4-farbig, gebunden
€ 39,00 (D)
ISBN 978-3-89864-377-1

Uwe Steinmüller · Jürgen Gulbins

Fine Art Printing für Fotografen

Hochwertige Fotodrucke mit Inkjet-Druckern

Digitale Kameras liefern heute Bilddaten, die eine großformatige Ausgabe in höchster Qualität erlauben. Aber auch die Drucktechnik hat Schritt gehalten: Inkjet-Systeme mit höchster Präzision und Auflösung, Tinten, die feinste Tonwertabstufungen darstellen können und langfristige Farbstabilität bieten, sind inzwischen auch für den anspruchsvollen Amateur erschwinglich. Wie man hochwertige Fotodrucke mit Inkjet-Druckern herstellt und wie man den fotografischen Workflow zur optimalen Vorbereitung der Bilddaten anlegt, zeigt dieses Buch. Die Autoren erklären, wie man diesen letzten Arbeitsschritt in der »digitalen Dunkelkammer« meistert, um perfekte, ausstellungsreife Drucke zu erzeugen. Die nötigen Grundlagen des Farbmanagement und der Profilerstellung werden ebenso behandelt wie die Auswahl geeigneter Papiere und Tinten.

»Der Aufbau ist klar strukturiert, die Inhalte werden knapp, aber prägnant vermittelt – eine wirklich lohnenswerte Lektüre.«
(WCM, Juli 2006)

»Eine angenehm vielschichtige Vorstellung eines nicht ganz einfachen Themas, das im wachsenden Digitalfoto-Markt viele dankbare Leser finden dürfte.«
(PublishingPraxis Juli/August 2006)

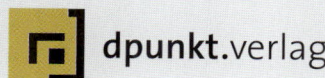 dpunkt.verlag

Ringstraße 19 · 69115 Heidelberg
fon 0 62 21/14 83 40
fax 0 62 21/14 83 99
e-mail hallo@dpunkt.de
http://www.dpunkt.de

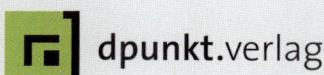

2., aktualisierte Auflage, 2007,
252 Seiten, durchgehend 4-farbig,
gebunden
€ 42,00 (D)
ISBN 978-3-89864-414-3

Stimmen zur ersten Auflage:

»Den Leser erwarten 15 Kapitel geballtes
Fachwissen – dem Buchautor Sascha Steinhoff
gelingt es eindrucksvoll, dieses verständlich
zu vermitteln.« (Prophoto-Newsletter
Nummer 25/18.11.2005)

»Insgesamt ein sehr empfehlenswertes Buch
und unverzichtbar für Fotografen, die ihre
vorhandenen Dia- und Negativbestände in
hochwertiger Qualität digitalisieren und
damit zur Weiterverarbeitung am PC und zur
Archivierung nutzbar machen möchten.«
(www.docma.info, 25.11.05)

»Steinhoffs Buch lohnt sich letztlich aber für
alle digital arbeitenden Fotografen ebenso
wie für Bildbearbeiter und Grafiker, die mit
Diapositiven und Negativen arbeiten und eine
hohe Qualität der Scanergebnisse sichern
wollen.« (PHOTOPRESSE, 7-2006)

Sascha Steinhoff

Digitalisieren von Dias und Negativen

2., aktualisierte Auflage

Das Buch richtet sich an Fotografen, die ihre
Dia- und Negativbestände in hochwertiger
Qualität digitalisieren und damit zur Weiterverarbeitung am PC und zur Archivierung
nutzbar machen möchten. Die speziellen
Scantechniken werden anhand von anschau-
lichen Beispielen nachvollziehbar dargestellt.

Die Möglichkeiten und Grenzen der Nikon-
Programme Scan, Viewer und Capture werden
erläutert und mit der Software von Dritt-
herstellern (Silver Fast, Vue Scan, Photoshop)
verglichen. Sorgfältig ausgearbeitete Work-
flows helfen, den Scanprozess effizient zu
gestalten.

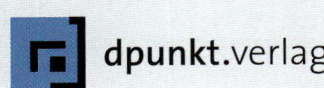

dpunkt.verlag

Ringstraße 19 · 69115 Heidelberg
fon 0 62 21/14 83 40
fax 0 62 21/14 83 99
e-mail hallo@dpunkt.de
http://www.dpunkt.de